知识转型视域下
中美高校网络课程
比较研究

A Comparative Study on the Online Courses of
Universities in China and America in the Perspective of
Knowledge Transformation

蒋平 著

社会科学文献出版社
SOCIAL SCIENCES ACADEMIC PRESS (CHINA)

图书在版编目（CIP）数据

知识转型视域下中美高校网络课程比较研究／蒋平
著. -- 北京：社会科学文献出版社，2019.6
ISBN 978 - 7 - 5201 - 4404 - 9

Ⅰ. ①知… Ⅱ. ①蒋… Ⅲ. ①高等学校 - 网络教学 -
对比研究 - 中国、美国 Ⅳ. ①G642

中国版本图书馆 CIP 数据核字（2019）第 036621 号

知识转型视域下中美高校网络课程比较研究

著 者／蒋 平

出 版 人／谢寿光
责任编辑／刘 荣
文稿编辑／孙智敏

出 版／社会科学文献出版社·联合出版中心(010)59367011
　　　　　地址：北京市北三环中路甲29号院华龙大厦 邮编：100029
　　　　　网址：www. ssap. com. cn
发 行／市场营销中心（010）59367081 59367083
印 装／三河市尚艺印装有限公司

规 格／开 本：787mm × 1092mm 1/16
　　　　　印 张：18 字 数：320 千字
版 次／2019 年 6 月第 1 版 2019 年 6 月第 1 次印刷
书 号／ISBN 978 - 7 - 5201 - 4404 - 9
定 价／99.00 元

　　本书出版得到四川省"天府万人计划"天府社科菁英项目、四川省哲学社会科学重点研究基地区域公共管理信息化研究中心项目"知识转型的技术逻辑下中美高校网络课程改革比较研究"（项目编号：QGXH15 - 08）、绵阳师范学院博士科研启动项目"知识转型视域下中美高校网络课程发展比较研究"（项目编号：QD2017B006）、绵阳师范学院高等教育校本研究委托课题"绵阳师范学院课程转型改革发展研究"（项目编号：XBYJ201822）、绵阳师范学院学术出版基金资助

序

　　蒋平的著作《知识转型视域下中美高校网络课程比较研究》是其在博士学位论文的基础上修改形成的，反映了他在攻读比较教育学博士学位期间的基本研究方向和学术旨趣。蒋平的著作要出版了，作为论文的指导教师，我要特别地对他表示祝贺，因为伴随着他博士学位论文的完成，我也对自己并不熟悉的领域有了一些初步的认识。在一个自己不够熟悉的领域指导博士学位论文，时常会让人缺乏学术自信，但在一次次的学术交流中，我们对知识转型与网络课程的关系有了更加清晰的认识，形成了较合理的比较研究分析框架，论文通过了严格的学术评审和答辩，得到了较高的学术评价，我也部分地找回了自己的学术自信。至少，我们相信这是一个值得研究的信息网络时代教育改革的前沿课题。

　　在信息网络、大数据、云计算、人工智能的推动下，世界各国高校网络课程的发展速度迅猛，网络技术、知识转型与高校网络课程的发展相互呼应，正在改变着教育的存在方式和知识形态，对高校的课程改革提出了新要求。记得30多年前，当我还是青年的时候，我的一位学理科的同乡对我们这些文科的同学说他们正在试验"人机对话"，我们觉得完全是痴人说梦，人与机器如何对话？当时，年轻无知的我们，完全没有想到可以实现人机对话，更没有想到信息网络技术能够改变世界的交往和对话方式，并对高校的课程提出了新挑战。蒋平的著作《知识转型视域下中美高校网络课程比较研究》，试图从知识转型的理论视域出发，分析中美两国高校网络课程知识形态的转变与趋势，探讨中美高校网络课程的制度逻辑和推动力量，对于高校课程改革具有理论价值和现实意义。

　　研究知识转型与中美高校网络课程的改革是具有挑战性的，蒋平具有挑战复杂问题的勇气，敢于并有能力以教育的比较研究方法探讨知识转型与网络课程的关系。蒋平确立了教育比较研究的意识，能够站在教育发展比较研究的立场上，探讨中美高校网络课程发展的方向，研究的目标明确、视野开阔，研究的内容也较为系统和充分。首先，该著作对中美两国高校网络课程的演变进行了纵向的发展分析，重点探讨了开放课件运动和 MOOC 时代背景下中美高校网络课程的发展，较好地概括了从开放课件运动到 MOOC 时代的知识转型过程对中美高校网络课程发展产生的推动力，对中美高校网络课程发展的技术推动力量进行了重点分析，探讨了技术变革对高校课程改革的挑战和要求；其次，该著作对中美高校网络课程知识转型的有关理论进行了较为深入的学理分析，讨论了知识生产模式的转型、现代知识型与后现代知识型、知识转型与高校网络课程发展的相互关系等，以较清晰的思路对知识转型的有关理论进行了高度的概括与提炼，论述较为充分；再次，该著作以知识转型为研究视域，对中美高校网络课程发展的趋同性和差异性进行了比较分析，讨论了中美高校网络课程的制度化存在状况，特别是分析了中美两国高校的主要在线学习平台，揭示了中美高校网络课程的基本特征及其差异；最后，该著作讨论了中美高校网络课程发展的方向，指出了高校网络课程发展面临的挑战和冲突，提出了高校迎接知识转型、提高网络课程质量的路径。

蒋平具有较好的学术研究基础，博士研究生阶段转向比较教育研究，我对他的这种转变是持支持态度的，但在他选择了我不熟悉的课题进行研究时，我更多地是支持他的学术勇气，相信他有能力完成一篇令人满意的博士学位论文。现在看来，他通过自己的刻苦努力，对知识转型过程与中美高校网络课程的发展进行了较好的事实资料的分析和价值判断，我所有的担心都"烟消云散"了。在蒋平的著作即将出版之际，希望他能够持续孜孜以求，在学术的道路上取得更多的研究成果，这里借用乔布斯的话来说，"Stay hungry, Stay foolish"（如饥若渴，如痴若愚），以饥渴和痴愚的状态持续做开拓创新的学术研究。

是为序！

程晋宽

2018 年 12 月 6 日于南京师范大学

前　言

　　中美高校网络课程自 20 世纪末发展至今，已经发生翻天覆地的变化。无论当时是受到了网络市场利润的驱使，还是受到了信息技术力量的推动，又或是面临传统课程发展的制度瓶颈，中美高校网络课程一路走来可谓历经艰辛。直到最近几年，大型开放式网络课程（Massive Open Online Courses，简称 MOOC）的兴起才将中美高校网络课程的发展推向了一个全新的高潮期。学术界和媒体同时以铺天盖地的广告营销方式，对网络课程引发的高等教育数字化革命进行广泛宣传，重点介绍网络课程如何激发了在线学生强烈的学习动机，赢得了怎样良好的社会声誉，甚至提出网络课程构筑的虚拟大学将会引领未来大学的发展方向，传统实体大学正在走向衰亡。中美两国政府积极响应 MOOC 带来的影响力，不仅大规模地发展网络课程，为网络课程开发搭建国际化和全球化的合作平台，而且明确提出高等教育要与信息技术高度融合，将高等教育信息化提升到国家发展战略的地位。如果继续按照惯常的技术逻辑去考察中美高校网络课程的发展，那么注定在研究思路上很难有突破和创新。因为技术已经成熟到网络课程的在线教学与在线学习可以不限时空，"随心所欲"。从麻省理工学院倡导"知识共享"的理念，提出"公开线上课程"计划，到 MOOC 平台仍然继续坚守"免费"、"开放"与"共享"原则，中美高校网络课程发展的主流价值取向好像不曾改变，但影响课程发展的外部因素却越发复杂而多元。因此，知识转型理论无可非议地成为中美高校网络课程发展的深刻动力。以知识转型为研究视角来分析比较中美高校网络课程发展，既缘于教育改革本身与知识转型相辅相成、相互促进的内在逻辑关系，又是由于中美高校网络课程发展植根于知识转型的社会背景，发展过程中的很多基本特征反映了知识转型的内在要求。

　　但是，要为中美高校网络课程发展的比较研究寻求知识转型理论支撑的有力证据并不是轻而易举之事。不仅要从已有研究的文献资料中进行系统性、分类化的概括归纳，找寻出知识转型与网络课程相互作用的初步证据，而且要辩证地分析技术力量与知识转型哪个要素对考察中美高校网络课程发展的价值和意义更大。本书按照"研究基础→事实呈现→理论探索"的研究思路，利用历史分析法和文献研究法，既对中美高校网络课程的发展及技术影响进行了历史阶段划分，又对知识转型相关理论进行了整合和提升，建构出新的知识转型理论分析框架。从中分析得出技术逻辑用于解释和指导中美高校网络课程发展具有不适合性，经过一番"理论探索"，最终寻求到知识转型理论支撑的充分证据。以"事实呈现"的方式描述中美高校网络课程发展的演变历程及概况，不仅是要说明中美高校网络课程如何走向融合，成为"竞相争艳"的对手和伙伴，而且要为后续知识转型理论的实践推进提供事实依据。那么，如何对中美高校网络课程发展进行具体化的比较研究呢？本书依据"实践考察→问题反思→对策建议"的研究思路，从知识转型衍生的制度逻辑中考察了中美高校网络课程发展的趋同性和差异性。趋同性包括：出现了由计算机网络构筑的虚拟世界，知识生产数字化明显；推行"项目驱动"式发展路径，以知识协议为重要原则；"现代知识型"向"后现代知识型"转变，"无形学院"的团队合作十分普遍。这种趋同性特征符合知识转型内在制度的要求。差异性特征受到知识转型外在制度的影响，中美高校网络课程发展在政策导向、基本路径、运行机制和价值立场上存在显著区别。这种宏观意义上的"趋同存异"现象及其制度逻辑也同样发生在中美两国颇具代表性的在线学习平台发展过程中。以美国高校网络课程在线学习平台 Coursera、edX 和中国高校网络课程在线学习平台爱课程和学堂在线为个案，进行对比考察分析发现：中美高校网络课程在线学习平台在知识权力控制、知识形态转变、知识协议制定以及组织合作形态等方面存在趋同性，而在发展路径、运行机制、权力地位和角色功能上具有显著差异性。

知识转型理论在实践推进中不可能一帆风顺，无论是新旧"知识生产模式"的交替，还是"现代知识型"向"后现代知识型"的转变，都一致地表明了两种不同的"知识生产模式"或"知识型"的"共存现象"和"相互作用"关系。一方面，新旧"知识生产模式"或"知识型"在转型过渡时期共存于同一社会，到底以哪种科学规范或知识规范为标准人们可能难以抉择，这必然引起知识世界的混乱。另一方面，原有"知识生产模式"或"知识型"建构的社会非但不可能对新的"知识生产模式"或"知识型"逐渐确立的科学规范或知识规范表示接受，反而更有可能会进行抵制和反抗，从而试图夺回知识控制的主导权，由此导致知识生产、传播和应用过程中诸多矛盾和冲突的出现。只有当新的"知识生产模式"或"知识型"完全取代原有的"知识生产模式"或"知识型",并为人们所接受时,这种知识王国的混乱状态和矛盾冲突才会自然消失。为此,知识转型的"共存现象"与"相互作用"造成的混乱状态和矛盾冲突必然渗入中美高校网络课程的开发、建设和运营过程,从而以连锁反应的形式导致中美高校网络课程发展面临共同的挑战,主要表现在:在线学习者学习效果不佳,知识市场化引发学术危机,教师难以做出选择以及学分互认和质量评价存在问题。那么,中美高校网络课程发展如何应对知识转型的变革引发的挑战呢?注重课程平台的多元化和包容性,实现大学与政府、市场三方利益共赢,培养知识、能力与技术相融合的数字化教师和试点推行 SPOC 课程平台及教学模式将是中美高校网络课程的未来发展方向。

蒋　平

2018 年 5 月 20 日于芙蓉溪畔

目　录

第一章　中美高校网络课程发展
在知识转型中的演变

中美高校网络课程发展演变历程考察无疑会涉及诸如教育技术学研究、远距离教育（远程教育）发展以及网络教育的兴起等热点词语。无论是从时间范畴的阶段性划分，还是从内容范围的彼此联系的角度，网络课程发展的历史总被定位于教育技术学、远距离教育或是网络教育某个阶段的产物。陈巧云、李艺根据 30 年来教育技术学热点问题研究的趋势，将其划分为电大教育研究阶段（1988～1993 年）、电化教育研究阶段（1994～2002 年）和信息化教育研究阶段（2003～2012 年）。① 在上述三个阶段中，热点高频词"远距离教育"（远程教育）贯穿研究始终，2000 年后，"网络教学"、"网络教育"和"网络课程"相继成为热点高频词，并以同等频率出现在远距离教育研究领域。近年来，网络教育的提法有所淡化，"网络课程"成为教育技术学研究热点词语。郭文革用历史研究法，以"两个政策"、"质量工程"启动为标志，将我国网络教育发展划分为四个阶段：启动和初步发展阶段（1998 年至 2000 年 7 月）、扩大和试错阶段（2000 年 7 月至 2002 年 7 月）、规范管理与学习借鉴国际经验阶段（2002 年 7 月至 2007 年 1 月）和网络教育提升发展阶段（2007 年 1 月至今）。②

Moore 和 Kearsley 研究美国高等教育中远程教育的发生与发展变化时，将其划分为五个阶段：第一阶段为函授教学阶段，发生于 18 世纪；第二阶段为广播电视教学阶段，出现在 20 世纪初；第三阶段为开放性大学阶段，形成于 20 世纪六七十年代；第四阶段为电化会议教学阶段，诞生于 20 世纪 80 年代；第五阶段为网络教学阶段，兴起于 20 世纪 90 年代。③ 而真正意义上的网络课

---

① 陈巧云、李艺：《中国教育技术学三十年研究热点与趋势——基于共词分析和文献计量方法》，《开放教育研究》2013 年第 5 期。
② 郭文革：《网络教育政策变迁的根本原因是什么》，《中国远程教育》2011 年 5 月 15 日。
③ M. G. Moore and G. Kearsley, *Distance Education: A Systems View of Online Learning* (Wadsworth Cengage Learning, 2011).

程产生和发展处于第五阶段，即网络教学阶段。虽然对远距离教育（远程教育）和网络教育阶段划分标准上存有差异，但毋庸置疑的是，中美高校网络课程发展演变都植根于知识转型的社会背景并深受知识转型的影响，这使中美高校网络课程发展演变的知识转型特征明显。"知识是开放的"，为了实现知识开放与共享，以美国麻省理工学院"开放课件"（OCW）项目为标志掀起了国际开放教育资源运动，中美高校网络课程的发展演变由此呈现出两个重要的转折阶段，即 OCW 项目掀起的开放课件运动阶段和 MOOC 项目掀起的开放课程运动阶段。为此，中美高校网络课程发展受知识转型的影响，使大学知识生产的垄断地位发生了动摇，知识生产跨学科、跨机构和跨国性的合作日益普遍，知识传播和应用的途径日益多元化，不论是知识性质、知识形态，抑或是知识类型等方面都发生了空前的变化。

第一节　开放课件运动下中美高校网络课程的发展

　　网络课程的产生是一个历史发展的过程，以远距离教育（远程教育）为线索，网络课程是现代远距离教育发展的阶段性产物，在此发展过程中，网络课程从电化教育阶段过渡到信息化教育阶段，并实现着网络教育形态中角色的转变。冯增俊等在归类网络教育院校发展模式时，将其划分为三种基本类型，即单一院校模式、双重院校模式和多重院校模式。[①] 在美国，大部分高校网络教育属于双重院校模式，即传统大学教育和现代网络教育融为一体，同时开设面授课程和网络课程；在中国，网络教育更多地归属于多重院校模式，同时兼具双重院校和单一院校两种模式，即一部分实体大学既开办传统面授课程，又开发网络学习课程，另一部分虚拟大学（网络教育院校）主要以网络为载体进行课程教学。正是网络教育院校发展模式上的差异性，导致了中美高校网络课程发展战略彼此不同。

　　美国高校最初在定义网络课程实施范围时，便融合了在校生教育形态与非在校生教育形态，并且在网络课程所隶属的网络教育过程中不论在校生还是非在校生都可以获得入学资格，修读完学位课程后按照标准学分申请学位证书和

[①] 冯增俊、陈时见、项贤明：《当代比较教育学》，人民教育出版社，2010，第 196～207 页。

毕业证书，教育对象及教育层次不局限于在校就读生和本专科层次，其早已涉及正规的本科及研究生课程。中国网络教育发端于早期的广播电视大学以及公办国立大学继续教育学院，主要面向非在校生开展函授教育或成人教育，网络课程的使用范围仅限于非在校生群体，教育层次定位于本专科层次，与正规的大学教育相比，在学科专业门类、学历学位认证以及社会声誉度等方面都具有明显的差距。然而，中美高校看似各具特色的网络课程发展道路，却因为一场发生在高等教育领域的革命让彼此紧密相连。这场革命源于美国麻省理工学院提出的"公开线上课程"计划，其拉开了开放课件运动的序幕，并在世界范围内蔓延，以"网络课程"为中心的教育革命同时改变和调整着中美高校网络课程的发展轨迹。这场教育革命也意味着大学的高深知识不再是精英化教育群体的特权，借助于新的知识承载方式和传播媒体，高等教育课程知识的免费开放和无限共享正在成为可能，不但知识存在形态发生了变化，而且如何重新来诠释和定义知识的性质也有了新的视角和评价标准，知识市场化之争成为开放课件运动中难以回避的焦点问题，知识类型的多元化和对不同知识角色定位的理解与尊重在开放课件运动的国际化进程中得到逐渐加强。

一　开放课件运动下美国高校网络课程的发展

美国高校网络课程产生于 20 世纪末，以 1976 年凤凰城大学的创立为主要标志。作为美国首批在线高等教育机构，凤凰城大学开始在线教学的时间发生在 1989 年，它很好地把握了美国高等教育市场化的需求，通过阿波罗教育集团的企业化赢利模式，以互联网为载体，通过网络课程对在校生和在线生开展网络教育[①]，呈现如下几大特色与趋势。一是学校生源遍及各地，且速度递增。互联网使远程教育更为便利，使网络课程教学成为可能，世界范围内的学生可以通过在线的方式注册学习，这成为凤凰城大学的一大特色。凤凰城大学初期以成人生源为主，随着网络化程度的提升，实体学校生源与虚拟学校生源比例发生了变化，在线生源日益增长，为满足教学的需求，凤凰城大学的师资数量与校区数量迅速增加并遍及全球。二是网络课程层次全面，且制度完善。凤凰城大学虽主要提供成人教育，但学历项目完整，在线高等教育不限于本科层次，还包括硕士和博士学位网络课程，以及证书类网络课程。网络课程的修读，与普通高等教育几乎相似，具有严密的课程管理制度和学历学位制度，为

---

① 黄霖：《远程教育管理概论》，天地出版社，2008，第 163~165 页。

保障在线教育的质量，实行"宽进严出"管理机制。① 为此，凤凰城大学成为美国乃至世界最有影响力的网络大学，也是美国为数不多的网络教育单一院校模式的典型代表。然而，网络教育双重院校模式占据主导地位的传统大学也不甘示弱，它们与凤凰城大学开办初期的网络课程发展逻辑具有某些相似之处。在开放教育资源运动前后，美国部分传统大学相继卷入了关于发展网络课程的"学术争鸣"热潮之中。

南方联合大学②试图将古典学系由实体世界移植到虚拟世界。早在1999年，桑诺基西斯开设的第一门网络课程"罗马帝国早期文学"在美国高等教育领域就产生了轰动效应。美国《商业周刊》发表了诺贝尔经济学奖获得者Gary Becker对网络课程"罗马帝国早期文学"的评论文章，Becker将网络课程夸大地描述为"网络正在使学习发生革命"。③ 风险投资者们很快就意识到网络课程即将可能产生的经济效益和社会效益，他们计划每季度投入1亿美元用于网络学习资源开发项目，甚至2000年5月，美林公司（Merrill Lynch）承诺互联网将会激发起一个2万亿美元的美国教育市场。④ 孟菲斯罗兹学院（Rhodes College in Memphis）的教授肯尼·墨里尔（Kenny Morrell）为避免古典学科课程在学术世界濒临消失，选择"伸出手去"的方式，依靠企业推动力，将桑诺基西斯的宣传置于网络世界，采用市场化运营方式来开发古典学科的网络课程。肯尼·墨里尔认为，完全依靠学院的力量来保存古典学科、开发网络课程并不现实，需要引进市场因素的交换体系，对高等教育的组织和教学进行重大的改革，这不仅能做到学术与市场双赢，还能推动学校彼此间的合作，使学生受益。西南大学的教授哈尔·哈斯克尔（Hal Haskell）与肯尼·墨里尔的观点一致，他也认为，古典学科课程受传统传播方式的局限未能发挥出吸引大众的功能，而运用网络化途径进行传播却可能满足市场需求，并且这些网络课程还可以服务于其他学校。⑤

美国传统大学并不倾向于将内部经费用于外部教育合作，它们擅长于向市

---

① 郭炯、黄荣怀、张进宝：《美国凤凰城大学与我国网络学院比较研究》，《现代远程教育研究》2009年第6期。
② 南方联合大学是按照美国大学中西部的模式建立的一个协会，又被称为南方大学联盟（ACS）。
③ Gary Becker, "How the Web Is Revolutionizing Learning," *Business Week*, December 27, 1999, p. 40.
④ Adam Newman, "Venture Dollars Get Smarter," *Eduventures*, November 2000, http://www.Eduventures.com/research/industry_research_resources/venture_dollars.cfm.
⑤ 〔美〕大卫·科伯：《高等教育市场化的底线》，晓征译，北京大学出版社，2008，第158页。

场推广自己的大学品牌，以此来扩充合作融资渠道，网络课程的出现为大学带来了大量的合作者。譬如，以营利为目的的费森公司（Fathom），从世界上著名的大学、图书馆和博物馆等获得资料，其中包括美国4个州的18所高校，并将这些资料放于网上形成网络课程；还有跨州合作的社区学院，它们利用网络课程将美国不同地区的学校及学生通过在线平台组织到一起。①以网络课程为中介进行合作迅速成为美国高等教育中的一项重要运动。南方联合大学在这场运动中不断扩大网络课程，并且蔓延到南方以外的其他地区；ALIANCO建立虚拟现代语言系，发展语言类网络课程；Global Partners Project 将美国3个社团中所有的学校与中欧、东非和土耳其的学校联合共同开发网络课程。② David Collis 认为，传统大学不应固守过去，而需要参与网络教育，投资互联网教学法，发展网络课程，这样才能维系大学在市场中的领导地位。③ Howard Block 甚至将大学视为营利公司的助手，认为大学可以扮演开发网络课程"内容提供者"的角色，而后的运营过程则可以完全由公司主导。④ David Finney 在解释纽约大学为什么决定向网络课程投资2000万美元的时候，揭示了其背后真正的目的在于获得成倍高额的经济收益。为此，大学与公司联合开发并运营网络课程以此来获得利润成为高等教育改革的一种趋势。1998～2000年，纽约大学变成了一个出色的投资公司，与点击学习（Click 2 Learn）在线合作，开发网络课程；杜克大学与潘萨尔（Pensare）合作，开发网络课程；沃顿商学院与加利伯（Caliber）公司合作，开发网络课程；等等。⑤

哥伦比亚大学曾经是函授教育的佼佼者，占据过领先地位，注册学生数量仅次于芝加哥大学。特别是20世纪90年代末，哥伦比亚大学的商学院、文理学院以及师范学院相继与公司合作开发网络课程，并获得了较好收益和成功经验。怀着对网络经济收益的无限渴望以及实现"知识共享"的控制目的，哥伦比亚大学努力想成为网络课程"学术市场"上的主要参与者和竞争者。在

---

① Geoffrey Maslen, "Rupert Murdoch's Company Joins with Eighteen Universities in Distance Education Venture," *Chronicle of Higher Education*, May 18, 2001.

② Jeffrey Young, "Moving the Seminar Table to the Computer Screen," *Chronicle of Higher Education*, July 7, 2000, p. A11, http://www. colleges. org/ alianco.

③ David Collis, "Storming the Ivory Tower", Harvard Business School Working Paper, 2000，转引自〔美〕大卫·科伯《高等教育市场化的底线》，晓征译，北京大学出版社，2008，第175页。

④ Daniel McGinn, "Big Men on Campus," *The Standard*, May 20, 2001, http://www. the standard. com/article/0, 1902, 18275 – 5, 00. html.

⑤ 〔美〕大卫·科伯：《高等教育市场化的底线》，晓征译，北京大学出版社，2008，第178页。

寻求市场合作伙伴时，哥伦比亚大学义无反顾地选择了费森公司，其主要原因在于它在该公司占有90%的资金份额，以及费森公司在网络教育市场中的主导地位。然而，在天时、地利、人和等万事俱备的情况下，费森公司却没有很好地抓住这一机遇，在短时间内，网络课程投入几乎耗尽了所有的资金，而丝毫没有实现预期的利润回报。① 哥伦比亚大学行政副教务长 Michael Crow 并不甘心于费森公司的失败，他相信网络课程必定带来大量的合作者，于是他利用晨边公司来组织以大学为基础的各种团队，创建新的数码媒体公司，通过在市场上寻求多种合作伙伴的方式以期化解网络课程运营中的困难与危机。即便是 2001 年，费森公司再次获得了 2000 万美元的社会资金，2002 年，其中一门网络课程的学生注册人数达到 45000 名，但这似乎也改变不了费森公司投资网络课程的终极命运。② 哥伦比亚大学网络课程市场运营中的失败并非特例，包括南方联合大学在内的诸多美国传统高校都在这场战役中引起了连锁反应。正如哥伦比亚大学行政教务长 Jonathan Cole 所言，投资网络课程的初衷并非纯粹的商业动机，而是让我们能从"经济和教育"上率先占领网络空间。③

与哥伦比亚大学实施网络课程计划的道路完全不同，麻省理工学院虽然最初也认识到抢占网络空间的先机与商业利润的可能性，但是最终它选择了非营利性公开网络课程，这是因为部分传统大学相继出现了网络课程市场化所导致的滑铁卢现象，让它认识到以营利为目的似乎无利可图，于是它必须另辟蹊径。④ 麻省理工学院并不愿意轻易放弃大学品牌宣传的最佳时机，它同样希望成为第一批抢占网络空间的教育市场主宰者，于是它为网络课程推广计划项目做好了充分的准备。长期以来，麻省理工学院与工业界、企业界有着良好的合作关系，特别是与微软公司于 1999 年开始的信息技术联盟，为网络课程开发奠定了基础。⑤ 麻省理工学院所具备的优势远不于此，60 亿美元的社会捐赠使

---

① Columbia University Senate, "Online Learning and Digital Media Initiatives Committee," *Interim Report*, April 23, 2002, http：//www. columbia. edu/cu/senate/annual_ reports/01 – 02/Interim Report41502.

② Scott Carlson, "After Losing Millions, Columbia U. Will Close Online Learning Venture," *Chronicle of Higher Education*, January 11, 2003, p. A30.

③ 〔美〕大卫·科伯：《高等教育市场化的底线》，晓征译，北京大学出版社，2008，第 185 页。

④ Jeffrey Young, "At One University, Royalties Entice Professors to Design Web Courses," *Chronicle of Higher Education*, March 30, 2001, p. A41.

⑤ Hal Abelson and Vijay Kumar, "MIT, the Internet, and the Commons of the Mind," http：//ishi. lib. berkeley. edu/cshe/projects/university/ebusiness/Habelson. html; Rosegrant and Lampe, Route 128, p. 64.

它与哥伦比亚大学的差距明显，加之它大肆宣扬高等教育学术自由化，抵制学术市场化，提倡"知识共享"理念，获得了诸如梅隆基金会，乃至社会各界的广泛支持与赞誉。为了确保该计划项目的万无一失，麻省理工学院专门组织成立了由工程学院副院长 Dick Yue 领导的网络课程推广计划项目调研与评估小组，对网络课程的各种实施方案及可操作性策略进行了较为全面而科学的市场评估。最终，麻省理工学院做出了一个伟大的决定，免费提供耗资近亿元的2000 多门课程，任何人都可以在互联网上获得这些网络课程的课程提纲、课程笔记、问题设置、随堂测验及考试内容。在抛去网络课程商业化气息的同时，麻省理工学院无疑成为网络课程最有影响力的领导者，以象征资本的获取来替代现金利润的方式恰似一种意外，其实更是一种必然。①

　　2001 年，注定是非同凡响的一年，开放课件运动由麻省理工学院正式启动的开放课件项目拉开了历史序幕，同时又被称为开放教育资源运动，"开放"与"共享"成为网络课程最基本的特征。2002 年，联合国教科文组织（UNESCO）以"开放课件对发展中国家高等教育发展影响"为主题在法国巴黎召开国际会议，以开放课件项目为基础，提出了"开放教育资源"（Open Educational Resources）的概念，再次强调网络课程的非商业化性质，并明确了教育资源的全球开放与共享。2003 年，中国台湾、西班牙、葡萄牙和越南等国家及地区的高等教育机构相继与麻省理工学院开放课件项目合作，实施本土化的网络课程资源开放与共享。2005 年，The William and Hewlett Foundation 支持成立了开放课件联盟（Open Course Ware Consortium），教育资源开放研究开始在全球引起轰动效应，联合国教科文组织、经济合作与发展组织（OECD）等围绕教育资源开放概况发布系列专题研究报告。② 2006 年，开放教育资源中逐步大规模地介入知识共享协议（Creative Commons），开放教育工作小组由国际开放与远程教育理事会（ICDE）主持成立，英国开放大学启动实施 Open Learn 项目，作为开放教育资源运动的一个代表性项目。③ 2007 年，国际开放与远程教育理事会召开机构负责人联席会议，来自世界各地的与会者在南非共同签订了《开普敦开放教育宣言》。2008 年，中国和美国先后举办开放教育国

---

① 〔美〕大卫·科伯：《高等教育市场化的底线》，晓征译，北京大学出版社，2008，第 187～189 页。

② 陈廷柱、齐明明：《开放教育资源运动：高等教育的变革与挑战》，《清华大学教育研究》2014 年第 5 期。

③ 王龙：《回顾与展望：开放教育资源的七年之痒》，《开放教育研究》2009 年第 2 期。

际会议，共同研讨开放教育资源运动的发展与创新、焦点与轨迹。① 至此，由公开网络课程引发的开放教育资源运动在全球蔓延，一场教育领域的革命正在发生着。

当麻省理工学院宣布免费"公开线上课程"时，美国部分传统大学为之讶然，特别是对于以营利为目的的运营网络课程的高校与公司来说，这无疑造成了某些经济上和精神上的刺激，哥伦比亚大学高级管理者们对此事件表示非常愤怒，认为这是一项疯狂的决定。然而，部分营利性高校与公司十分清楚的是，"网络课程市场上已无钱可赚了"。特别是"公开线上课程"的消息四处弥散，一时之间成为诸如《纽约时报》等权威报刊头版头条新闻报道，引起了巨大的社会反响，不仅受到了学术界"道德标签"的认可，而且还收到了著名基金会及私人财团投送的"橄榄枝"。麻省理工学院这一疯狂举动背后的实质反响是，日益促使美国部分传统大学开始冷静地思考网络课程未来的发展战略及方向。不以营利为目的的，免费开放网络课程由此成为美国传统大学这一时期抢占网络空间、赢得市场份额的主题思路。2002 年，卡耐基梅隆大学重点开发 OLI（Open Learning Initiative）在线课程项目，充分利用"集成交互"和智能辅导等提高在线学习效果；2003 年，赖斯大学的 Connexions 项目在开放教育资源运动的影响下，致力于优质在线课程资源开放与共享，突显网络课程跨学科的融合性与软件研发的应用性；2004 年，犹他州立大学实施 USU（OCW）计划，开发农学类在线课程，约翰霍普金斯大学推行 JHSPH（OCW）项目，公开医学类在线课程，佛思尔社区学院发布 Sofia（OCW）视频学习在线课程；2005 年，塔夫茨大学策划 Tufts（OCW）项目，以生命科学类在线课程为特色，开放相关音频讲座资料和虚拟实验视频等课程资源。② 为此，越来越多的美国高校纷纷加入开放在线课程发展阵营。

作为开放教育资源运动的先导者，麻省理工学院不断加快网络课程开发与建设步伐。2002 年，与国际大学联盟合作启动开放课件项目，试点 50 门在线课程，将在线课程翻译成葡萄牙语和西班牙语；2003 年，在线课程开放数量达到 500 门，并开始嵌入中文翻译版本；2004 年，在线课程全面导入开放学习支持系统，知识共享协议（Creative Commons）被广泛遵循，在线课程达到

---

① 林林：《知识和教育为世界共有资产的理念与推广——大连"2008 开放教育国际会议"的热门话题思考》，《现代远程教育研究》2008 年第 3 期。
② 王龙、丁兴富：《开放课件运动的国际拓展》，《学术论坛》2006 年第 8 期。

900 门，公布第一份开放课件评估报告，与其他大学建立合作关系，帮助其开发开放在线课程，在非洲建立第一个在线课程镜像站点；2005 年，在线课程数量达到 1250 门，启动已有开放课件的更新计划，公布第二份在线课程评估报告，并赢得了一系列社会殊荣；2006 年，在线开放课程由大学阶段转向高中阶段，在线课程数量增加到 1550 门，泰语翻译类课程成为另一亮点；2007 年，在线课程数量达到 1800 门，基本完成预期课程开放的任务目标，在线课程每月访问量突破 200 万次，Highlight School（OCW）项目正式启动；2008 年，开始定期增加 iTunes U 和 YouTube 平台上在线课程的音频、视频内容，以及 flickr 站点上在线课程的图片资料，在线课程被翻译成波斯语版本。① 按照既定的计划和预期的目标，麻省理工学院推行的"公开线上课程"，实施的非营利开放课件项目终究取得了斐然成绩，学术性报刊纷纷以麻省理工学院为实践案例，发表了一大批分析评论性文章，学校品牌在美国乃至全球得到了广泛宣传，注册网络课程的学生人数与日俱增，特别是优质生源提前了解并熟知了麻省理工学院，选择就读麻省理工学院的人数明显增加。

自 2002 年始，斯隆联盟每年都会对美国网络教育和网络课程的近况发布年度调查报告，可谓研究美国网络课程较为持久并具有宏观概括性与前瞻性的典型代表。2003~2008 年，斯隆联盟分别以"抓住机遇"、"融入主流"、"持续增长"、"卓有成效"、"在线全美"和"迎难而上"为主题，连续 6 年公布美国高校网络课程的进展情况。据 Michael Simonson 对 2003~2005 年的斯隆报告分析发现：2003 年斯隆报告显示，在线课程处于增加机会阶段，大部分或者全部课程为内容在线学习，这些在线课程没有面对面的会议；2004 年斯隆报告显示，在线课程进入主流阶段，在线教育正成为高等教育的常规部分，许多高等教育机构提供在线课程，在线教育成为大学和学院的正常活动；2005 年斯隆报告显示，在线课程遇到了冲击，40%~60% 的学校既提供传统课程也提供在线课程和计划，一个指示表明指导在线课程是高等教育机构核心教员的常规活动，大约 2/3 的在线课程由一般教员承担，这一比例常高于核心教员承担传统课程的比例，在 2005 年，56% 的高等教育机构表明在线指导对它们的长期计划至关重要，2003 年这一比例为 49%。② 我国学者熊华军、刘兴华、

---

① 王龙：《回顾与展望：开放教育资源的七年之痒》，《开放教育研究》2009 年第 2 期。
② Michael Simonson，"Growing by Degrees-Latest Report From the Sloan Consortium," *Quarterly Review of Distance Education*，2006，7(2)：1-2.

屈满学和廖俐鹃等在考察 2002 ~ 2012 年的斯隆报告时指出，"2002 ~ 2008 年，参与高校网络课程的学生人数持续增长，年增长率较为突出地表现在 2004 年、2006 ~ 2008 年，在线教育增长的另一个重要指示器是它对高等教育机构的长期策略具有指导方式上的重要性，越来越多的高校将网络课程纳入未来教育发展战略"。然而，许多领导都感觉到付出更多努力进行在线教学对于学生学习却更加困难，并且评估在线课程的质量也更加困难。① 尽管有上述困难的存在，但是大部分人都表示理解。为此，要使在线教育具有实效性，还需要完善课程设计和对学生的指导策略。

二 开放课件运动下中国高校网络课程的发展

中国高校网络课程产生的时间晚于美国，如前所述，与美国网络教育双重院校模式相比，中国网络教育沿袭着多重院校发展模式，既具有专门开展网络教育的广播电视大学，也有普通高校设立的网络教育学院。最初兴起的网络教育授课对象主要针对非在校生，对其实施成人教育或继续教育，后续发展的网络课程转向应届在校生，使其共享精品课程资源。中国高校网络课程的发展离不开国家政策的宏观指导与调控。"现代远程教育"或"网络高等教育"正式确立的标志性政策是《面向 21 世纪教育振兴计划》（1998 年 12 月教育部颁布，1999 年 1 月国务院批转），该政策明确提出"实施'现代远程教育工程'，形成开放式教育网络"，依托卫星电视和中国教育科研网，通过"改造、提速、联网和降费"等方式推动网络教育的发展。清华大学、北京邮电大学、浙江大学和湖南大学率先成为开办网络教育学院的首批试点高校。2000 年，教育部发文（教高厅〔2000〕10 号），表示支持若干高校建设网络教育学院，充分赋予试点院校办学自主权。文件将网络教育主要任务规约为：①开展学历与非学历教育。其中，学历教育既包括社会招生，又涵盖全日制在校生；社会生源以网络教学形式开展工作，完成学历学位教育；在校生源以网络课程方式修读学分，实现学分互换互认。②探索网络教学模式与管理机制。将课程体系、课件制作、教学内容以及教学方法等传统授课环节逐步应用到网络教学环境中，建立和完善适应网络教学的招生、收费、注册、考试、毕业等管理工作

---

① 熊华军、刘兴华、屈满学：《变莒：2002—2012 年美国网络高等教育发展之路》，《现代教育技术》2014 年第 2 期；廖俐鹃：《美国网络高等教育十年发展历程及启示——基于斯隆联盟 2003 至 2012 年系列调查报告》，《广州广播电视大学学报》2014 年第 1 期。

机制。③开发与共享网络教学资源。网络教学资源的开发强调协作性、丰富性和高质量，资源共享遵守知识产权保护原则。由于该政策在招生指标、专业设置、资金投入和证书颁发等方面的灵活性和机动性，许多大学积极响应，纷纷提出申请加入网络教育学院试点。

网络课程是网络教育的重要载体，网络教育的试点始终依托网络课程的有力支撑。为了配合网络教育学院的发展，教育部于 2000 年 5 月发布《关于实施新世纪网络课程建设工程的通知》（教高司〔2000〕29 号），主要目标是：建设一批可供学生远程学习和辅助教师课堂教学的网络课程，包括开放式网络课件、优秀丰富的教学案例以及测试所需的试题，并计划用两年左右的时间建设约 200 门网络课程，以满足试点高校网上选课与学分认定的需求。同时指出，网络课程建设要遵照《现代远程教育资源建设规范（试行）》，依据学科门类合理设置公共课与专业课结构体系，建设的重点以网络课件为主，光盘与文字材料为辅。试点高校如雨后春笋般发展网络教育，截至 2001 年春天，教育部已批准的试点高校达到 45 所，涵盖八大学科门类 51 个专业。盘活高等教育市场需求，放开办学自主权毋庸置疑地成为重点院校开设网络教育学院的原动力。然而，正当网络教育学院呈现一片欣欣向荣之景时，由于改革试点的发展过于迅猛，办学过程中出现的系列问题突显出来。其中，最为典型的事件是湖南大学网络教育学院的违规行为。办学规模失控、招生违规以及考试舞弊等现象的发生让人们开始质疑网络教育的质量和社会认可度。[①]为此，教育部意识到了网络教育学院"大跃进运动"背后的重重危机与风险，于 2002 年 7 月颁布了《关于加强高校网络教育学院管理，提高教学质量的若干意见》（教高〔2002〕8 号）。该意见遏制了网络教育发展过度的势头，网络教育学院的办学思路和方向出现逆转，招生对象不再包括全日制普通本专科生，而是主要面向进行继续教育与资质培训的社会在职人员。

教育部在规范网络教育办学行为的同时，却无意中打击了试点高校的主动性与自信心，包括清华大学在内的"985"、"211"高校认为，网络教育办学定位的变化实质上反映出"人才培养质量"的下降，这在一定程度上会影响重点大学的品牌效应。2003 年 10 月，教育部批准试点的 68 所高校创办网络教育学院的动力不足了。网络教育学院在发展中遭遇的困境与挫折虽然给部分高

---

① 郭文革：《中国网络教育政策变迁——从现代远程教育试点到 MOOC》，北京大学出版社，2014，第 42～51 页。

校带来了重创，但是反思问题和规范行为却营造了相对稳定的政策环境。如何科学地规划和发展网络教育被提上议事日程。在教育全球化背景下，借鉴国际办学经验成为探索网络教育发展的必由之路。为此，教育部和各大高校分批派出人员到国外考察和学习，结合本土化特征，研究和探索新形势下中国网络教育发展的可行性方案。然而，对比中美高校网络课程的发展，网络教育学院都率先迎合了高等教育市场的需求，勇于挥动人才培养改革的旗帜，实施了网络课程建设工程；然而随后，由于市场运营机制的局限性，普通高校在试点网络教育学院或创建网络课程时陷入不利境地，调转网络课程发展的思路成为中美高校共同之举。如何体现网络课程的功能与价值成为国际开放教育资源运动的时代命题。由麻省理工学院掀起的"公开线上课程"（又称"开放课件"）运动，不仅对美国高校网络课程发展影响深远，而且也指引着中国高校网络课程的发展方向。2002年，就在中国网络教育发展问题层出不穷，亟待改进、调整和规范之时，开放教育资源运动蔓延全球，摒除过度的商业化气息，以"免费"、"开放"和"共享"为理念，开发和建设网络课程资源的构想为中国网络教育发展指明了方向。

这一时期，中国高校网络课程发展道路开始转型，由"并轨制"招生转向"双轨制"发展，即由初创阶段的网络教育学院兼容社会在职人员和全日制在校生的网络课程形态，转向网络教育学院建设的网络课程主要面向社会在职人员实施继续教育或成人教育，普通高校开发的网络精品课程主要面向全日制在校生，以提高高等学校的教学质量。整个网络课程建设思路和体系开始分化，原有的普通高校兼容性网络课程转向继续教育和成人教育领域，服务对象主要面向社会在职人员，全日制在校生不再享有网上选课和课程学分认定权利。从某种程度上来说，国际开放教育资源运动助推了中国高校网络课程的转型发展。2003年9月，中国44所广播电视大学和网络教育学院试点高校的代表应邀参加"MIT OCW"（麻省理工学院开放课件项目）国际论坛，共同商讨成立合作机构，以实现国内外高校网络课程资源的开放与共享。同年10月，经教育部认可，中国开放教育资源联合体（China Open Resources for Education，简称CORE）正式成立，作为非营利性组织机构，旨在引入国外高校优质网络课程资源，并将中国建设的网络课程推向世界，真正意义上实现"免费"、"开放"和"共享"。为此，早在2003年4月，教育部就下发《关于启动高等教学质量与教学改革工程精品课程建设工作的通知》（教高〔2003〕1号），开启主要面向全日制在校生的网络精品课程项目，以"五个一流"的标准提出网络精品课程建设工程。通知指出，精品课程建设是提高本科教学质量的重要途径，以高等教育精品课程网站为依托，形成"校—省—国家"三级梯度课程体系，促进课程资源全部上网开放，实现优质教学资源免费共享。2003年11月，教育部办公厅发文（教高厅函〔2003〕16号），公示了网络教育学院试点高校前两批277门网络课程验收情况，肯定了阶段性成果的质量，并将网络课程建设的目标拓展为三批次实施，共计立项321门课程。

　　无论是网络教育学院建设的网络课程，还是普通高校开发的精品课程，都在一定程度上为高等教育的改革与发展掀开了波澜壮阔的历史新篇章。网络教育学院的试点，不仅为社会成员提供了再次接受高等教育的公平机会，而且有利于高等教育结构、规模与质量的协调发展。与普通院校招生机制不同，网络教育学院招生时间一般设定为春、秋两季，既通过广播电视大学招生，又通过普通院校招生，网络教育培养层次包括普通专科、高中起点攻读本科、专科起点攻读本科以及研究生课程进修班。2001年，网络教育学院注册学生人数达到40余万人；2002年，学生注册人数成倍增长，达到100余万人[1]；2004年，网络教育学院学生注册人数激增到200余万人[2]；2007年，网络教育学院累计学生注册人数240余万人，当年招生人数达130余万人。[3] 网络教育注册学生人数的持续增长，既反映出高等教育市场的需求，同时也表明网络教育得到了社会的广泛认可。然而，网络教育发展并不是一蹴而就的，必然要历经"调整、巩固和提高"的过程。2007年4月，教育部做出重要指示，提出自学考试和成人高考不再招收脱产班，希望更多地借助网络教育办学优势，将"函授高等教育过渡到网络高等教育"。随后，湖南大学、清华大学、浙江大学等高校相继将"网络教育学院"更名为"继续教育学院"。网络教育的转型是理论研究与实践探索的结果，是内涵发展的丰富与完善，不仅有利于促进传统成人教育与网络教育的充分融合，而且更能够体现新时期终身教育一体化发展思路。

　　自2003年教育部计划实施国家精品课程的项目以来，高校网络精品课程的开发力度与共享程度日益提高。最初的国家精品课程评选就遵循"高标准、

---

① 秦海波：《网络大学生达100多万人，现状怎么样?》，人民网，http://www.eol.cn/20020923/3068823.shtml，2002年9月23日。

② 赵万宏、杨友桐：《我国网络高等教育发展的现状、动因及存在问题》，《电化教育研究》2004年第11期。

③ 亓俊国、庞学光：《我国网络高等教育发展：定位、问题及政策建议》，《中国电化教育》2009年第5期。

严要求"的原则，在申报渠道方面，教育部不接受任何高校单独申报，只准许各高校归属的教育行政部门或各学科专业教学指导委员会及专家择优推荐申报；在申报质量方面，以 2003 年立项的 151 门国家精品课程为例，其中 1/4 的国家精品课程由国家级教学名师、院士主持或参与；在申报数量方面，2004～2008 年，国家精品课程立项分别为 300 门、314 门、374 门、660 门和 669 门①，2007 年超额完成 1500 门国家精品课程的建设目标；在申报层次方面，国家精品课程申报高校由普通本科院校和高职高专院校两类层次扩展为本科、高职高专、军队院校和网络教育四类层次。其中，从 2005 年开始新增军队院校精品课程 15 门，2006～2008 年，军队院校精品课程立项分别为 16 门、28 门和 19 门，从 2007 年开始新增网络教育精品课程 49 门，2008 年网络教育精品课程立项 50 门。

在国际开放教育资源运动的影响下，中外高校网络课程建设项目的交流与合作更为频繁，并取得了显著成效。2005 年，中国开放教育资源联合体开始着手于麻省理工学院开放课件项目的中文翻译工作，将国外开放课程引入国内高校进行试点；2006 年，中国开放教育资源联合体将部分国家精品课程翻译成英文，通过互联网推向世界，供全球高校免费共享；2007 年，教育部正式启动国家精品课程第二期建设计划，拟定国家精品课程立项 3000 门；同年，为了提高精品课程建设中教师的技能与授课水平，教育部先后印发了关于"精品课程师资培训"的系列政策文件，并成立了教育部全国高校教师网络培训中心，用于指导和帮助教师申报建设精品课程必需的教育技术知识与技巧②；同年，国家精品课程资源中心获批成立，以国家精品课程资源网为平台，整合并优化精品课程网络资源，促使"校—省—国家"三级梯度精品课程体系更为健全，推动最大规模的精品课程资源的传播与共享。

第二节　MOOC 时代背景下中美高校网络课程的发展

如果说 2001 年麻省理工学院掀起的开放课件项目，标志着国际开放教育

---

① 夏欧东、章站士、祝火盛等：《关于网络课程开发现状与发展趋势的思考》，《中国教育信息化》2010 年第 13 期。
② 胡俊杰、杨改学、魏江明等：《国家精品课程对精品视频公开课建设的启示——基于对 2003～2010 国家精品课程的调查引发的思考》，《中国远程教育》2014 年第 6 期。

资源运动的兴起，那么直到 2008 年，这场引发全球高校网络课程走向开放与共享的运动已取得了阶段性的胜利，特别是中美高校在网络课程的开发与建设过程中成就斐然。聚焦中美高校网络课程发展演变的历程，在时间节点上的数量变化方面不难发现，开放与共享的课程数量超额实现了原定计划目标，注册学生人数也是与日俱增，参与高校的数量在增加，支持力度也在不断加大，并且越来越多的高校将开发网络课程作为一项长期而持久的发展战略。然而，以课程资源的静态文本呈现，关注于电子课件和部分录像视频的授课形式与学习方式逐渐暴露出时代的局限与需求的难以满足。正因如此，中美高校网络课程发展在质量上表现逊色，主要反映在：就课程建设本身而言，部分课程停滞不前，课程资源开发与更新速度缓慢，考核评价机制不健全；就教师重视程度而言，相当比例的教师群体参与网络课程开发与建设的积极性不高，在建网络课程教学互动性不强，教学效果令人担忧；就学生满意程度而言，注册人数的增加并不意味着学习效果显著，恰恰相反，学生群体往往怀揣对网络学习的兴趣和激情加入网络课程项目，却因为难以完成修学任务和达到结业要求而感到失落和遗憾。

当中美高校网络课程发展走过了 21 世纪初叶前半段的历程时，不得不考虑后续的发展思路和方向问题。2008 年，加拿大学者戴夫·科米尔和布赖恩·亚历山大首次提出"MOOC"这一网络课程术语①，将中美高校网络课程引向新的发展阶段。特别是在 2012 年 MOOC 作为一种新型的在线课程教学模式迅速闯入公众的视界，给高等教育、在线学习和互联网产业带来了巨大影响，在教育史上呈现"一场数字海啸"，《纽约时报》将 2012 年称为"MOOC 元年"（the year of the MOOC）。在 MOOC 这一时代背景下，网络信息化技术将优质课程资源传送到世界各个角落，不仅实现着优质资源的免费开放，而且为在线学习者提供完整的学习体验，更重要的意义还在于国际开放教育资源运动发生着 10 年来质性的蜕变。先前的网络课程更注重预设性知识的传授，而新兴的网络课程重视生成性知识的学习；课程形态由最初的静态文本课程资源发展为新型的动态视频课程开发；在技术促进网络课程升级的同时，理论研究将网络课程的内涵引向深入；网络课程的全球化趋势与国际合作平台的搭建，将中美高校网络课程的开发与建设纳入同一体系，合作与竞争交织，开放与共享互惠。

① 陈肖庚、王顶明：《MOOC 的发展历程与主要特征分析》，《现代教育技术》2013 年第 11 期。

与其说 MOOC 的兴起将中美高校网络课程发展推向了高潮期，倒不如说中美高校网络课程发展顺应了知识转型的内在要求，对新的"知识生产模式"或新的"知识型"做出了积极的回应、调整和改变。开放课件运动或许更多的是为知识的开放与共享提供了一扇窗户，而 MOOC 项目掀起的开放课程运动不仅将这扇窗户无限地放大，而且打开了更多的窗户，将知识的开放与共享理念放眼于世界，以更加积极的姿态和行动力折射出教育改革与知识转型相辅相成、相互促进的共生共融关系。如前所述，为了促进虚拟化知识存在形态能有效地被在线学习者所接受并提高在线学习质量，中美高校网络课程在资源呈现内容、方式以及在线教学组织形态上做出了相应的调整和改变，课程数量及类型的迅速增加反映出知识种类的多元化以及对本土化知识的日益重视，知识生产、传播和应用扩展到除大学以外更多的研究机构、公司企业、政府部门以及非政府组织等，之前所谓的知识的免费性或价值中立性也在逐渐被打破，知识市场化趋势日益突出，对课程知识的学习也正在由自由性和非正式性变得越来越具有限制性和正式性，主要表现为对网络课程认证方式上的变化。

一　MOOC 时代背景下美国高校网络课程的发展

继麻省理工学院倡导的开放课件项目实施以后，美国高校网络课程一直处于不断发展和完善之中，一方面，受国际教育资源开放运动的影响，美国高校网络课程开放的数量和适用范围进一步增加和拓展；另一方面，网络课程开发与建设中的诸多难题陆续显现，美国高校为应对上述问题积极寻求解决方案以期待完善网络课程的美中不足。无可厚非的是，以开放课件项目为依托的美国高校网络课程跨越重洋，与世界各大洲纷纷建立合作关系，在开发和开放本国优质网络课程资源的同时，也为其他国家及地区本土化网络课程建设提供了帮助。随着开放课件项目的深入发展，英语不再是唯一传播和共享网络课程资源的语言，美国高校陆续将网络课程翻译成世界各国和地区不同的语言和文字，在全球范围内实现开放与共享。与此同时，国际开放教育资源运动的学术研讨会不再限于美国，开始与其他国家及地区联合举办，共同致力于网络课程发展新要求和新趋势的探讨。在美国本土，高校网络课程发展前景被社会广泛认可，虽然在课程实施中难题不断涌现，但是美国高校在完善网络课程开发与建设中总会采取各自不同又稍有效果的应对策略，例如，对于完全在线的网络课程（Full Online Courses）可能缺乏面对面课程的互动，部分高校开始探索"线上课程"和"线下课程"的完美结合（混合课程模式）①，或是开发和嵌入社区软件、聊天视频和互动游戏来弥补完全在线网络课程的不足②。如前所述，2008 年期间，美国高校网络课程迎来了一个新的转机，不仅在于斯隆联盟将此定义为网络课程发展的"迎难而上"主题，还在于"MOOC"这一网络课程新概念和新形态的出现。

毋庸置疑，麻省理工学院的开放课件项目拉开了开放教育资源运动的序幕，而 MOOC 的兴起又将开放教育资源运动向前推进一步，既预示着网络课程发展新时代的到来，又引发了一场举世罕见的高等教育革命。虽然加拿大学者戴夫·科米尔和布赖恩·亚历山大于 2008 年首次提出"MOOC"这一概念，但这之前具有 MOOC 特征的网络课程形态便已形成并渐趋完善。值得一提的是，萨尔曼·可汗（Salman Khan）于 2006 年创办的"可汗学院"，就是蕴含 MOOC 显著特征的网络课程形态。早在 2004 年，正在新奥尔良市上中学的表妹纳迪娅遇到了数学上的学习难题，主动向家住波士顿的表哥萨尔曼·可汗求助。萨尔曼·可汗通过互动手写平板、雅虎涂鸦程序和网络电话等方式远距离辅导纳迪娅的数学课程。纳迪娅在数学摸底考试中取得了优异成绩，而后成为莎拉劳伦斯学院（Sarah Lawrence College）医学专业的大学生。萨尔曼·可汗不少亲戚和朋友听说了此事，纷纷登门拜访和求助，学生人数越来越多让萨尔曼·可汗压力日益增大，难以应对。在朋友的建议下，萨尔曼·可汗将自己的课程录制成简短的教学视频，并发布到 YouTube 上，让每位学生都可以根据自己的时间安排和学习计划观看视频。在学生和家长们的需求和好奇心的驱使下，可汗学院不知不觉地初具雏形。2007 年，萨尔曼·可汗成立了非营利的可汗学院网站，同步播放 YouTube 上的视频课程；2009 年，萨尔曼·可汗毅然辞去对冲基金工作，全身心投入可汗学院的运营，可汗学院被授予"微软技术奖"中的教育奖。③

可汗学院成功的背后是网络教学视频课程的有力支撑，更是萨尔曼·可汗用心良苦的付出和卓有成效的反响。为此，萨尔曼·可汗因为突出的贡献而获得无数赞誉和奖项。2010 年，萨尔曼·可汗入选《财富》"全球 40 大青年才

---

① D. Monolescu, C. C. Schifter, L. Greenwood, *The Distance Education Evolution: Issues and Case Studies* (Hershey, PA: Information Science Pub, 2004), pp. 177 – 194.

② David Barnard-Wills, Debi Ashenden, "Playing with Privacy: Games for Education and Communication in the Politics of Online Privacy," *Political Studies*, 2015, 63 (1): 142 – 160.

③ Bill Gates, "Salman Khan," *Time*, 2012, 179 (17): 32 – 32.

俊榜"。2012 年，萨尔曼·可汗成为《时代周刊》"全球 100 大最具影响力人物"。一时之间，可汗学院创建的网络课程风靡全球，截至 2014 年 1 月，You-Tube 上的可汗学院频道共吸引了 163.3 万订阅者，访问量超过 3.55 亿人次。① 比尔·盖茨对萨尔曼·可汗高度认可，将其评价为"预见教育未来的人"。可汗学院获得了来自谷歌、盖茨基金等机构以及社会成员的经费支持，课程设置由最初的数学基础课程发展为八大学科门类，包括数学、化学、物理、生物、经济学、天文学、美术史等 33 种特色课程。② 这些网络课程通常以 10 分钟左右的教学视频为主，课程结构及程序包括观看视频、即时练习、提供指导、志愿者服务和个人主页，充分体现出"微课教学"、"宽容教育"、"游戏化教育"、"翻转课堂"和"因材施教"等先进教育理念，打破了教学与学习在时空上的限制。③ 正如萨尔曼·可汗在总结网络视频课程时提到的，"课程的进度应按照每个学生的不同需求来制定，而不是人为规定一个统一的进度"。可汗学院以 4800 段教学视频和 24 种不同语言给全美乃至世界各地的学习者提供有价值的网络课程资源，在一定程度上反映出 MOOC 早期的课程形态及主要特征。④ 虽然可汗学院的网络课程主要面授对象是中学生，但给美国高校网络课程改革与发展提供了启示和借鉴。

2007 年，美国犹他州立大学的教授大卫·威利（David Wiley）创建了一门介绍开放教育的网络课程"Open Education"（INST 7150），该课程依托 wiki 网络平台为世界各地的学习者提供课程资源，使其共享并参与课程创新。2008 年，加拿大里贾纳大学（University of Regina）的教授 Alec Couros 开设"Media and Open Education"（EC&I 831）网络课程，并邀请全球专家共同参与该门课程的在线教学。⑤ 同年 9 月，加拿大曼尼托大学（Manitoba University）发布了"Connectivism and Connective Knowledge"（CCK 08）的网络课程，该课程由萨

---

① 〔美〕萨尔曼·可汗（Salman Khan）：《翻转课堂的可汗学院——互联时代的教育革命》，刘婧译，浙江人民出版社，2014，第 1～10 页。

② 方圆媛：《翻转课堂在线支持环境研究——以可汗学院在线平台为例》，《远程教育杂志》2014 年第 6 期。

③ Benjamin Herold, "Khan Academy Lessons Linked To Common-Core Standards," *Education Week*, 2014, 33（27）: 1–15.

④ 〔美〕萨尔曼·可汗（Salman Khan）：《翻转课堂的可汗学院——互联时代的教育革命》，刘婧译，浙江人民出版社，2014，第 1～10 页。

⑤ 李志民：《国际上 MOOC 的发展历程、现状及趋势》，中国教育和科研计算机网，http://www.edu.cn/ke_yan_yu_fa_zhan/special_topic/zbwjt/201605/t20160524_1401436.shtml。

巴斯卡大学的 George Siemens 和加拿大研究理事会的 Stephen Downs 主持和引领。[1] 上述网络课程既是在传达开放教育的发展和课程设计的创新，又是在实践中完善网络课程开发技术和理论思想，大规模在线注册用户通过使用 Moodle 论坛、Second Life、博客和实时在线会议等工具参与网络课程学习。与此类似的网络课程不断涌现，为 MOOC 的诞生提供了技术准备和思想基础。作为网络课程开放的先驱者，麻省理工学院毫不示弱。2007 年，麻省理工学院开始探讨使用在线技术融入校园环境；2008 年，iTunes U 和 YouTube 平台、flickr 站点介入麻省理工学院在线课程开发；2009 年，麻省理工学院创建课程镜像网站 225 个，在线课程数量达到 1950 门；2010 年，麻省理工学院启动"课程冠军"计划，在线课程数量达到 2000 门，课程访问量达到 1 亿人次；2011 年，麻省理工学院在 iPhone 上发布课程，在线课程数量达到 2083 门。如此一来，麻省理工学院成为开放教育资源运动的倡导者和成功者。[2] 然而，正当在线课程的免费、开放和共享为人们所津津乐道时，麻省理工学院不知不觉迎来了开放课件项目 10 周年庆典。

从 2001 年至 2011 年，麻省理工学院开放课件项目不断推陈出新，跟随时代的潮流和技术的进步将在线课程做到尽善尽美，特别是在 2011 年 12 月 19 日，麻省理工学院正式宣布一项新的开放式在线课程学习计划——MITx。[3] 该计划由麻省理工学院教务长 L. Rafael Reif 领衔，负责将在线工具整合到在线课程的教学与学习之中，其宗旨在于不断丰富和增强在线课程的实施效果。MITx 推出的在线课程具有四个重要特征。一是自定步调。学习者根据在线课程的材料与组织，结合自身的个性特征和实际情况自定步调进行学习。二是突出交互性。通过创造虚拟学习社区，构建"无限校园"理念，提供在线教员讲授和示范的互动，以及学习者之间的互动交流。三是提供认证。在线课程不仅给学生提供了学习的平台和机会，而且可以证明学生掌握课程内容的程度。[4] 为此，MITx 将对学生进行单个学业评价，通过在线课程认证的学生将有

---

① 陈肖庚、王顶明：《MOOC 的发展历程与主要特征分析》，《现代教育技术》2013 年第 11 期。

② 李静、王美、任支群：《解放知识，给力心智——访美国麻省理工学院开放课件对外关系部主任史蒂芬·卡尔森》，《开放教育研究》2011 年第 4 期。

③ News Office, What is MITx? Answering Common Questions about the Institute's New Approach to Online Education, December 19, 2011, http://news.mit.edu/2011/mitx-faq-1219.

④ Philip DiSalvio, "Will MITx Change How We Think About Higher Education?" *New England Journal of Higher Education*, February 2012: 1.

机会获得相应证书。四是开放源码架构。MITx 课程将建成使用开放源代码软件平台，该平台既有利于 MITx 开发团队优化和改善在线课程开发技术，又方便于学习者自主地参与在线课程软件开发和学习经验共享。① 由此可见，MITx 在线课程项目是对开放课件项目的超越和发展。伴随着 2012 年麻省理工学院 MITx 第一门网络课程"电子与电路学"上线，同年 5 月哈佛大学联合麻省理工学院各自投入 3000 万美元，在 MITx 的基础上创建了非营利性 MOOC 项目平台——edX。edX 平台不仅在于促进在线教育的推广和宣传，而且可以通过对在线学习过程中大数据的分析，调整和改善混合学习的效果。至此，麻省理工学院在线课程形成了 OCW、MITx 和 edX 三大试验平台，三个平台共同致力于在线课程的开发和在线学习的实验。

引领美国高校 MOOC 项目推行的远不止 edX 这一平台，还包括 Coursera 和 Udacity 两大平台，它们成为拉动网络课程新形态 MOOC 发展的"三驾马车"。2008 年，斯坦福大学计算机系副教授吴恩达（Andrew Ng）尝试将部分工程类视频课程免费放在网上，通过若干在线教育平台开放共享，获得了上百万次的浏览量。2010 年，吴恩达的同事达芙妮·科勒（Daphne Koller）教授将自己的授课内容制作成具有交互性的短小视频，陆续投放到互联网上供学习者自主学习，此举广受欢迎。2011 年 10 月，吴恩达和达芙妮·科勒分别开发"机器学习"和"数据库导论"两门在线视频课程，均收到了不同凡响的社会效应。为此，2012 年 4 月，吴恩达和达芙妮·科勒联合创办营利性公司 Coursera，作为 MOOC 项目平台。Coursera 平台运营时间最长，其以语言的多样化和课程的多元化为特色吸引了成千上万的在线学习者。② 2011 年 10 月，同样的事情发生在斯坦福大学塞巴斯蒂安·史朗（Sebastian Thrun）和彼得·诺维格（Peter Norvig）两位教授身上，他们将主讲课程"人工智能导论"（Introduction to Artificial Intelligence）免费放在网上，在线注册人数由 5.8 万人增长到 16 万人，遍及 190 多个国家。正如塞巴斯蒂安·史朗所言，"网络课程的学生比参加 Lady Gaga 演唱会的人数还多"，而尝试如此的课程形态，塞巴斯蒂安·史朗将其归因于受到萨尔曼·可汗开发教学视频课程的影响。2012 年 2 月，塞巴斯蒂安·史朗、迈克·索科尔斯基（Mike Sokolsky）和戴维·斯塔文（Da-

---

① Charlie Osborne, "What Did the MITx Open Online Learning Experiment Teach Us?" *Distance Education Report*, 2012, 16 (16): 6.

② 黄明、梁旭、谷晓琳：《大型开放式网络课程 MOOC 概论》，电子工业出版社，2015，第 38 页。

vid Stavens）共同创立了营利性在线教育公司 Udacity，以此为平台运营 MOOC 项目。[①] 与 edX、Coursera 平台有所不同，Udacity 平台的 MOOC 突出"小而精"的特征，在线课程偏重实用性学科和基础性学科。

随着 MOOC 平台的相继建立，MOOC 项目开始遍地开花，在全球高等教育领域引发了轰动效应。而让这场教育革新运动富有如此魅力和卓越远见的主导者是美国的顶尖高校麻省理工学院、斯坦福大学和哈佛大学。Coursera、Udacity 和 edX 三大平台承载的 MOOC 项目占领了整个市场 90% 以上的份额，课程注册人数均已超过百万人次，课程形式以教学视频、阅读资料、嵌入问题测验、课后作业、在线讨论社区和线下交流等为主，采用学生互评和软件评分等课程考核方式，学生互动主要体现在学习小组、在线论坛及线下见面等环境中。与早期的 cMOOC 课程形态不同，Coursera、Udacity 和 edX 开发的 MOOC 项目是基于内容的 xMOOC，以行为主义学习理论为基础，遵循常规的学习内容结构设置，侧重于知识的传播和复制，强调以观看教学视频为主，辅之以在线测评和同伴互助，体现学习者的独立自主性。与此同时，Coursera、Udacity 和 edX 三大平台开发的 MOOC 项目彼此之间也存有差异。在学术诚信方面，Udacity 和 edX 平台在线注册 MOOC 的学习者需要通过付费的方式参加 Pearson 考试中心的监考考试，而 Coursera 平台在线注册 MOOC 的学习者需要签订"Honor Code"（诚信守则），并由付费的"Signature Track"（个人签名追踪系统）监控；在学习进度方面，Udacity 和 edX 平台在线注册 MOOC 的学习者具有固定的注册、开课和结课时间，每周必须按照课程进度学习，而 Coursera 平台在线注册 MOOC 的学习者相对比较自由，没有固定的课程时间安排，在线学习者可自行掌握学习进度；在课程认证方面，edX 和学校联合颁发证书，并区分对待自行完成和参加考试的两类学习者，Coursera 颁发由合作院校认定的学分或任课教师签署的证书，Udacity 按照学习者不同的表现分级颁发不同的证书。

2008 年以来，斯隆联盟继续公布美国高校网络课程发展概况的调研报告，分别将 2009~2012 年的主题确定为"按需学习"、"类型差异"、"跨越远程"和"改变课程"。美国高校网络课程经过十多年的发展历程，由零散的网络课程项目走向了系统化的网络课程体系，课程数量增长迅速，课程门

---

① 吴剑平、赵可：《大学的革命——MOOC 时代的高等教育》，清华大学出版社，2014，第 52~53 页。

类更为齐全，学生注册人数也与日俱增，课程受益范围遍及全球，并受到了社会的广泛认可。以 2002 年为参照，当时提供网络课程的院校占美国院校总数的 71.7%，而在 2012 年这一比例达到 86.5%；选修网络课程的学生数量从 160 多万人增长到 700 多万人，短短十余年间增长 3 倍多；在线学生人数占学生总人数的比例由 9.6% 提高到 33.5%，即使在 2010 年预测将进入"高原期"和 2011 年美国高校学生人数负增长的情况下，网络课程注册人数增长率同样达到 9.3%，在线学生人数增加 57 万人；能够提供完整网络教育项目的院校由 34.5% 上升到 62.4%，这表明越来越多的在线学习者不再限于获得部分网络课程学分，开始转向系统化的学历认证；美国高校对在线教育发展的认同度明显提高，将在线教育视为长期发展战略的院校由 48.8% 增长到 69.1%；私立营利性高校和公立高校成为在线学历教育的骨干力量，规模越大的院校其在线教育项目所占的比例也越大，其中最大规模的院校其在线教育项目的比例由 72.4% 上升到 82.8%。究其推动因素包括高校领导者的倡导、在线教育评估系统的完善、实体教育学费的压力以及在线学习更具吸引力等方面。①

二 MOOC 时代背景下中国高校网络课程的发展

中国高校网络课程的发展既离不开自身的探索实践，也离不开国际开放教育资源运动的推动和促进。从本土化特色来看，国家精品课程项目的实施无疑对中国高校网络课程发展具有里程碑式的意义，不仅在于它将社会在职人员与在校大学生共同纳入网络课程的授课对象，而且更在于它为高校优质课程资源的在线开放和免费共享做出了卓越贡献。特别是在 2007 年，国家精品课程二期项目拉开序幕，在原来一期项目的基础上实现了课程数量的翻倍增长，二期项目的起止时间是 2007～2010 年。国家精品课程二期项目实施伊始，便预示着较之以往课程类型与结构将会发生的变化。军队院校精品课程申报仍在继续，网络教育精品课程第一次纳入评审范围，继而呈现出课程建设方向上的某些新特征。国家精品课程评审指标在原有体系的基础上，经过多位专家论证和修改，形成了为网络教育精品课程建设量身打造的课程评审指标体系。原有的国家精品课程评审指标体系主要用于本科、高职高专和军

---

① The Sloan Consortium, "Changing Course: Ten Years of Tracking Online Education in the United States," 2012, http://www.sloan－c.org/publica－tions/survey/index.asp.

队院校的网络课程评审参照，重新构建的网络教育精品课程评审指标体系更注重远程导学与学习活动的开展，在教学内容和学习资源方面强调人机交互和技术特征，关注学习支持服务系统。从国际化影响来看，国际开放教育资源运动逐步深入，为中国高校网络课程的发展提供了平台和机遇。2008 年 4 月，开放教育第四次国际会议在中国大连举行，与以往会议主题和重心的不同之处在于，此次会议由最初提倡开放教育理念和促进更多教育资源开放共享转向聚焦教育资源开放的质量、满足在线教育用户的需求以及有效促进开放课程的教学。

2008 年，MOOC 的提出和兴起由加拿大蔓延全球，不仅在美国引发了一场"数字海啸"，而且触动了中国高校网络课程发展的琴弦。在国家精品课程项目建设方面，中国高校一如既往地加大了发展力度。2009 年，国家精品课程立项 679 门，其中本科精品课程 400 门，高职高专精品课程 200 门，网络教育精品课程 50 门，军队院校（含武警）精品课程 29 门；2010 年，作为国家精品课程二期项目实施的最后一年，各类精品课程立项数达到历年来最高位，共计立项国家精品课程 763 门，其中本科精品课程 438 门，高职高专精品课程 229 门，网络教育精品课程 60 门，军队院校（含武警）精品课程 36 门。[①] 值得反思的是，国家精品课程二期项目并没有像一期项目那样，实现课程建设数量上的突破，反而较之 3000 门的课程目标有降无增。上述情势的变化恰反映出开放教育资源运动发展重心的转向。2010 年 1 月，教育部高等教育司在北京大学召开了"2010 年度国家精品课程工作会议"，主要围绕精品课程的建设规划、指标评审体系以及共享机制等方面展开了研讨，反思存在的主要问题和改革完善的举措，提出可持续发展和完善国家精品课程的共享机制。2010 年 7 月，教育部和财政部联合印发的《关于批准 2010 年度国家精品课程建设项目的通知》中也明确要求，"课程内容全部上网，取消登录用户名和密码，向全国免费开放"，并指出进一步加大投入力度和政策支持，不断更新和完善网络课程资源，提升优质课程资源共享与建设水平，促进教学质量的提高。上述政策导向充分印证了国家精品课程建设开始由数量上的优势向质量上的提升转变，将满足与服务更多用户的学习需求作为国家精品课程建设的基本宗旨。

直至 2010 年，国家精品课程建设项目暂时告一段落，这期间教育部没有即时继续发布国家精品课程建设下一轮的目标公告。二期项目的结束

---

① 参见 http：//www.moe.gov.cn/。

是否意味着中国高校网络课程的终止，对此诸多高校疑虑重重。但是稍做研究便会发现，八年来国家精品课程建设项目在数量上走向一条类似"大跃进"的发展路线，然而质量上的提升却与国家精品课程建设的初衷渐行渐远。如何调整网络课程的发展方向，巩固精品课程的建设成果，充实现有课程的发展内涵，提高网络课程的建设质量成为中国政府及各大高校关注的焦点和难点问题。2010 年 7 月，《国家中长期教育改革和发展规划纲要（2010—2020 年）》正式颁布，该纲要在第十九章关于"加快教育信息化进程"的第六十条中开宗明义地指出，既要加强优质教育资源的开发，又要注重优质教育资源的应用，这一思想的背后正是反映出历年来国家精品课程项目重"申报"而轻"建设"、重"开发"而轻"应用"的现实困境。那么，怎样来提高网络课程的应用性呢？文件进而提出了较为具体化的操作策略。例如，提出对网络学习课程的开发，应践行由以教学为主转向以学习为主的"学生中心"理念；提出支持网络课程应用的配套建设，如对网络教学资源的充实，虚拟实验室与数字化图书馆的建设以及国际优质数字化教学资源的引进；还包括网络课程公共服务平台的搭建以及开放灵活的运行机制，创建适合网络课程在线教学的新型模式，并继而发展以网络课程为依托的高质量、高水平的网络学历教育。这一切的举措既是为了解决国内精品课程建设项目存在的诸多现实性问题，更是对国际开放教育资源运动新形势下发生变化的有效回应。

其实，这一阶段，早在中国开始网络课程改良之时，美国高校就已顺应国际 MOOC 发展的趋势，在原有在线课程发展的基础上，实施了一系列新的改革方案和有效举措，如前所述。环顾全球高校网络课程的发展，似乎大家不约而同地意识到由麻省理工学院引领的开放课件项目已不适应时代发展的要求，真正的开放课程不能继续再拘泥于静态文本的发展，更应考虑到动态资源的开发；课程建设不能仅仅立足于"教学中心"理念，更应注重"学习中心"理念，在线教学与在线学习应当相辅相成、相互促进；开放课程的受益范围应逐步扩大，真正实现"无限课堂"在全球范围内的蔓延，在线学习者可以跨国度、跨校区，不分民族、种族、信仰、性别、肤色和语言等成为学习共同体。特别是在 2010 年 11 月，中国门户网站网易公司开始实施"全球名校视频公开课"项目，试图通过公益行为的绿色包装，利用国外名校的品牌效应，借助网络视频课程提升知名度和影响力。它将首批上线的 1200 集视频课程免费开放，并将其中 200 多集翻译成中文字幕，这些视频课程来自哈佛大学、耶鲁大学和牛津大学等世界名校，涵盖人文、社会、政治、经济、艺术等各个领域。[1] 网易公开课在运营过程中，受到在线学习者的广泛青睐，特别是"幸福"、"公正"等课程最受欢迎，这不仅让网易公司看到了在线课程的广阔市场前景，而且为它布局深耕在线教育市场奠定了基础。随着国内知名网站陆续推出世界名校视频公开课，大学网络视频课程的理念逐渐深入人心，并引起了教育部和各大高校的热切关注。为此，教育部综合考虑到国内外网络课程发展的新情况，围绕开放课程建设与应用问题制定了一系列教育政策文件。

2011 年 2 月，教育部高等教育司公布《2011 年工作要点》，该要点对深入推进"高等教育质量工程"做出重要指示，其中提出关涉高校网络课程发展的三点意见：一是加强对原有精品课程项目的复核认证力度，继续推进精品课程优质资源开发和免费共享；二是全面构建"文理交融"的高校文化素质课程体系，打造该领域的"网络大课堂"；三是完善大学生创业教育课程体系，开发和建设创业教育的"网络课程"平台。2011 年 7 月，教育部和财政部联合印发《关于"十二五"期间实施"高等学校本科教学质量与教学改革工程"的意见》（简称"本科教学工程"）（教高〔2011〕6 号），该意见第一次明确提出国家精品开放课程建设与共享的理念和方向，将国家精品开放课程作为两大部分来进行开发和建设：一是建设一批精品视频公开课程，用于传播国内外文化科技领域发展的趋势及最新成果；二是对原立项的国家精品课程进行改造升级，建设一批精品资源共享课程，提升优质教育资源服务能力。2011 年 10 月，为了进一步明确国家精品开放课程建设的目标及主要内容，教育部颁布《关于国家精品开放课程建设的实施意见》（教高〔2011〕8 号），该意见从根本上改变了以往国家精品课程一、二期建设项目的指导思想和基本原则，同时也标志着中国高校网络课程发展进入了一个新的阶段。该意见进一步全面而详细地解释了国家精品开放课程的建设目标、基本内涵、整体规划、运行机制以及组织管理，无论是精品视频公开课程，还是精品资源共享课程，都将打破"先申报，后建设"的惯例，而是以"先建设，后申报"为原则，按照"分批建设，分批立项，同步上网"的流程，破除政府整齐划一的课程建设方案，实行"政府主导，高校自主，社会参与，引入市场"的开发运营机制。

国家精品开放课程建设的实施，一方面反映出中国高校网络课程发展与国

---

[1] 黄明、梁旭、谷晓琳：《大型开放式网络课程 MOOC 概论》，电子工业出版社，2015，第 65 页。

际接轨的必然趋势，另一方面更表明中国政府尝试通过发展网络课程来提升国际影响力的决心。作为一种新兴事物，国家精品开放课程建设方案也颇具特色，不仅在于它包括精品视频公开课程和精品资源共享课程两种模式，更在于这两种模式不同的发展目标和操作程序。在服务主体上，虽然两种课程模式均向社会公众免费开放，但是精品视频公开课程的服务主体是高校学生，而精品资源共享课程的服务主体既包括高校学生，又包括高校教师；在课程资源上，精品视频公开课程侧重开发素质教育类的科学文化课程或学术讲座，而精品资源共享课程强调课程资源的系统性和完整性，涵盖基础课程和专业课程；在建设起点上，精品视频公开课程属于新建网络课程范畴，基本没有前期的实践基础，而精品资源共享课程主要是对原有国家精品课程的转型升级，具有先前的经验基础；在建设目标上，"十二五"期间，精品视频公开课程规划建设数量为1000门，其中2011年首批建设数量为100门，2012～2015年建设数量为900门，而精品资源共享课程规划建设数量为5000门。2011年12月，教育部首先启动精品视频公开课的申报工作，组织专家对全国39所"985"高校择优申报的231个精品视频公开课选题进行论证评审，将其中遴选出的103个选题纳入2011年课程建设规划。① 2012年9月，教育部又启动精品资源共享课程的推荐工作，主要对推荐的范围、条件、途径和要求做出明确规定，特别指出2012～2013年分两批次对原立项的国家精品课程进行转型升级，从中按照限额推荐原则立项为国家级精品资源共享课程，针对不适宜公开传播的军队、公安和武警院校等涉密课程不纳入推荐范围。

在国家精品视频公开课程发展方面，2012年4月，教育部公布了首批立项建设的43门精品视频公开课程，通过爱课程网站、中国网络电视台和网易网站三大网络平台同时上线，向广大师生和社会学习者免费开放，并将国家精品视频公开课程的申报权限范围由"985"高校扩展至"211"高校和特色鲜明的非"211"普通高校。2012年4月至2015年4月，国家精品视频公开课程立项数量达到781门，续拍课程14门。其中，2012年12月，课程立项数量为62门，续拍课程2门；2013年5月，课程立项数量为139门，续拍课程3门；2013年11月，课程立项数量为121门，续拍课程3门；2014年4月，课程立项数量为121门；2014年10月，课程立项数量为137门，续拍课程6门；2015年4月，课程立项数量为158门。至此，国家精品视频公开课程申报时间

---

① 参见 http://www.moe.gov.cn/。

安排为每年两批次，立项建设的视频公开课程固定由三大网络平台在线推广，并且入选课程所属高校的类型日益多元化。在国家精品资源共享课程发展方面，2013 年 3 月，教育部率先对教师教育类国家精品资源共享课程进行立项建设，在 564 门申报课程中评审出 200 门精品资源共享课程立项建设，包括幼儿园、中小学和中职学校等不同层次的教师培养课程；2013 年 10 月，国家精品资源共享课程立项数量为 1091 门，其中本科课程立项数量为 675 门，高职课程立项数量为 336 门，网络教育课程立项数量为 80 门；2013 年 12 月，国家精品资源共享课程立项数量为 1540 门，其中本科课程立项数量为 1100 门，高职课程立项数量为 440 门；2014 年 1 月，国家精品资源共享课程中网络教育课程单独评审立项数量为 80 门。[①] 从以上可见，国家精品资源共享课程申报和立项的时间不定，课程申报类型的变化和评审方式的不统一，表明国家精品资源共享课程建设正处于不断探索和完善阶段。

国家精品开放课程在"十二五"期间可谓"芝麻开花——节节高"，不仅在数量上实现了网络课程新形态的发展目标，而且在质量上的提升也得到了社会各界的广泛认可和好评。但是，中国高校网络课程的发展并不仅限于此种形态和结构，毕竟现有的开放课程建设模式与 MOOC 形态相比差距甚远，特别是在课程设计、软件开发、应用范围以及受欢迎程度等方面。为此，当 MOOC 热潮全面袭卷中国高等教育之时，正在行动的不仅只有中国政府的主导力量，还包括脱离于政府控制的企业和高校。在企业界，网易公司无可非议地成为这场运动的佼佼者。2011 年 1 月，网易公司成为唯一加入国际开放课件联盟（Open Course Ware Consortium）的中国企业，继续将来自世界名校的网络视频课程数量拓展为 14000 门，并通过 20 多种不同的语言向全球开放共享。2012 年 12 月，网易公司倾力打造网易云课堂平台，主要开发系列在线实用软件，使较为单一的视频公开课具备系统化的学习功能，如将整个视频课程切割成 10 分钟左右的若干片段，增加学习计划、在线笔记和习题问答等功能，提高了在线学习的交互性，使视频公开课程向完全 MOOC 形态的转变越来越接近。2013 年 5 月，网易公司正式接受教育部的"嘱咐"，与爱课程网搭建合作平台，共同实施"中国大学 MOOC"项目。[②] 值得注意的是，网易公司在推出国

---

① 参见 http：//www. moe. gov. cn/。

② 黄明、梁旭、谷晓琳：《大型开放式网络课程 MOOC 概论》，电子工业出版社，2015，第 66 ~ 67 页。

外名校公开视频课程项目后，国家精品视频公开课程于 2011 年开始分批次同步上线网易平台，向公众免费开放。紧随其后的还有新浪公开课、过来人公开课、淘宝同学、百度教育、果壳 MOOC 学院等，这些企业以不同的平台为载体，相继推出了一系列国内外优质在线课程资源，共同促进了中国高校网络课程发展。

中国高校面对 MOOC 的来袭，扮演着两种角色，担负着两种使命。一方面，在教育部关于精品开放课程建设意见的指导下，分别按照"公开视频课程"和"资源共享课程"的技术标准，开展了一系列国家级精品视频公开课程和国家级资源共享课程的开发和建设；另一方面，受到世界名校开发和运营 MOOC 项目的影响，积极开展与美国 MOOC 三大平台的交流合作，创建中国高校自身的 MOOC 平台，自主研发本国特色的 MOOC。首先开启中国高校自主发展 MOOC 项目的是清华大学。清华大学政策研究室早在 2012 年就开始特别关注 MOOC 三大平台 Coursera、Udacity 和 edX 的创建，并将相关信息资料上报给学校领导，得到学校领导的高度重视。经过研究和论证，2013 年 5 月，清华大学会同北京大学成为加入 edX 平台的首批亚洲高校，随后北京大学先行发布了"电子电路"、"民俗研究"、"20 世纪的音乐"和"世界的文化地质学" 4 门在线课程，清华大学发布了"电路原理"和"中国建筑史" 2 门在线课程。为了摆脱对 edX 平台及 YouTube 的依赖性，清华大学在 edX 开源代码的基础上，研发出基于 TsinghuaX 的在线教育平台，于 2013 年 10 月 10 日正式推出全中文 MOOC 学堂在线平台。北京大学在加入 edX 平台后不久，2013 年 9 月又与 Coursera 平台合作，发布"大学化学"、"生物信息学"和"计算机概论" 3 门在线课程，并计划五年内建设 100 门在线课程。① 除此以外，还有由重庆大学发起，73 所高校参与的"东西部高校课程共享联盟"（WEMOOC）和由上海交通大学创建，28 所高校加盟的"好大学在线"（CNMOOC）相继上线。由此可见，中国参与国际 MOOC 项目开发和共享的交流与合作，既有利于中国高校汲取可贵的国际经验，发展和完善本国高校网络课程建设，又有利于中国高校在双赢互惠的平台上展现本土化特色课程，弘扬中华传统文化与科技。

---

① 袁松鹤、刘选：《中国大学 MOOC 实践现状及共有问题——来自中国大学 MOOC 实践报告》，《现代远程教育研究》2014 年第 4 期。

第二章　中美高校网络课程发展
不可忽视的技术力量

  技术的发展不仅为人类的生产生活提供了方便，而且为社会各个领域的发展带来了新的可能性，尤其是对知识转型与教育改革影响深远。美国大学协会在2001年发表的"白皮书"中指出，"技术始终发挥着对社会变革强有力的引擎作用"，认为"近20年来，全球市场竞争以技术为核心要素"，"研究型大学正是意识到社会发展对技术的依赖性"，才以技术为载体来传播知识和信息，从而确立起引领国家繁荣的历史责任和使命。因此，科学技术的每一次进步都带给教育发展新的面貌和新的愿景，特别是自20世纪以来，随着科学技术发展的日新月异，高等教育领域掀起的诸多变革也更加活跃而频繁。技术对高等教育的促进作用不仅体现在宏观上技术改变了知识传授的场所、知识传授的内容以及知识传授的方式等方面，而且更体现在微观上的知识教学技术和知识学习方式的改进方面。其中，高校网络课程的发展恰好逢迎上述情势，其离不开科学技术的支持与推动。

  何谓"网络课程"？这一概念的界定就已包含技术的成分。网络课程的开发以计算机技术为前提条件，伴随网络技术和通信技术的发展而渐趋完善。值得一提的是，网络课程发展初期，既受制于传统教育思想，又受限于技术发展的不成熟，其地位和作用并不明显。然而，网络技术的普及化让人们的生活方式发生了重大改变，网络已成为生活中必不可少甚至具有极强依赖性的特殊环境，这一特殊环境蔓延到学习领域，使传统实体环境中的课堂教学必然向网络虚拟环境中的课堂学习转变；与此同时，传统教育对网络技术的依赖性逐渐增强，通过网络技术不仅可以扩大受教育者范围，实现高等教育公平之目的，而且能提前抢占高等教育市场，高等院校各自的品牌与特色竞相争艳。

  可见，技术的发展总是让人不可思议，在互联网技术的助推下，网络课程的地位和作用越发重要。从知识转型的视角来看，技术也可谓知识转型的关键因素和重要组成部分，如前所述，网络课程发展初见端倪首先还在于技术改变了知识存在的形态和传播方式，为知识开放与共享搭建了良好平台，促进了知识类型发展的多元化，本土化知识得到了开发、理解和尊重，知识商品化、市场化竞争也显得格外激烈，依靠技术增强了跨学科和跨机构的集体化知识的生产、应用和运营。正是如此，中美高校网络课程的发展同样离不开技术的牵引，不同时期技术发展的程度既决定着中美高校网络课程建设的质量，更影响到中美高校网络课程发挥的功能。

第一节　开放课件运动下中美高校网络课程发展的技术牵引

科学技术的进步总是令人深受鼓舞，特别是对教育发展的激励作用功不可没，它不断地将教育推向世界、推向未来、推向现代化。中美两国早期的远程教育的传统媒介可能让人们难以释怀，如电视教育频道或栏目的教学讲座，存储教学视频的录像带或光盘，以及电子学习资料的软盘，足以让人们回味过去的学习方式。但是，上述境况却不是中美两国远程教育发展的终极目标。现代媒介的出现似乎更能带给中美两国远程教育意想不到的便捷和收益，特别是以计算机网络为学习平台的搭建，将远程教育引向新的发展阶段。标志这一新阶段到来的专用名词原本应该是"网络教育"，但最终的冠名权给了"现代远距离教育"（也称"现代远程教育"），根由在于网络仅是远程教育的媒介之一，并且这种媒介技术还不是十分成熟。中美高校网络课程发展毋庸置疑地经过了这段心路历程，由此可以推及，从电化教育阶段过渡到信息化教育阶段，中美高校网络课程的定位难以摆脱"计算机的辅助教学"功能，网络课程仅是传统课程的补充和促进。然而，科学技术的发展带给了中美高校网络课程无穷的信念和信心，网络技术的日益成熟不仅突破了教育界限，由现代远程教育介入传统高等教育，而且还通过这种技术的普适性和方便性扩大了享受优质教育资源的范围。美国麻省理工学院掀起的开放课件运动正是借技术力量的东风，通过免费开放高校优质教育资源，迅速地确立起网络课程应有的属性和无可替代的地位。受此影响，中国高校网络课程的发展也在技术力量的推动下，加入开放课件运动项目，以技术的不断变革和创新来引起人们对网络课程的足够重视。

一　开放课件运动下技术对美国高校网络课程发展的影响

技术对美国高校网络课程发展的影响表现在高等教育各个领域，或是技术与课程的整合，或是技术、知识与信息彼此的联结，又或是技术与市场的互动关系，但不管怎样，最直接的影响肯定是作用于网络课程本身，即是对美国高校网络课程的开发与应用。早在 20 世纪末，美国南方联合大学就试图通过网络技术来重建现代"古典学系"，起初由孟菲斯罗兹学院的教授肯尼·墨里尔牵头推行桑诺基西斯项目，该项目实质上就是将传统课程开发成网络课程。当桑诺基西斯第一门课程在网上开设时，整个美国社会便意识到互联网对高等教育的冲击力量。思科系统（Cisco System）公司的 CEO John Chambers 认为，"在网络技术的推动下，网络课程会变得异常庞大，电子邮件的使用甚至都可以忽略不计"。① 肯尼·墨里尔和 Gary Becker 虽然遇到了没有风险资本家愿意为挣不到钱的网络课程投资的阻碍，但是他们都强烈地认识到互联网的巨大潜力，并为这项新技术带来的教育革命而感到兴奋。这是因为网络课程不仅可能会给开发者带来利益，而且还能使没有经济能力的学生通过使用这项技术来获得享有优质教育资源的机会。肯尼·墨里尔甚至认为，传统课程要满足学生的需求，最重要的就是让他们走进教室，不同高校彼此间开展以技术为辅助的合作，共同致力于网络课程开发，能够为学生创造颇具吸引力和推动力的虚拟学习世界。桑诺基西斯项目刚开始实施的时候，发展的目标并不高难，首先是希望教授们能够灵活自如地运用新技术，正如西南大学的教授 Glenda Carl 描述的那样，"教授们还在学习如何创建网页"。② 然而，即便如此，桑诺基西斯项目在使用互联网改进教学技术方面已经迈进了一大步。

互联网技术很好地将教师和学生维系在虚拟课堂教学情境中，参加桑诺基西斯项目网络课程的学生们将会在统一的时间段登录学习网站，主要通过媒体播放器来接收音频流，从而收听到网络同步课程，同时阅读电脑屏幕上教授的笔记，除了回答教授提出的问题，还可以将学习中的疑问发给教授，或者打开另一个互动"对话"窗口。这种虚拟教室满足了更多学生走进"古典学科"课堂的心理需求。互联网技术带给网络课程的实惠远不如此，它既方便于教授

---

① Thomas Friedman, "Next It's E-ducation," *New York Times*, November 17, 1999, p. A25.
② 〔美〕大卫·科伯：《高等教育市场化的底线》，晓征译，北京大学出版社，2008，第159～161页。

利用小麦克风一边从事讲课活动，一边指导学生的对话交流，还能够促进学生远程"私聊"交流和在聊天室进行对话分享。[①] 值得一提的是，桑诺基西斯项目的网络课程是"团队教学"，能将南方联合大学的教授们聚合起来的力量便是互联网技术的使用。这种环境下创生的网络课程在技术支撑下，跨越了高校彼此的界限，将传统古老的和现代先进的优秀成果结合在一起，实现面对面教学交流的真实体验。南方大学联盟主席 Wayne Anderson 认为，肯尼·墨里尔很早就看到了技术在古典学科领域存在的可能性。肯尼·墨里尔认识到技术改革与组织改革的密切联系，充分利用互联网的优势，通过网络课程来推动校际的合作。大多数教授肯定了信息技术革命对"古典学科"及网络课程发展的积极影响，但这种虚拟学习方式无法替代真实教学的价值也得到了诸如罗林斯学院 Elise Friedland 等教授们的认同。他们以网络上教的希腊语或拉丁语为例，说明语言学习在虚拟环境与真实环境中的显著差别。但是肯尼·墨里尔仍然对未来充满信心，他认为"50 年后，数字资源的使用能够有效促进语言的学习"，资源共享理念将决定互联网技术支撑下的美国高校网络课程的发展趋势。

技术除了应用于网络课程开发，直接推动其向前发展外，还扮演着促进美国高校网络课程发展的诱因角色。一方面，美国境内的各种教育投资公司早已看到互联网技术在网络课程发展中的巨大市场前景，以资金投入或技术支持的方式主动联合高校共同开发网络课程，期望能从中获得利润；另一方面，美国高校同时也希望获得资金投入或技术支持，来促进本校特色的网络课程开发与建设，以此来宣传自己的大学品牌，赢得社会认可。因此，21 世纪初叶美国境内的高校纷纷与教育投资公司合作，广泛运用技术的力量来推动网络课程的发展。如前一章所描述的纽约大学与点击学习（Click 2 Learn）、杜克大学与潘萨尔（Pensare）以及沃顿商学院与加利伯（Caliber）公司等的合作都充分体现出技术在市场作用下对美国高校网络课程发展的积极影响。其中，最为典型的代表是哥伦比亚大学与费森公司的合作。当哈佛商学院的教授 David Collis 认为，互联网所带来的"破坏性技术"[②] 可能导致大学使命的重新建构时，人们完全可能设想出如此的场景：互联网不是对大学的"改进"而是"取代"。

---

① 〔美〕大卫·科伯：《高等教育市场化的底线》，晓征译，北京大学出版社，2008，第158~190 页。

② Clayton Christensen, *The Innovator's Dilemma*（Harvard Business School Press, 1997）。

为此，哥伦比亚大学的领导者们认识到，新的技术可以将教授们从程式化的实体课堂中解放出来，成为虚拟课堂的主宰者，哥伦比亚商学院的教授 Eli Noam 甚至认为"随着技术的发展，不仅传统的知识生产和传播方式正在改变，而且大学的结构也正在遭受破坏……，提供网络课程及授位权的将不是大学而是商业公司"。① 哥伦比亚大学与费森公司的合作无疑是一项完美的计划，双方具有前期的合作基础，双方在网络教育领域具有绝对优势，双方主导网上学习项目的负责人能力超强。然而，理想与现实相互交织地发生着一切可能的变化。最终哥伦比亚大学与费森公司的合作并没有实现它们试图通过开发网络课程获得商业利益的目标，由于缺乏资金支持，费森公司不得不关闭。庆幸的是，以获取商业利益为目的的网络课程开发虽然没有获得预期的经济利润，却在另一领域赢得了市场：网络课程数量无形中增加，在线学生注册人数持续增长，学校抢先占领了一定的市场份额。

麻省理工学院没有将追逐商业利益视为开发网络课程的首要目的，或许是因为部分传统大学已陷入了利益链条上失败的境地，它选择了另一条实施路径：在"知识共享"理念指导下，获取资金投入和技术支持，向社会免费开放在线课程。这一计划于 2001 年正式启动，并宣告了开放课件运动的到来。麻省理工学院将技术用于网络课程的开发与建设具有得天独厚的条件。首先，麻省理工学院建校以来，技术性的学科专业优势明显，特别是长期与政府合作，利用电子学研究实验室和仪器实验室等开展军事项目的研发，营造了良好的技术环境和积淀了丰富的技术经验，将高科技运用于网络课程建设可谓"轻车熟路"。其次，早在 1999 年 10 月，麻省理工学院就与微软公司签订了一项为期 5 年的研究计划，该计划旨在运用计算机技术将麻省理工学院传统课程转化为网络课程，通过信息技术融入大学教育，实现电脑实验与网络课程的整合。② 再次，麻省理工学院组建的专业评估小组合理规避了网络课程开发的某些麻烦。例如，为了避免哈佛大学与阿瑟·米勒式的所有权冲突，麻省理工学院充分赋予教授开发网络课程的知识所有权；尽量摆脱技术的商业化控制，倡导技术学术化，在网络课程开发过程中，将互联网当作服务的媒介，而不是谋

---

① Eli Noam, "Electronics and the Dim Future of the University," *Bulletin of the American Society for Information Science*, June-July, 1996: 6 – 11.

② Hal Abelson and Vijay Kumar, "MIT, the Internet, and the Commons of the Mind," http://ishi. lib. berkeley. edu/cshe/projects/university/ebusiness/Habelson. html; Rosergrant and Lampe, Route 128, p. 64.

利的手段。由此可见，麻省理工学院很好地利用了技术支持力量来促进网络课程的开发与建设，在放弃商业化的网络课程运营方案时，麻省理工学院却获得了社会的广泛认可和赞誉，除了个人捐款支持网络课程发展以外，麻省理工学院还得到了诸多基金会的慷慨解囊，这种免费公开线上课程的计划，使麻省理工学院一跃成为网络教育市场的佼佼者。

开放课件运动蔓延到美国境内的部分传统高校，甚至搭载国际直通车逐渐席卷全球。这一时期，美国境内高校网络课程发展呈现了明显不同的两种景象。一种景象是部分传统高校与网络教育公司合作以营利为目的开发网络课程的计划逐一落空，例如哥伦比亚大学、杜克大学、纽约大学、马里兰大学、沃顿商学院等传统高校都没有能够实现盈利，要么是网络教育公司抛弃了传统大学，要么是传统大学提前退出了阵营联盟，甚至部分在线课程项目还没来得及开课就已宣告结束。高校领导层似乎意识到网络教育市场已无利可图。① 另一种景象是部分传统高校纷纷加入开放课件项目，以"知识共享"的理念免费开放在线课程，不仅有效地宣传了大学品牌，还提前抢占了网络教育市场份额，例如麻省理工学院、卡耐基梅隆大学、赖斯大学、犹他州立大学、约翰霍普金斯大学等传统高校将各具特色的优质课程资源在线免费开放，提升了大学的品牌效应。无论是前者的垂头丧气，还是后者的额手称庆，都存在一个不争的基本事实：互联网技术正在改变教育形态。要让网络课程在数码时代变得有意义，不是遇到困境就轻易抛弃，而是经过微妙处理使其变得完善。部分传统高校在"科学技术—网络课程—经济利益"之间存在认识误区，技术只是一种手段，而不是一种结果，在网络课程开发与建设过程中，传统高校更应注重如何选择使用科学技术，以及出于何种目的。正如乔治城大学教授 Radny Bass 所言，"技术是探索引擎，而不是生产引擎"。② 随着互联网技术的发展，通过网络课程完成部分教育任务的在线学生数量将会迅速增长，宽带的速度和软件的开发使互联网方式的学习活动无处不在。

早在 20 多年前，John Naisbitt 在评价凤凰城大学的网络教育时就指出，"技术性越高，局限性就越大"，他认为新技术的使用必须照顾到人类的反应，否则会遭受拒绝。③ 20 多年后，Jack Wilson 同样认为，"技术的变化很快，而

---

① 〔美〕大卫·科伯：《高等教育市场化的底线》，晓征译，北京大学出版社，2008，第195 页。

② Stephen Brier and Roy Rosenzweig, "The Keyboard Campus," *Nation*, April 22, 2002, p. 30.

③ John Naisbitt, Megatrends, *Ten New Directions Transforming Our Lives* (Warner, 1982), p. 156.

人类的变化很慢"，因此不能完全以技术为中心来设计教育。① 为此，科学技术如何有效地促进在线课程的发展，需要兼顾内外因素的和谐互动。在开放课件运动中，美国高校一方面需要借助科学技术进行自我更新换代，不断地对互联网进行软件开发和升级提速，充分扩大在线课程的开放数量和普及范围；另一方面美国高校又必须考虑到科学技术的人性化需求，由"技术中心"转向"以人为本"，不仅实现了在线教学"双向互动"的转变，而且达成了预设知识与技术的后续生成。正是这样，美国高校在开放在线课程的同时，为了促进在线课程的开发与共享，还不断地开放源代码软件。源代码软件的开放遵循"开放共享协议"，主要用于解决软件使用、版权处理和技术标准等方面可能导致的法律问题。典型的开源软件项目包括麻省理工学院的机构资源库"DSpace"、犹他州立大学的课程管理系统"EduCommons"、宾夕法尼亚州立大学的应用工具"Lion-Share"、明尼苏达大学的电子档案"OSPI"等，上述开源软件与工具的使用极大地促进了美国高校网络课程的开发、传播、互动与共享。② 随着开放课件运动的发展，在线课程开发的专业化服务团队提供的技术支持日益全面而完善，特别是对在线课程的管理、协调、研究、推广和评价等方面力求做到尽善尽美，这在一定程度上缓解了传统教师的工作压力，满足了在线学习者的个性化需求，使美国高校网络课程的开发在技术性和人性化两方面相辅相成、相得益彰。

二　开放课件运动下技术对中国高校网络课程发展的影响

信息网络技术出现在 20 世纪末，其对中国高校网络课程发展的影响较之于美国高校来说，情形更为复杂而多元。首先，需要从现代远程教育、网络教育和网络课程之间的彼此关联中寻求思辨的技术逻辑。依据中国官方的政策文件和专家的学术观点，现代远程教育涵盖了网络教育，网络教育作为现代远程教育的重要组成部分，但不能等同于现代远程教育，这是因为网络所表现的功能仅是现代远程教育的一种技术手段，而网络课程通常被定义为网络教育的重要载体或是外在表现形态，其概念的出现滞后于网络教育的产生。为此，技术对中国高校网络课程发展的影响十分有必要从现代远程教育工程建设项目谈起。早在 1998 年，时任教育部副部长的韦钰院士就曾指出信息技术所具有的

① Sarah Carr and Goldie Blumenstyk, "The Bubble Bursts for Education Dot-Coms," *Chronicle of Higher Education*, June 30, 2002, p. A39.
② 赵国栋、黄永中、张捷：《西方大学"开放教育资源运动"研究》，《比较教育研究》2007 年第 9 期。

"数字化信号环境"和"多媒体、虚拟化技术"两大特征。她认为,网络技术发展的必然结果是:现代远程教育采用数字化信号环境中的教学方式,这种教学方式不受时空限制,能够扩大受教育范围,还可以共享和利用各种网络教学资源,教学形式也更为灵活、开放。[①] 同年10月,"全国多媒体教学网络现场会"在中国人民解放军陆军参谋学院召开,通过信息技术将优质传统课堂教学网络化、虚拟化成为网络教育发展的目标。为了实现这一美好蓝图,最迫切需要解决的难题就是网络基础设施建设。只有当网络基础设施建设较为完善时,网络教育发展才具有可能性,现代远程教育的支撑系统也才更为牢固。1999年4月,高等教育司副司长刘志鹏在谈到远程教育和高等教育改革时,明确提出现代远程教育工程面临的三大任务,即"中国教育科研网"(CERNET)的升级、"教育卫星电视频道"的扩容以及"软件开发"。[②]

正是基于对上述问题的重视,教育部决定1999~2002年投入4.6亿元用于现代远程教育工程建设。建设项目包括基础设施、教育资源、关键技术攻关以及标准化研究等六个方面。在基础设施建设方面,投入约1.8亿元,主要用于中国教育科研网高速主干网建设和卫星电视教育网络改造工程;在教育资源建设方面,投入4000万元用于高等教育资源建设,1680万元用于现代远程教育网上公共资源建设,1200万元用于现代远程教育支撑环境建设,200万元用于音、视频教育资源建设;在关键技术攻关方面,投入2920万元,主要用于基于天地网的远程教育示范工程,无线接入网络教育应用、网络教育应用与计算机网络仿真系统、网络教育研究,支持网络教育的网络关键技术及应用,智能远程教室,个性化教学的多媒体课件制作和生成工具,教育资源的信息注册、发布和检索系统,网络教育资源的信息安全过滤技术,基于卫星和CER-NET的网络教育节目传输系统等;在标准化研究方面,投入880万元,主要用于标准化研究项目总体报告和现代远程教育工程CERNET网络标准及技术研究、卫星宽带多媒体技术标准与要求以及网站标准及评估研究;在重大应用方面,投入733万元用于高校网上合作中心平台建设。[③] 经费投入的分配情况反

---

① 韦钰:《现代远程教育》,《中国远程教育》1998年第10期。

② 张爱文:《发展现代远程开放教育的重要实验——访教育部高教司副司长刘志鹏》,《中国远程教育》1999年第5期。

③ 郭文革:《中国网络教育政策变迁——从现代远程教育试点到MOOC》,北京大学出版社,2014,第34~37页;中华人民共和国教育部教育信息化领导小组办公室:《现代远程教育工程项目进展报告》,高等教育出版社,2004。

映出，开放课件运动前后，中国正在努力解决网络教育及课程发展的技术瓶颈问题，以此为高校网络课程建设提供硬件保障和技术支撑。然而，值得注意的是，中国政府在推进网络基础设施建设过程中，并没有闲置或放弃科学技术融入现代远程教育的探索试验。

1999 年，教育部将清华大学、湖南大学、浙江大学和北京邮电大学列为现代远程教育的试点高校。清华大学将直播课堂、多媒体课件以及其他教学资料通过 Internet（因特网）和卫星数字广播，提供给校外站点的学习者，既可以实现师生之间的双向虚拟实时交流，又能满足学习者课程资料下载和辅导答疑的需求；湖南大学联合湖南邮电管理局成立多媒体信息教育学院，采用双向视频会议系统，通过拨号 163 或 169 上网，进行网络环境中的实时交互学习；浙江大学同样实施双向视频会议系统，通过建立远程教学网站，分享课件点播、讨论交流、交互答疑、网络作业、模拟考试及成绩查询等功能；北京邮电大学依托 ATM 宽带网，将传统课堂的教学情景，包括声音、图像、数据等传送到远端视听教室，为学习者提供非实时的教学资源查询，并且学习者还可以借助电子邮件与教师交流。试点高校的前期实践遇到了不可抗拒的现实问题：一是网络速度慢，影响学习效率；二是网络费用高，影响教育成本。[①] 随着网络技术的基础设施建设趋于完善，关键技术研发取得较大突破，上述问题也迎刃而解，现代远程教育发展的重心开始转移到网络教育未来的办学思路和发展方向上。教育部在综合考察现代远程教育试点高校前期探索的成功经验后，参见美国境内网络技术促进美国高校开展远程教育的盛况，明确指出依托名校试点创办网络教育学院，符合现代远程教育发展的客观规律，从而肯定了互联网技术促进网络教育变革的必然趋势。从 2000 年开始，网络教育学院试点高校数量迅速增长，新世纪网络课程建设任务被提上议事日程，网络课程至此有了特定的含义和技术规范。

以名校为依托的网络教育学院在网络课程建设初期，仍然避免不了美国式"技术中心论"的影响，课程开发严格遵循技术标准和规范，借助技术手段呈现堆砌如山的多媒体教学资源，缺乏学习支持服务系统的辅助，以学生自主学习为主的教学模式不能达到教学基本要求。为此，2002 年 7 月，教高〔2002〕8 号文件针对上述问题，提出要进行网络学习公共服务体系建设，在重视技术

---

① 郭文革：《中国网络教育政策变迁——从现代远程教育试点到 MOOC》，北京大学出版社，2014，第 31~32 页。

开发和支撑的同时，要充分利用网络技术来服务教学、促进教学，保证授课质量，达到教学基本要求。2003 年 4 月，教高〔2003〕1 号文件正式启动精品课程建设工程项目，明确指出以"五个一流"的标准建设精品示范课程，这些课程要注重先进教学方法和手段的使用，特别是对现代信息技术的合理运用，具体而言，就是课程的教学与管理实现网络化，与传统课程相配套的教学大纲、电子课件、电子教案、授课录像以及辅导答疑等教学资源全部上网免费开放，实现优质课程资源充分共享，以此促进高等教育质量的提高。同年 10 月，在开放课件运动的助推下，北京大学、清华大学、中南大学、中国矿业大学以及中央广播电视大学等 12 所高校联名向教育部申请，正式成立中国开放教育资源联合体（China Open Resources for Education，简称 CORE），这一事件既标志着中国开放教育资源运动走向国际的交流与合作，又反映出在国际性的交流与合作过程中必然共享的某些网络平台和软件技术共同促进了中国高校网络课程的发展。以 CORE 提供免费、开放、共享的高校优质课程双语网站为例，一方面其利用美国先进的教学技术、现代化的教学手段和引进优秀的课程资源来补充和完善中国高校网络课程建设；另一方面其搭建国内外网络教育资源共享与交流平台，将中国高校优秀的网络课程资源推向世界。

国家精品课程项目的实施反映出中国高校网络课程建设由现代远程教育的网络教育办学发展模式逐渐转向普通高校传统优质课程网络化的建设与发展，实现着中国高校网络课程发展方向和重心的迁移。中国高校网络课程的转型发展背后折射出高等教育信息化建设步伐的加快，网络信息技术不仅在现代远程教育中发挥了应有的价值与功能，而且日益蔓延到普通高等教育改革领域，并且上述两种不同性质的教育模式都不约而同地以网络课程发展为契机，充分运用现代化科学技术手段，以此来促进教学改革和提高教育质量。国家精品课程项目的推进，离不开网络教育试点过程中网络课程建设的经验积累和技术支撑。先前的网络课程建设中无论是网络平台搭建，还是软件技术开发，都在一定程度上为国家精品课程建设奠定了坚实的技术基础。正是如此，2003 年教育部提出建设 1500 门国家精品课程的目标于 2007 年超额完成。当然，科学技术对中国高校网络课程发展的促进远不于此。在精品课程申报与建设过程中，高校主要依靠自身的技术支撑，例如，现代教育技术或网络信息中心等相关机构共同参与推动网络课程平台的搭建，提供互联网技术服务支持，部分高校因为软件或技术的欠缺，还通过外包第三方网络技术公司来共同研发网络课程。国家层面上也在不断通过软件开发和技术提升，服务于国家精品课程项目的顺利实施，例如，统一国家精品课程建设技术标准和规范，使用必要的技术手段对精品课程网络教学与管理情况进行实时监测和评估，推动国家精品课程集成项目建设等，充分利用现代信息技术，完善网络课程的技术标准和规范，有效建立起基于存储、检索、管理及服务的网络教学支撑环境和优质课程资源服务平台。

第二节　MOOC 时代背景下中美高校网络课程发展的技术牵引

如果将开放教育资源运动划分为两个重要的发展阶段，那么开放课件项目的实施无疑是开放教育资源运动发展的初级阶段，而 MOOC 的兴起则将开放教育资源运动推向发展的高级阶段。MOOC 时代的到来可谓掀起了中美高校网络课程发展的新一轮高潮，不仅为网络课程发展提供了更加强有力的技术支持，而且课程技术人性化的趋势日益凸显。以大数据和云计算为支撑的 MOOC 不只意味着互联网技术发展的日新月异，更是反映出信息技术与高等教育的高度融合。借助大数据和云计算的功能，运用技术的手段捕捉在线学习者的视频影像或是学习痕迹，MOOC 能实时地监控和追踪在线学习者的状态，既能对学习过程进行大批量的数据分析，适时调整学习内容、计划、进度或是方法等，以保证在线学习质量，又能对在线学习者进行日常的监督和有效的管理，科学考查和评价在线学习者的学业状况，以及实现远距离地监控和管理各种在线考试。[1]

MOOC 教学视频的技术促进不再限于画面的清晰流畅，而是视频技术能够充分地运用理论的研究成果，根据注意力集中性的变化规律，录制精美短小的教学视频，以达到教学的基本要求。MOOC 课程技术的推广和普及进一步解放了教师的双手，增强了师生运用网络进行教与学的可操作性，虚拟仿真技术嵌入 MOOC，使传统课堂情景再现，以高质量的画面将在线学习者引入虚拟的仿真教室，在线指导、小组讨论和社区发言更加真实化，进一步增强了网络课程的交互性。[2] 中美高校网络课程发展在没有放弃技术自主研发的情况下，逐步

---

① Stefano Za, Paolo Spagnoletti and Andrea North-Samardzic, "Organisational Learning as an Emerging Process: The Generative Role of Digital Tools in Informal Learning Practices," *British Journal of Educational Technology*, 2014, 45 (6): 1023 – 1035.

② Gordon M. Hardy and Daniel L. Everett, *Shaping the Future of Business Education Relevance, Rigor, and Life Preparation* (Macmillan Publishers Limited, 2013), pp. 189 – 199.

打破了院校之间、区域之间和国别之间的技术枷锁，跨院校、跨区域和跨国度技术合作和技术共享日益变得频繁而普遍，特别是网络技术公司或企业介入了中美高校网络课程的开发和运营，真正实践着优质网络课程资源免费开放、互惠共享的理念。

一　MOOC 时代背景下技术对美国高校网络课程发展的影响

开放教育资源运动发展的不同阶段，科学技术对美国高校网络课程发展的牵引地位和作用也处于不断变化之中。如前所述，开放课件运动时期，网络课程概念和形态还没有完全建立，由美国麻省理工学院倡导的开放课件项目并没有完全体现出完整课程的内涵，网络课程的"网络"技术性定义明显，而"课程"内涵建设遭受忽视；计算机技术和信息化网络发挥着多媒体的功能，以构筑虚拟课程网络平台的方式来实现对传统实体课程的辅助和补充；网络课程的研发以"技术中心论"的思想为指导，更多地考虑如何将传统课程移植到网络平台上去，是为了传统课程网络虚拟化的实现，较为明显地反映出课程技术化色彩浓厚，而技术人性化体现不充分。[①] 除了软件技术的开发，美国高校网络课程的发展仍需要完善互联网技术的基础设施建设和确保其基本保障作用的发挥。在技术共享方面，虽然提出了网络课程免费"开放"与"共享"的理念，却推行着一种有限的课程资源共享权限设定，例如设定网络端口防火墙、不同账户和密码区别访问等；在技术合作方面，难以打破院校之间、区域之间和国别之间的技术门槛，课程开发与课程建设更多以高校自主技术力量为支撑，缺乏跨界限的技术合作和技术研发。这些都表明开放课件运动时期，美国高校网络课程发展受到一定限制，科学技术对网络课程的促进作用还有相当大的提升空间。为此，随着互联网技术发展渐趋成熟，信息化基础设施建设更为完善，用于支持美国高校网络课程的软件开发和技术提升不仅发展迅猛，而且技术人文性特征日益增强，不断地催生出原有开放课件项目的活力，还促进了新的网络课程形态 MOOC 的发展。[②]

2008 年，"MOOC"这一概念被加拿大学者正式提出，随即在全球引发了一场"数字海啸"。MOOC 的发展无疑使陷入金融危机的美国重新焕发出在线

---

① 王龙：《回顾与展望：开放教育资源的七年之痒》，《开放教育研究》2009 年第 2 期。
② 李联明、陈晓清、王来来：《技术的冲击与高等教育的伟大实验——MIT 校长拉斐尔·莱夫的大学发展观解读》，《清华大学教育研究》2013 年第 2 期。

教育的光芒，通过整合多种技术构建新的在线课程体系，并在不断探索与创新中寻找技术理论的导向和原理的支撑。根据不同的理论构想，在实践探索中MOOC 分为三种基本类型①：基于网络的 MOOC（又称 c-MOOC），该 MOOC 以联通主义学习理论为基础，强调基于社交网络媒体的交互式学习，在线学习者使用不同的网络工具搜集、组织和创造学习内容，充分利用微博、博客、社交网络等交互工具开展学习活动，在"人—机"和"人—人"的交互环境中实现知识的迁移和知识的生成；基于任务的 MOOC（又称 t-MOOC），该 MOOC以建构主义学习理论为基础，强调任务驱动的学习模式，在线学习者可充分获得学习支持服务，根据特定的学习任务自定步调，与同学进行协作学习，完成相应的专业技能训练，实现对知识的深度加工②；基于内容的 MOOC（又称x-MOOC），该 MOOC 以行为主义学习理论为基础，强调视频、作业和测试等学习方式，以简短视频的呈现来吸引在线学习者的注意力，通过观看视频后的测验来达成精熟学习目的，基于大数据的学习分析技术的运用能够有效改进教学内容，社会性交互工具软件的使用不仅有助于学习共同体的构建，还能更好地激发学习者的学习兴趣和提高学习效果，集中式论坛和线下见面会能够弥补在线交流和指导的缺憾。美国高校网络课程发展模式并没有直接选择"拿来主义"的思想，而是理性借鉴其他国家及地区 MOOC 模式的经验，最后创生了基于内容的 MOOC（又称 x-MOOC），该 MOOC 以 edX、Coursera 和 Udacity 三大平台为支撑，共同助推美国高校网络课程发展进入全新的历史阶段。由此可见，MOOC 发展至今，科学技术对美国高校网络课程的牵引功能不仅表现为技术的进步与创新，而且更为明显地反映出课程技术理论化、人性化和个性化的特征。

　　MOOC 的出现丝毫没有动摇科学技术助推开放课件运动的坚定信念，而是在现有基础上不断改进和优化网络技术，使美国高校网络课程的技术化充满人文关怀。例如，充分利用翻译软件技术让不同语言文化的国家及地区能够免费享受美国高校优质课程资源，使开放课件项目风靡全球；借助苹果公司开发的iTunes U 在线平台，不断推出新的课程视频录像，为学习者提供免费下载服务，实现美国高校网络课程资源的普及共享；上传的授课视频被限制在 10 分钟以内，是因为 YouTube 平台很好地遵循了早在 1996 年由美国印第安纳大学

---

①　王永固、张庆：《MOOC：特征与学习机制》，《教育研究》2014 年第 9 期。

②　M. Waite, J. Mackness and G. Roberts, "Learning in a Small, Task-oriented, Connectivist MOOC: Pedagogical Issues and Implications for Higher Education," *International Review of Research in Open & Distance Learning*, 2013,（4）.

的两位教授 Joan Middendorf 和 Alan Kalish 研究的大学生课堂上注意力变化规律，其实验结果表明：大学生静下心来以后的 10～18 分钟内的注意力最为集中，其背后反映出美国开放课件项目技术理论化趋势增强。在科学技术的牵引下，美国麻省理工学院开放课件项目更是于 2011 年提出"惠及 10 亿人"的发展目标，基本内容包括"让 OCW 无处不在"、"服务关键受众"、"创建开放学习共同体"以及"为全球教育者提供支持"。然而，如何实现这一目标，技术起着关键性作用。让 OCW 无处不在，需要提高不同媒介搭载网络课程的适用性，特别是网站间的彼此合作与兼容性，以及诸如手机、平板电脑等移动工具的技术服务水平；服务关键受众，既需要提供不可计数的在线用户学习技术平台支撑，又需要为不同文化背景的在线学习者提供技术的个性化服务；为全球教育者提供支持，最重要的是提供课程所需的技术工具，其目的不仅仅在于教学的便捷性，更在于促进学生的学习。为此，麻省理工学院充分地获得移动技术平台的支持，发布"OCW Lecture Hall Phone App"项目，借助 Iry-nsoft LLC's VIRT2GO 平台，一方面提升开放课件在手机上的应用能力，另一方面将开放课件转化为一种社交活动，在 Facebook 等社交网站上实现网络课程教学互动和学习交互。

科学技术在 MOOC 时代没有抛弃或淘汰开放课件项目，而是完善了开放课件技术，并使开放课件具备了 MOOC 的某些关键特征。对于 MOOC 的发展而言，科学技术的功能更是发挥得淋漓尽致。从外部技术环境来看，MOOC 的发展与网络信息技术的进步密不可分。宽带传输速度成倍增长，视频摄录技术全面遍及，互联网交互软件不断研发以及数据信息存储空间无限拓展等技术条件为 MOOC 将传统课程网络化、数字化奠定了基础。互联网技术从 Web 1.0 时代进入 Web 2.0 时代并跨越 Web 3.0 时代，不仅为 MOOC 提供了资源共享平台，而且更为重要的是使 MOOC 技术流畅化，呈现便捷性和高效能。网络技术的提升让 MOOC 最新视频互动技术得以实现，改变了人机交互"生硬"的在线学习环境，虚拟世界中的人人交互朝向智能化、协作式转变，学习不再是预设环境中的复制和模仿，更多地表现为互动环境中的生成与创新。[1] 上述情境变化离不开互联网公司和企业的技术支持与帮助，例如苹果公司提供的 iTunes U 项目，云集了大量世界名校的教学视频、音频和其他资源，以美国俄亥俄州立大学为例，其普通化学课程十分受欢迎，下载频率超过 10 万人次，

---

① 傅霖：《MOOC 发展及其相关技术》，《教育信息技术》2015 年第 4 期。

类似的课程 60% 被美国境外的学习者下载使用；又如，培生公司的 EQUELLA 系统能够对分布于各地的课程管理系统、图书馆系统、研究文献系统以及 YouTube、iTunes U 等进行资源搜集、下载与管理，通过其提供的 API 开发软件工具包，集成多个学习管理系统，特别是定制网络课程工具包 Course Connect，为课程开发提供了可供参考和借鉴的技术模板；再如，Google 公司向全球高校开放 Course Builder 源代码，为大学教师制作 MOOC 提供技术便利。①

　　MOOC 能突破时空的概念，实现随时随处学习的构想，除了外部技术环境的支持，还得益于移动通信设备及技术的普及。进入 21 世纪后，科学技术改变了教育固定的时间和场所，移动媒体及技术让教育活动无处不在，这一点在美国高校网络课程发展过程中表现得尤其明显。便携式手提笔记本电脑、平板电脑及智能化的手机让 MOOC 这种在线教育形态有了一个移动的"家"，以"家"为载体的新媒体技术最终衍生出"移动教育"、"天空教室"和"移动学习"的设想和实践。美国高校网络课程发展很大程度上受到新型科学技术的影响，特别是移动通信设备及技术使学生的学习活动可以发生在"任何时间"和"任何地点"，使教师与学习者、学习者彼此间互动更为容易而有效。从有线宽带到 Wi-Fi，网络环境的升级更新，给移动通信设备的使用带来无限空间，促成 MOOC 遍及美国乃至全球；无论是由 Google 公司等研发的 Android 系统，还是由苹果公司开发的 iOS 系统，它们数以万计的教育类应用程序有效地介入 MOOC 体系，通过移动设备满足 MOOC 个性化的学习需求，构筑一个以学生为中心的"自主学习"和"合作学习"相融合的在线学习环境。然而，对于内部技术理念而言，MOOC 的发展无不彰显出技术革新教育的思想。线上播放技术的改进，教育资源个性化设置以及课程评估手段的完善为美国高校网络课程的开放、在线、互动和大规模开发提供了可能性。edX 平台的技术特征表现为由麻省理工学院对开放源码教学的支持，为网络课程提供模拟实验室及视频、论坛等；Coursera 平台的技术特征表现为利用前沿研究、游戏体验和开创性方法为网络课程提供支持；Udacity 平台的技术特征表现为充分运用技术改变课程和知识获取方式，带给教学适切性。上述特征关心的"不是技术，而是人"。

　　正是如此，基于三大平台的技术支持，MOOC 创生出课堂教学组织新形

---

　　① 李静、王美、任支群：《解放知识，给力心智——访美国麻省理工学院开放课件对外关系部主任史蒂芬·卡尔森》，《开放教育研究》2011 年第 4 期。

态——"翻转课堂",即使没有传统教室里教师的指导,也可以通过网络教学视频或其他课程资源在线自主学习,实现在线学习、复习练习、辅导答疑和讨论测验与线下指导互动中的统一;10分钟以内的教学视频能够很好地完成短视频与交互练习的知识点吸收,减少或避免在线学习中容易出现的分神问题,有助于提高在线学习者的学习效果①;基于大数据的挖掘和分析技术,不仅表现为一个个流畅的镜头或录像,各种"互助"、"互动"或是"行为评价或诱导"方式,而且更多地表现为计算机技术能够记录你在每一个学习单元上停留的时间,判别出你在练习、测验或是作业时发生错误后是否"即时反馈"、"温故知新"和"复习巩固",甚至关注于你在线学习时的提问频率、讨论次数,从而探寻出在线学习者的规律,适时调整各个教学环节及要素,实现"对象化"的学习和"个性化"的服务。② 随着数字化技术的应用,美国高校网络课程开始实施微课程、微学分和微学位,数字化签名和认证技术不仅用于在线课程注册和登录时的身份识别,而且还应用到学分的认定和学位证书的颁发;利用计算机识别技术还可以有效地防止在线学习者"作弊"行为发生的可能性。从 OCW 的开启到 MOOC 的发展,虽然部分教师表现出抵触情绪或是观望立场,但是毋庸置疑的是来自教师的反对声音越来越少,更多的教师参与到 MOOC 的开发和建设中。无论是参与 MOOC 的教师,还是借鉴 MOOC 的教师,都会反映一个无可争议的事实,那就是 MOOC 技术盛行的美国高校在一定程度上解放了教师的双手,为教师赢得了更多的时间、精力与自由的空间。

二 MOOC 时代背景下技术对中国高校网络课程发展的影响

网络课程发展本质上的特征离不开技术的牵引,无论是 OCW 阶段,还是 MOOC 时代,技术对高校网络课程发展的影响既体现为国家内部的技术创新促进网络课程自主发展,又表现为技术国际化运动搭建网络课程发展共享平台。进入 21 世纪以来,科学技术发展迅猛,技术更新换代频繁,特别是在信息化网络技术和通信技术方面表现突出,与此相伴生的各类软件研发层出不穷,技术的硬件条件和软件环境不断成熟、完善,这给中国高校网络课程发展带来了无限创设空间。在美国,MOOC 兴起后,技术对网络课程的牵引在促进开放课

---

① Cristina Rotellar and Jeff Cain, "Research, Perspectives, and Recommendations on Implementing the Flipped Classroom," *American Journal of Pharmaceutical Education*, 2016, 80 (2): 1 - 9.

② Huamin Qu and Qing Chen, "Visual Analytics for MOOC Data," *IEEE Computer Graphics & Applications*, 2015, 35 (6): 69 - 75.

件项目重新获得发展活力的同时，又创生出以行为主义学习理论为基础的x-MOOC。当信息化社会跨入数字化时代后，利用新技术改良和创新网络课程不仅在美国，而且在全球都引发了一股热潮。MOOC时代背景下的中国高校同样掀起了类似美国高校网络课程发展的技术改革大潮。一方面，以国家精品课程项目为主导的高校网络课程建设放缓了以往的发展速度，充分地利用技术的领先优势，探寻从数量转向质量的有效途径，例如：实现精品课程建设的国家统一技术标准，消除技术屏障导致的课程资源开放有限、共享不足和学习不畅等冲突；充分发挥技术上的优势，促进各级各类高等院校精品课程发展"百花齐放"、"百家争艳"；重视新技术的嵌入和课程软件的开发，不断获得网络技术上的支持和促进网络平台上资源的开发；等等。另一方面，新技术的进步再也抑制不住对原有国家精品课程项目的改良，而是直接采用技术引领和创新的方式，积极推行国家精品开放课程项目，促进精品课程分步升级为资源共享课程和开创性地建设精品公开视频课程，还引入国际MOOC技术合作平台，将中国高校网络课程发展推向新阶段。

　　中国高校网络课程发展的原因有很多，有些人认为是经济的持续增长，幅员辽阔的地理环境下学习者对远程教育的需求，大学扩招后教学场地、仪器设备、师资力量等方面的短缺，或是"非典"、地震等重大疾病、灾难发生后对在线教育价值的肯定，还有一些人认为是政府的实验、高校领导者的主导以及教育工作者和在校大学生的推动。然而，美国学者柯蒂斯·J.邦克认为，中国在线学习显著增长的一个重要事实是：每年新增几百万人接入互联网。他充分认可信息技术和网络技术对变革教育的引领作用。[①]中国政府高度重视信息化建设，将提高信息化作为国家发展战略，分别在党的十六大、十七大上提出信息化和工业化"两化融合"的战略部署，特别是在教育领域，1999～2002年投入4.6亿元的教育信息化建设工程成就已初见端倪。2006～2008年，中国信息化发展速度是世界平均增长速度的2倍，年均增速为13.3%，逐步跨入信息化发展中等水平国家行列。中国互联网络信息中心（CNNIC）发布的数据显示：截至2007年底，中国网民数量为2.1亿人左右，互联网普及率为16%[②]，到2012年6月，中国网民数量为5.38亿人，互联网普及率已达到39.9%[③]。中

① 詹泽慧、李晓华：《混合学习：定义、策略、现状与发展趋势——与美国印第安纳大学柯蒂斯·邦克教授的对话》，《中国电化教育》2009年第12期。
② 参见 http：//tech.163.com/08/0117/13/42DPKC7G00092HJG.html。
③ 参见 http：//news.163.com/12/0719/14/86PIQCO700014JB6.html。

国网民数量从每年上百万人增长到每年上千万人增长，这给高等教育发展带来的是机遇还是挑战？将以上数据纳入教育系统进行分析，在互联网普及率急剧增长的同时，在线学习机会也将出现增长的趋势。中国互联网络信息中心调查发现，93%的受访者认为互联网成为他们学习、工作和生活的有力工具，其中约1/6的受访者利用网络在线接受教育。

中国学者周志毅指出：教育信息化在不同发展水平的国家、地区及人群之间，由于信息化发展水平不同而呈现一种不平衡的发展态势，最终形成巨大的数字鸿沟；在全球数字鸿沟中，北美是教育信息化技术领先地区，而中国最有可能成为教育信息化追赶地区。① 如何缩小与北美等发达国家或地区的信息化差距，除在战略上重视信息化发展，加强信息化基础设施建设外，更需要依靠高等教育的力量，实现前沿技术自主创新和培养信息化人才。2008年12月，清华大学等25所高等院校建成 CNGI－CERNET2，其成为世界上规模最大的IPv6示范网；2009年，以国防科技大学领衔的研发团队，研制成功了"天河一号"千万亿次超级计算机；2012年，"863计划"信息技术领域的项目中，高等院校承担的项目占到60%。为此，超前部署教育信息化网络系统，充分利用信息技术、网络技术和通信技术来创新高等教育理念和课堂教学方式成为不可或缺的必要手段。2013年3月6日，教育部发布数据报告显示：中国教育科研网（CERNET）链接超过2000所的教育科研机构，成为世界上最大的国家级学术互联网；高等院校校园网全面普及，绝大多数高等院校拥有教学资源库、图书共享服务系统以及国家精品课程。② 柯蒂斯·J. 邦克认为，"在中国，人们在线接受教育的热情高涨，而且，随着互联网快速发展，在未来10年间，这种势头将得以持续"。③ 从有线网络到 Wi-Fi，从计算机智能化到智能手机、平板电脑的出现，从1G、2G时代的语音短信主导到3G、4G时代的上网流量增值服务，从有限、收费应用软件下载到无限、免费软件开发共享，一个时代的教育革命真正从技术领域获得了前所未有的巨大突破，使"不限时空"、"随时随地"的网络课程在线学习由遐想变成现实。

技术对中国高校网络课程发展的影响并非具有随意性，而是"有章可循"，特别是近年来教育政策中的技术导向明显。2010年7月，正式颁布的

---

① 周志毅：《网络学习与教育变革》，浙江大学出版社，2006，第209页。
② 李凌：《教育：信息化建设的坚固基石》，《中国教育报》2013年3月9日。
③ 李艳、张慕华：《开放教育资源和慕课如何影响世界高等教育？——访美国印第安纳大学教学系统技术系柯蒂斯·邦克教授》，《开放教育研究》2015年第5期。

《国家中长期教育改革和发展规划纲要（2010—2020 年)》第十九章"加快教育信息化进程"中明确提出"教育信息基础设施建设"、"优质教育资源开发与应用"以及"国家教育管理信息系统的构建"等方面。其中，特别强调"信息技术对教育发展的革命性影响"，在教育信息基础设施建设方面，要求"充分利用先进技术……推进数字化校园建设，实现多种方式接入互联网"，加快教育类宽带传输网络的升级换代，"促进信息系统互联互通"，使数字化教育基础设施先进、高效和实用；在优质教育资源开发与应用方面，要求"加强网络教学资源体系建设……开发网络学习课程"，提出建立数字化图书馆、虚拟实验室和教育资源公共服务平台的构想，重视和鼓励教师、学生利用信息技术手段开展教学和自主学习。2012 年 3 月，教育部发布《教育信息化十年发展规划（2011—2020 年)》，将《国家中长期教育改革和发展规划纲要（2010—2020 年)》对教育信息化建设的要求进一步细化、充实和提高，提出"充分发挥现代信息技术优势，注重信息技术与教育的全面深度融合……实现优质教育资源广泛共享"。特别是在高等教育信息化发展方面，重点强调推动"信息技术与高等教育的深度融合"，促进高等教育精品课程、教学实验平台、图书文献共享等信息化建设，以及信息技术在教学中的普遍应用。同时指出，需要开发深度融入学科教学的制作工具和课件素材，建设优质网络课程和虚拟实验室、实验系统，实现优质数字教育资源的共建共享。

毫无疑问，国家精品课程项目的实施拓展了新世纪网络课程建设工程的影响范围，从网络教育学院延伸到普通高等院校，在这一发展过程中技术扮演着重要的角色。然而，随着技术的不断进步，中国高校网络课程发展并不满足于静态文本的设计和单向式的知识传递，其迫切需要新技术的嵌入和推动，以实现动态文本的生成和双向知识的教学互动，于是新的网络课程形态遵循着"技术改造课程"的原理，在 MOOC 时代技术引领下走上历史舞台，赋予了网络课程发展新的生机与活力。2011 年 7 月，"本科教学工程"正式启动，国家精品开放课程建设与共享成为主要内容，明确提出"利用现代信息技术……建设精品视频公开课程"，"按照资源共享的技术标准"，将国家精品课程升级改造成精品资源共享课程。2011 年 10 月，《关于国家精品开放课程建设的实施意见》专门从技术与系统保障的角度阐述了课程建设和运行机制。在国家精品开放课程建设方面，提出要"利用云计算等先进信息技术和网络技术"；在国家精品开放课程运行方面，强调要与国内的教育网站和主流门户网站合作，"通过接入和镜像等方式"，来传播、开放与共享课程资源。与此同时，全国高等学校教育技术协作委员会第七届年会暨学术交流会在大连召开，与会专家以"技术改造课程，技术改善学习"为主题，围绕精品视频公开课和资源共享课建设、网络教学平台深度应用、教师专业发展与教育技术能力提升、教育新技术的交流与合作等方面进行积极而热烈的研讨，充分肯定了信息技术的变革给高等教育网络课程形态带来的深远影响，认为教师的教学方式和学生的学习方式在无形中发生了变化。①

从国家精品课程项目到精品开放课程建设，中国高校网络课程发展很快进入了本土化的 MOOC 时代。在这一发展演变过程中，离不开网络课程技术国际化趋势的影响，特别是美国高校网络课程发展技术平台的推动。不管是开放课件项目的技术改良和创新，还是美国 MOOC 三大技术平台的创立和运营，中国高校网络课程发展在国际开放教育资源运动所倡导的利用"信息与传播技术"实现教育资源开放共享理念下，一方面借助国际技术平台，达成知识与技术共享协议，引进国外优质在线课程资源，另一方面依靠自身的技术创新优势，开发一批独具本国特色的网络课程。2008 年 4 月，在中国大连召开的第四次开放教育国际会议给新时期高校网络课程发展确立了新的方向，技术对网络课程支撑的重心从影响范围和数量上的扩充转向聚焦课程质量、满足个性化需求以及提高在线教学效果上。② 为此，中国高校网络课程发展充分发挥技术的力量，突破了国家精品课程建设项目的局限，开始探索精品视频公开课程和精品资源共享课程。早在 2010 年 11 月，网易公司便借助国际在线课程开发技术，利用自身的技术平台优势，率先推出美国哈佛大学、耶鲁大学和英国牛津大学等世界一流大学的视频公开课程，随后国内诸多知识门户网站纷纷效仿；在 2012 年首批立项的精品视频公开课程发布时，中国政府就开宗明义地指出，精品视频公开课程的开放与共享，不仅要依靠高等院校技术自主创新力量，在教育部指定的爱课程网站上开放，还要充分借助网易网站第三方技术平台支撑进行有效传播与共享。至此，中国高校网络课程发展进入实质意义上的转型期，更多的社会力量用技术支撑拓宽了中国高校网络课程发展的思路，打破了以往网络课程发展主要依靠政府部门和高等院校技术研发的唯一路径。

---

① 王健、李晓庆、汪琼：《技术改造课程，技术改善学习——全国高校教育技术协作工作委员会暨学术交流会年 CETA7 期综述》，《远程教育杂志》2011 年第 6 期。
② 刘莉：《开放教育资源运动：焦点与轨迹——2008 开放教育国际会议的几点启示》，《中国远程教育》2008 年第 6 期。

2012 年，当 MOOC 席卷全球高等教育时，中国高校网络课程发展更是依靠技术联姻，一方面，与国际接轨，先后与美国 edX 和 Coursera 两大 MOOC 运营公司开展合作，搭建技术支撑和课程资源共享平台；另一方面，与国内企业、高校进行合作，借助第三方技术优势，共同开发和建设网络课程。在国际性合作的技术联姻方面，2013 年 5 月，清华大学加入由哈佛大学和麻省理工学院创建的 edX 平台，利用美国大学在 MOOC 上的技术优势，共享与借鉴网络课程先进技术，以此来实现中国高校本土化 MOOC 技术的自主创新。历时 4 个月的时间，终于研发出基于 TsinghuaX 的在线教育技术，成功创建学堂在线 MOOC 平台。该平台在国外 MOOC 的字幕翻译、多视频源支持、视频内容中的关键词检索、可视化公式编辑以及作业自动评分等方面实现了多项技术上的突破与创新。[①] 在与国内企业、高校技术联姻方面，网易云课堂接受教育部精品开放课程建设的任务，携手爱课程网创建"中国大学 MOOC"，充分利用网易云课堂信息技术和网络技术上的优势，向高校师生提供优质网络课程资源共享和在线教学个性化服务。[②] 北京大学加入美国 edX 和 Coursera 两大平台后，于 2013 年 9 月，与网易公开课又达成合作协议，借助于网易公司对北京大学 MOOC 的相关技术支持，在线学习者可以大大提高观看北京大学 MOOC 的访问速度和质量，这对于更好地使用 MOOC 平台起到了积极的推动作用。除此以外，中国高校彼此间的技术联姻对网络课程发展的促进作用也十分明显。例如，学堂在线 MOOC 平台创建后，清华大学与北京大学、南京大学、浙江大学和上海交通大学等高校开展技术合作，由深圳大学牵头，联合全国 56 所地方高校创建的 UOOC（优课）联盟，以及东西部高校课程共享联盟（WE-MOOC）等 MOOC 平台相互提供技术支持，共同助推中国高校网络课程发展。

---

① 黄明、梁旭、谷晓琳：《大型开放式网络课程 MOOC 概论》，电子工业出版社，2015，第 72～74 页。

② 黄明、梁旭、谷晓琳：《大型开放式网络课程 MOOC 概论》，电子工业出版社，2015，第 65～69 页。

第三章　中美高校网络课程发展的
知识转型理论支撑

随着网络课程资源开发热潮席卷全球，中美高校网络课程发展也日益兴盛。如何审视这场运动背后的内在逻辑成为中美高等教育研究领域一项重大的时代课题。长期以来，中美高校网络课程发展的研究容易陷入本体论的认识误区，一方面，在把握与理解网络课程内涵时，主要纠结于"网络"或是"课程"的重心之争，而后又介入"网络教学"的本质，由此研究高校网络课程往往忽视"课程"属性，抬高"网络"功能；另一方面，在研发与建设网络课程时，惯常以软件工程理论为思想基础，将网络课程视为课程的技术产品，从而导致课程技术化倾向过于严重，教学效果和学习质量不尽如人意。如此看来，中美高校网络课程发展的研究主要表现为理论滞后于实践。为此，笔者在第二章对中美高校网络课程不同时期的发展状态进行了全面考察，以事实呈现的方式回顾了其演变的历程、主要特征和基本规律，期许能够获得支撑中美高校网络课程发展的科学理论；在第三章主要探讨技术力量对中美高校网络课程的牵引作用，辩证判断中美高校网络课程发展的技术逻辑。

中美高校网络课程不同时期的演进历程虽然涉及高等教育全球化、国际化的某种趋势，但不足以形成用全球化或国际化的研究视域来解释并指导中美高校网络课程发展的内在逻辑；新制度主义似乎更能有效地诠释中美高校网络课程发展中的制度选择和路径依赖，从而以制度的变迁来说明网络课程发展演进的缘由，但新制度主义近年来研究的泛化，又可能让方兴未艾的中美高校网络课程发展研究丧失新意。技术逻辑的视角是中美高校网络课程发展研究不可忽视的着力点，不同时期中美高校网络课程发展的形态都离不开技术的支持和助推作用，特别是技术不断地发展完善以期能够有效地克服严重技术化倾向引起的弊端，并以技术日益人性化和个性化的特征来满足不同服务对象的需求。然而，技术本身不能作为理论基础来支撑中美高校网络课程发展研究。正如 MOOC 课程形态那样，课程技术本身也有来自联通主义、建构主义或是行为主义等学习理论的支撑。那么，重新审视中美高校网络课程发展过程中的核心要素、演变特征以及内在逻辑，与课程紧密联系的知识现象及知识问题渐趋明显。研究中美高校网络课程发展，无论重点是"课程"，还是"网络"，抑或是"技术"，其实质都反映出与知识转型密切相关的一系列基本原理。

毋庸置疑的是：网络课程的开发建设也是一项知识生产活动，在这一活动中大学知识生产的垄断地位发生动摇，更多的社会要素或市场要素参与进来，知识生产活动的跨学科、跨机构和跨地域性等趋势明显；网络课程本身是一种课程形态的转变或转型，从根本上反映出知识存在形态发生的变化，还包括传播与共享知识的途径和方法发生的改变，以及知识的多样性和个性化趋向；当然，其中的技术功能也是知识转型的内容之一，其促进中美高校网络课程发展适应新的"知识生产模式"或新的"知识型"的内在要求。对于知识性质转变而言，网络课程的出现也正在逐渐消解现代知识型倡导的"普遍性"、"客观性"和"中立性"，知识的"文化性"、"境域性"和"价值性"特征突出。中美高校网络课程发展中所反映出的知识转型现象并不止于此，还具体表现在知识生产、辩护、传播与应用等所谓知识转型带来的全方位调整与适应。为了使中美高校网络课程发展比较研究能够站在理性的基点上，具有科学的理论加以解释和指导，笔者认为很有必要对知识转型相关理论的基本观点和分析框架进行梳理与归纳，探寻出中美高校网络课程发展与知识转型理论彼此互动的本质与规律，最终论证运用知识转型的内在逻辑去解释并指导中美高校网络课程发展的合理性与合法性。

第一节　知识生产模式转型：两种不同模式的变迁

知识生产模式转型与大学发展之间的关系密切，这是因为大学本质上是汇聚知识的机构，大学离不开知识，知识也离不开大学，从某种意义上来说，大学的生成与发展是知识发展及转型的结果。中世纪，教会对大学具有至高无上的统治权，受教会势力的控制，大学传播的知识主要源自宗教教义和古典语言文学，教育目的仅限于培养专职牧师和城邦其他职业人才。科学史的研究表明，17世纪之前科学知识的积累异常缓慢且无规则，17世纪以后知识才得以迅速积累和发展。本－戴维（Joseph Ben－David）将这一现象的原因归结为科学家专业角色的缺乏以及社会对科学价值认识的局限。① 特别是18世纪后，受到欧洲启蒙思想运动的影响，科学知识传播迅速，伴随着实用性课程的出现，古典课程地位开始减弱。这时候，大学自主权开始强化，由于在知识生产和传播中的地位凸显，大学被视为知识生产的重要阵地，甚至成为知识生产的唯一合法单位。即便如此，大学知识仍服务于少数精英阶层，知识不仅是真理的代表，而且象征着某种特权。到19世纪时，欧美国家的经济发展迅猛，导致劳动力市场对知识型人才的需求更为迫切，大学作为知识型人才培养的摇篮，在知识生产、传递和传播中的作用日益加强，追求"普遍性知识"成为大学的责任与使命。

1859年，达尔文的《物种起源》一书出版发行，看起来似乎科学对宗教的挑战更为激烈，但实际上影响更为深远的是其触及的知识观和科学方法的范畴。德国生物学家Rudolph Virchow认为只有绝对确定的知识才能在大学中讲授，进化论不是确定的科学，因为它没有确凿的证据。而另一位德国生物学家Ernst Haeckel对此观点提出批评意见，他认为自然科学和社会科学领域的各种知识"一个比一个更不确定"，客观性知识与主观性知识并没有界限，人类所有的知识都是主观的，因为在某种程度上都是不确定的。达尔文的进化论思想很快进入美国，从而引起美国大学对培根主义和自然神学提出的"科学是关于上帝创造物的知识"的批判和质疑。② 虽然受到一定的批判，但是直到19世纪晚期，培根主义仍然占据美国科学公开讨论问题的主导地位，所不同的是哲学与科学在促进美国新知识观的形成中结为同盟关系。③ 20世纪初期，大学成为知识生产的主要场所，这是因为工业化发展对高层次技术人才和新型管理人才的需求量急剧增长，高等教育不得不扩大规模，担负起科学研究和培养社会精英的历史重任。20世纪中后期，高等教育大众化已成为必然趋势，大学精英化的人才培养目标开始动摇，实用主义倾向更能赢得市场的青睐，由此大学的知识生产、传播以及知识性质发生了改变。

20世纪60年代，随着劳动力市场知识用户不断增长，大学已不能完全垄断知识的生产，市场大规模地介入知识的生产和传播领域，知识的性质由此也

① Joseph Ben‐David, *The Scientist's Role in Society: A Comparative Study* (The University of Chicago Press, 1984), pp. 21-31.
② Julie A. Reuben, *The Making of the Modern University: Intellectual Transformation and the Marginalization of Morality* (The University of Chicago Press, 1996), pp. 39-41.
③ 黄宇红:《知识演化进程中的美国大学》，北京师范大学出版社，2008，第64~66页。

发生了根本性变化。20 世纪 80 年代，受到经济全球化和新自由主义的影响，国家不再是大学资金的唯一提供者，大学不仅要面对政府的宏观调控，而且还要适应市场的供需变化规律，大学、政府与市场"三角协调关系"的形成使知识生产的不确定性更为明显。20 世纪 90 年代以来，经济全球化的趋势进一步增强，特别是计算机信息技术和网络技术打破了传统意义上生产要素和资源的流动机制，知识所具有的开放性、共享性、合作性和非排他性等特征遍及世界任何角落。一场知识生产模式的转型正在悄然发生。然而，对这场知识生产模式转型的特征及规律如何去把握和理解，站在怎样的理论视域中去加以分析与梳理，并探寻出支撑中美高校网络课程发展的理论依据，则需要重新回顾和审视大学知识生产模式的不同类型及变迁轨迹。为此，笔者选择了颇具代表性的三种知识生产模式转型理论加以论述和简析，即：普赖斯提出的从"小科学"向"大科学"的知识生产模式转型理论，齐曼提出的从"学院科学"向"后学院科学"的知识生产模式转型理论以及吉本斯等提出的从"知识生产模式 1"向"知识生产模式 2"的知识生产模式转型理论。

一　"小科学"与"大科学"之间的知识生产模式转型

20 世纪以来，随着现代科技的进步和经济社会的发展，大学在科学研究、人才培养和服务社会方面的功能日益增强，特别是二战后，现代大学的知识生产地位发生了重大改变。早在 1961 年，美国科学家 A. 温伯格（Alvin Weinberg）就提出"大科学"一词，他认为"科学正在由'小科学'变成'大科学'"。[1] 与此同时，美国另一位科学家 D. J. 普赖斯（Derek John de Solla Price）将这一问题引向了系统而专门的研究领域，从科学史学的角度深度剖析"小科学"与"大科学"的辩证关系，其论证逻辑和基本观点主要来自他的著作《小科学，大科学》（英文版于 1963 年出版，中译版于 1984 年出版）。该著作共分为四大部分内容，主要包括"关于科学的'体积'"、"科学分子的速度分布"、"科学分子之间的相互作用方式"以及"关于这种'气体'的政治财富和社会财富的获取"，由普赖斯于 1962 年 6 月 19 日至 29 日期间，在布鲁克海文国家实验室举办的乔治·B. 培格莱姆讲演会上的演讲稿整编而成。学界在评介《小科学，大科学》的意义和价值时，重点定位于其对科学计量

---

[1] Alvin Weinberg, "Impact of Large-scale Science on the United States," *Science*, 1961 (134): 164.

学诞生及发展的贡献，较少论及其中科学知识生产模式的演变规律。笔者在反复阅读原著后发现，普赖斯确实采用了大量篇幅对科学文献及科学家进行归类量化分析，以此来揭示科学文献指数增长规律。但从第三部分开始，其逐步描绘出一幅从"小科学"向"大科学"发展的知识图景，这幅知识图景正是向人们述说着科学文献增长及变化、科学家角色的转变及流动以及跨机构、跨国别的合作与交流等现象背后折射出的本质是"小科学"知识生产模式向"大科学"知识生产模式的转型。

普赖斯认为，从"小科学"时代进入"大科学"时代，不是"富于戏剧化"的过渡，而是具有"渐变"的色彩。为此，他指出，不应用带有偏见的排斥的眼光去评判"小科学"时代的科学家，因为过渡时期意味着同一位科学家或同一批科学家可能会适应"小科学"和"大科学"不同时代的知识生产要求及地位、角色转变，"小科学"时代的知识生产同样蕴含着"大科学"时代所倡导的"富有宏大意义的因素"，而"大科学"时代的知识生产仍然需要像"小科学"时代的科学家那样的"小本经营"。为了让人们接受"小科学"向"大科学"发展的必然，普赖斯指出，二战以来，为科学投入的政府开支、人力及文献等方面的增长不仅在规模上异于以往，而且更是打破了"数世纪以来的传统"，这标志着"大科学"时代的来临。他认为，"小科学"向"大科学"过渡的转折点可能发生在 20 世纪四五十年代，科学体系在此期间穿越了整个逻辑发展的"中点"。"大科学"时代是科学纪元新的开端，显示"稳定饱和"的全面迸发，同时意味着新的基本规律的遵循。普赖斯指出，"小科学"时代科学家的知识生产最初的目的源于个人的"社会义务"，了解"别人在做什么，是谁在做"，新知识的发表局限于专业性的刊物，知识传播较为单一，知识受益面相对局限，甚至还会遇到来自"科学界内部相当大的阻力"，对知识生产成果造成某种"浪费"现象。①

从"小科学"过渡到"大科学"时代，科学家知识生产的相应机制发生了改变，致使原来"小科学"时代的知识生产模式"处于一种危机状态"。普赖斯以科学家团体的组成、演变及合作、流动为例，说明新的学术团队不断地扩大规模，进而重组、调整和分化，以增加学术交往、交流频率的方式汇聚在一起，从而保持"不间断的紧密接触"。这种新的学术团队的交流与合作形式逐渐由"研究所、研究中心和暑期学校串联而成的通勤线路"稳固起来，在

---

① 刘文洋：《大科学时代科学家的行为模式浅析》，《科学学研究》1987 年第 3 期。

成千上万的大团体中使任何一个团队成员彼此之间都能获得共事的机会，进而构成一所"无形学院"。"无形学院"具有内在的自动运行机制和反馈机制，它为科学家们一起工作，共同致力于知识生产提供条件和保障，让集体合作的科学研究成为可能，而且在各个学科领域和不同的国家建立所谓的知识生产"通勤车站"，以此来实现跨学科、跨区域（国别）式的"大科学"知识生产模式。普赖斯指出，这种"大科学"知识生产模式有力的证据在于科学论文文献联合署名的作者数量增多，由此发表的论文数量增长速度加快，集体合作的科学知识生产运动变得频繁，知识互传主要通过科研合作来实现，科学家更能够在同行中获得学术认可和社会声誉，在此过程中科学研究为人所爱的不再是科学家个体，而是一所无形的学院。[①]

　　"无形学院"不仅在行为动机上使科学家们发生巨大转变，而且在情感态度上也改变了他们对科学事业及科学同行们的认识，极大地增强了"无形学院"促进科学事业发展的力量。普赖斯通过分析来自《化学文摘》的数据，发现英国和法国在科学研究领域的贡献缓慢而持续地下降，而美国、苏联、日本，甚至其他一些小的科学国家对科学研究的贡献居然能超过世界科学的平均发展速度，地位变得日益举足轻重。为此，他以日本为例，来说明为什么"突然崛起的国家能够更迅猛地发生科学爆炸"。其主要原因在于：日本打破了传统的科学枷锁，在引进荷兰科学的同时，还将美国和英国的科学教师引入日本，以及将日本学生送到国外留学，其目的是让日本学生能够接受到最先进的教育，这样周而复始地循序渐进，日本的科学家队伍就会发展得越来越壮大，科学知识生产的能力迅速增强，对科学研究的贡献也会不断提高。诸如此类，科学革命稍晚的美国赶超了欧洲，科学起步较晚的苏联能与美国抗衡，正在科学路上崛起的中国已彰显出令人羡慕的影响力。[②]

　　在科学竞争与人才外流问题上，普赖斯指出，"有魅力的学科能够得到人才，而无魅力的学科得不到人才"。在世界科学竞争的舞台上，面对极少激励和机会，科学家们会纷纷离开产生科学人力的国家，移居到能保障研究工作持续进行并具有巨大吸引力的国家，"尤其是美国"，这种现象的发生预示着"这个团队越是强大，越能获得更大的力量"，从而取得更大的成就。而对于

---

① 〔美〕D. J. 普赖斯：《小科学，大科学》，宋剑根等译，世界知识出版社，1982，第73～74页。

② 〔美〕D. J. 普赖斯：《小科学，大科学》，宋剑根等译，世界知识出版社，1982，第87～88页。

"小科学"时代的科学家而言，普赖斯认为"大科学"时代允许他们获得研究的自由和方向，但在团队公认名誉地位的情势下他们的这种"小科学"知识生产模式很难得到应有的鼓励和支持；而只有当这类科学家获得特别高的地位或声誉的时候，才可能出现整个学术小组被吸引而去，共同参与某项研究，以积极的努力或是提供科研经费、研究手段及地位或是设立科研项目以支持没有目标的研究。对于"大科学"时代的科学家而言，普赖斯提出应给予他们应有的社会地位和足够的经费支持，并以争取可被同行公认的成就来激发他们进行知识生产的动机和热情。"大科学"时代的科学家们行使着的权力足以使他们能够挑选出最优秀的学生，"调动最多的经费"，保证大规模科研项目任务的顺利完成，社会也因此会为他们提供越来越多的资金。为此，普赖斯认为"大科学"时代的科学家"已被社会所接受"，正以一种新的方式"担负起对社会的责任"。

如上所述，普赖斯关于"小科学"与"大科学"辩证逻辑关系的论述主要反映出如下基本观点。第一，在"小科学"与"大科学"概念问题上，普赖斯提出，"小科学"与"大科学"是一组相对概念，既蕴含着两种不同科学时代的变迁，又体现出两种知识生产模式不同的特征。根据普赖斯对"小科学"与"大科学"概念的描述，"小科学"知识生产模式主要是科学家根据个人的兴趣和好奇心，在"为科学而科学"的学术氛围中，以追求科学真理为导向，以分散的个体或小规模的集体为组织，集中于单一学科内的自由式知识生产模式；而"大科学"知识生产模式主要是科学家以大型科研项目为依托，投入大量的经费支持，以相对集中的大规模集体为组织，采取跨学科甚至国际范围的合作方式，开展具有明确研究目标及社会责任的知识生产的模式。第二，在"小科学"与"大科学"特征问题上，普赖斯认为，"小科学"向"大科学"的过渡，本身意味着不同时代知识生产模式特征的变化。一般而论，"小科学"研究处于"无政府主义状态"，正如尼瓦尔·布什等人描述的那样，"研究课题由科学家们自己选择而定，他们的研究行为是自由的，不受任何约束的，支配他们这种探求未知世界的力量是好奇心，即便在政府科学资助计划下自由的研究行为都必须受到保护"。[①] 由此可见，"小科学"时代的知识生产往往是不受雇于任何机构或他人而必须进行的工作，科学家个体拥有对

---

① 〔美〕尼瓦尔·布什等：《科学——没有止境的前沿》，范岱年等译，商务印书馆，2004，第 55 页。

研究的绝对主动权，研究目的和研究成果具有"为科学而科学"的无功利性色彩，反映出"价值无涉"的理想信念。也正是因为这样，"小科学"的知识生产规模较小，研究经费花销较少，资源设备使用率较低，研究范围局限于单一学科领域。① "大科学"时代的知识生产必须考虑到社会的需求，研究目标由利益相关方共同制定，惯常由国家对科学研究进行组织和协调，由于科学项目规模巨大，研究经费、资源及仪器设备充足，研究任务也较为复杂而多元化，不再限于单一学科的研究领域，需要科学家团队的共同参与，进行跨学科研究，甚至需要在国际范围内开展合作，研究目的和研究成果具有"功利性"特征，科学家们常常表现为被动地接受研究任务。② 为此，在"大科学"知识生产过程中，科学自由受到一定限制，但集体合作趋势增强，"无形学院"的作用凸显，科学家的社会责任增大。第三，在"小科学"与"大科学"的关系问题上，普赖斯明确指出，"小科学"是"大科学"产生的前提条件，"大科学"是"小科学"逐渐演化的结果和必然，"小科学"里面包含"大科学"富于"宏大意义的因素"，"大科学"领域也存在"小科学"式的"小本经营"，"大科学"与"小科学"相辅相成，相互促进，共同助推整个科学事业向前发展。③

二　"学院科学"向"后学院科学"知识生产模式转型

美国社会学家罗伯特·金·默顿（Robert King Merton）以 17 世纪的英国为蓝本，在对科学、技术与社会的关系进行考察时，深入探讨了科学的社会建制问题。他认为，科学家及科学研究离不开社会，科学界的社会关系结构不是指科学家个体，而是科学共同体（Scientific Community）。为此，他详尽阐述了科学制度的规范及运行机制，并建议将其内化为科学家的精神气质。④ 毋庸置疑，默顿似乎已经意识到"学院科学"无法回避的社会性变化，他所提出的科学社会建制理论使知识社会学向科学社会学转变。但怎样理解"学院科学"正在发生的革命，它将把科学家及科学研究引向何方？默顿所谓的科学研究的规范或科学家的精神气质在这场革命中又越发变得适应不良。正是在这个时

---

① 申丹娜：《大科学与小科学的争论评述》，《科学技术与辩证法》2009 年第 1 期。
② 李健民：《全球技术预见大趋势》，上海科学技术文献出版社，2002，第 42 页。
③ 熊志军：《试论小科学与大科学的关系》，《科学学研究》2004 年第 12 期。
④ R. K. Merton，*Science Technology and Society in Seventeenth Century England*（Harper，1938），p. 21.

候，英国物理学家、科学社会学家齐曼旗帜鲜明地指出，知识生产模式正在从"理想化"的"学院科学"转向"现实中"的"后学院科学"。齐曼批判地论证了"学院科学"的基本特征逐一消解，"后学院科学"的知识生产模式正在悄然兴起，其系统论述源自他的著作《真科学——它是什么，它指什么》（英文版于2000年出版，中译版于2002年出版）。该论著共有十章内容，其核心思想融合了齐曼前期发表的 *Public Knowledge*：*Essay Concerning the Social Dimension of Science*（1968），*Reliable Knowledge*：*An Exploration of the Grounds for Belief in Science*（1978），*An Introduction to Science Studies*：*The Philosophical and Social Aspects of Science and Technology*（1984），*Prometheus Bound*：*Science in a Dynamic Steady State*（1994），以及 *Of One Mind*：*The Collectivization of Science*（1995）等多部学术著作的重要观点，以辩证批判的视角全面考察和审视了"学院科学"知识生产模式向"后学院科学"知识生产模式转型过程中出现的新变化及新特征。

需要特别指明的是，齐曼在论述"学院科学"和"后学院科学"时，采用了较为鲜明的对比手法，以此来凸显走向"后学院科学"时代的必然性。那么，这种对比视角的基点在哪里呢？毫无疑问，齐曼选择了默顿"学院科学"的规范作为参照，试图透过默顿传统"学院科学"思想的阴影，映射出"后学院科学"知识生产模式的光明。为此，齐曼巧妙地运用了默顿所谓"学院科学"的五个特征，即公有主义（Communalism）、普遍主义（Universalism）、祛私利性（Disinterested）、独创性（Originality）和怀疑主义（Skepticism），取其首字母合成"CUDOS"，作为"学院科学"的制度化机制或"学院科学"的行为规范；而与此相对照的是他所概括的"后学院科学"的五个特征，即归属性（Proprietary，所有者归属）、局域性（Local，服务于局部）、权威性（Authoritarian，权威所统辖）、定向性（Commissioned，任务来定向）和专门性（Expert，专门性人才），上述特征缩写为"PLACE"，作为"后学院科学"的运行机制或规范。① 顾名思义，"学院科学"知识生产模式向"后学院科学"知识生产模式转型的主要标志在于从"CUDOS"到"PLACE"上的明显变化。

"学院科学"所倡导的"公有主义"（Communalism）认为，科学研究成果属于"公共知识"范畴，应当"广泛地公开"；"后学院科学"则主张"所有者归属"（Proprietary），因为所有者的投资理应获得优先享用知识的权益，其

---

① 〔英〕约翰·齐曼：《真科学——它是什么，它指什么》，曾国屏、匡辉、张成岗译，上海科技教育出版社，2002，第13页。

至对生产出的知识长期保密，不对外公开，在技术与市场上形成垄断。"学院科学"所倡导的"普遍主义"（Universalism）认为，科学不分个人信仰或特定环境，能在"任何人之间交流并被任何人所接受"，具有"普遍的适用性"①，即"普适性"或"普遍可接受性"；"后学院科学"则提出科学研究或知识生产会受到"文化语境"、宗教等信仰系统的制约，并非"普遍可接受"或具有"普适性"②，同时，"后学院科学"主张"服务于局部"（Local），认为科学研究"不是总体上认识"，而集中于对局部技术问题的解决。"学院科学"所倡导的"祛私利性"（Disinterested）认为，科学研究要排除个人偏见和其他"外部因素"的影响，应是一种"为知识而知识"的非功利行为；"后学院科学"则主张"定向性"（Commissioned，任务来定向），认为科学研究无法脱离现实生活世界中与政治、经济等外在的联系，特别是在科学的知识生产中获得经费资助的物质利益驱使下，其研究任务是为特定目标或解决具体问题而生产出定向的知识，反映效用性的同时必然体现功利性色彩。③"学院科学"所倡导的"独创性"（Originality）要求科学家生产出前所未有的新知识，或是某种新的贡献、新的论题，或是新类型的研究、新理论，又或是新学说、新数据，偏重于科学家个体研究成就；"后学院科学"主张"专门性"（Expert，专门性人才），认为科学研究受项目资助合同的约定，研究人员受聘为"专门性人才"来解决问题，除了发现新知识，还重在知识的建构，他们几乎总是具有"跨学科"的性质，并发挥集体合作的探究精神。"学院科学"所倡导的"怀疑主义"（Skepticism）认为，对生产出来的知识最重要的不是选择而是批判，通过批判性的争论，使得真理性的知识经得住有组织的怀疑、规范的审查，特别是实行"同行评议"，才能被广泛传播，成为"公共资源"；"后学院科学"则主张"权威性"（Authoritarian，权威所统辖），因为研究人员不再是为自由而无目标地进行研究，他们必须在项目合同规约的管理权威下从事科学研究，对研究成果的怀疑或争议被视为影响目标和效益的"无益行为"。④

---

① 〔英〕约翰·齐曼：《真科学——它是什么，它指什么》，曾国屏、匡辉、张成岗译，上海科技教育出版社，2002，第143、184页。

② 〔英〕约翰·齐曼：《真科学——它是什么，它指什么》，曾国屏、匡辉、张成岗译，上海科技教育出版社，2002，第365~378页。

③ 马来平：《科学的社会性和自主性：以默顿科学社会学为中心》，北京大学出版社，2012，第224~225页。

④ 谭文华：《从CUDOS到PLACE——论学院科学向后学院科学的转变》，《科学学研究》2006年第5期。

　　齐曼认为科学是"一种特殊的建制"，虽然科学家有很大的"自由度"，但不可能永远停留于自己的"半亩良田"，只有当他们突破个体思想和行为的局限，在更宏大的框架中开展研究时才更具科学意义。正如普赖斯为何要提出"小科学"向"大科学"转型那样，由于科学研究的特殊性在于知识本身，所以科学家必然要从个体视域下的"小科学"知识生产走向社会建制中的"大规模知识生产"。齐曼以"基因"的概念界定为例，指出传统的"学院科学"将知识生产指向某一特定学科，并通过特定语言表达方式来呈现，然而现实中却容易导致"概念分裂"（Conceptual Divide）现象的出现，因此需要一种"超学科"（Transdisciplinary）力量来冲破语言理解上的障碍。[①] 何谓"纯科学"？齐曼认为，"纯科学"无疑是一种理想状态。因为在科学研究活动中，除了应用科学、技术开发和其他一些高新技术研究，还有"至少10%"的成分可称为"纯科学"。属于"纯科学"的科学家意味着他所开展的研究工作是受"好奇心的驱使"，是漫无目的而"无限制的"，甚至有时候被定义为"基础性的"或"基本的"，强调"非工具主义"，美其名曰"真理的诚实探寻者"（Honest Seekers after Truth）。即使如此，"学院科学"被定位于基础研究工作，做一些"不知为何而做"的研究，而这一情况正在改变。因为申请研究项目或获得研究赞助，就会带来相对特殊的利益。正如齐曼所比喻的，可能某位科学家对某一研究领域产生了极致的兴趣，并通过该项研究在某一特定子学科范围内做出了所谓"基础研究"的贡献，但殊不知他所参与研究的项目由 M 教授主持，研究小组由跨学科的研究人员构成，由于受到第三方机构的研究经费资助，该项目的研究工作具有了"定向性"和"应用性"，更像是定向性"基础研究"或"应用研究"。而对于这一切，研究小组及成员毫不知情，他们被一种温柔的"诱捕器"所俘获。[②]

　　何谓"学院科学"？"学院科学"正在发生怎样的变化？齐曼认为，"纯科学"实际上指代的就是"学院科学"，"纯研究"正是大学里进行的研究活动，大学教授也正是探索新知识和传授新知识的"纯科学家"。同时，齐曼指出，"学院科学"不限于大学，还包括国立研究中心、国家科学院、研究委员会、政府和企业的大型"研发实验室"以及其他类似的政府组织。作为一种文化，

---

① 〔英〕约翰·齐曼：《真科学——它是什么，它指什么》，曾国屏、匡辉、张成岗译，上海科技教育出版社，2002，第5～10页。

② 〔英〕约翰·齐曼：《真科学——它是什么，它指什么》，曾国屏、匡辉、张成岗译，上海科技教育出版社，2002，第22～25页。

"学院科学"有其自身发展变迁的历史。齐曼认为"学院科学"可以追溯到 17世纪的科学革命，甚至更早年代，并指出 19 世纪上半叶"学院科学"出现了现代形态特征，特别是自此以后，日益融入整个社会活动。① 齐曼认为，"纯科学"的研究目的在于获取"根本基础的新知识"，犹如爱因斯坦或达尔文等科学家为发现新知识而做出了"基本性的贡献"，但对于政策制定者而言，其最感兴趣的莫过于"以实际应用"为导向的知识生产。因为"纯研究"缺乏实际应用价值，致使它更多地被赋予"文化意义"，作为"为知识而知识"的纯理论研究。的确，"纯研究"常被认为是受到好奇心的驱使，但是齐曼指出，这种好奇心体现的不是一种"集体性"的社会力量，而实质上反映出的是一种"个体心理特质"。"学院科学"发生的变化在于，"科学研究不只是个人好奇心"的施展，还应融入整个集体的可靠性知识生产中，"纯科学家"由"业余爱好者"的身份进入"社会演员"的角色，从事典型"职业化"的研究工作。② 只有这样，"学院科学"才能在高度分化的学科体系中实现多学科、跨学科的融合，才能从理论研究迈向实践研究，彰显出科学研究成果的应用价值。

当齐曼提出"科学是一种知识生产模式"时，其实他想告诉人们的是，随着社会情景和时代的变迁，作为知识生产模式的科学必然要做出相应调整或转型。因为"学院科学"发生的变化，使科学家们越来越意识到其与默顿规范渐行渐远。合同研究人员、定向研究计划、项目申请与批准、全球网络、知识产权、跨学科中心与团队，以及研究成就评估等诸如此类新的惯例和社会实践已经向人们证明一个不争的事实，那就是"学院科学"面临的危机正在通过"后学院科学"的知识生产模式进行补充或替代。③ 为此，齐曼指出"学院科学"正让位于"后学院科学"，科学在诸多变化中得到重新定义。那么，这种根本性的转变发生于何时呢？齐曼将时间定格在 20 世纪 60 年代末，并认为10 年后才开始出现"大变化"。与普赖斯的观点相似，齐曼同样认为"学院科学"向"后学院科学"的转型并没有发生"富有戏剧性"的突然变化，这是

---

① 〔英〕约翰·齐曼：《真科学——它是什么，它指什么》，曾国屏、匡辉、张成岗译，上海科技教育出版社，2002，第 31～33 页。
② 〔英〕约翰·齐曼：《真科学——它是什么，它指什么》，曾国屏、匡辉、张成岗译，上海科技教育出版社，2002，第 25～30 页。
③ 〔英〕约翰·齐曼：《真科学——它是什么，它指什么》，曾国屏、匡辉、张成岗译，上海科技教育出版社，2002，第 68～74 页。

因为上述两种不同知识生产模式中显示出了"连贯性"与"差异性"的统一。这恰好反映出齐曼对"学院科学"认识上的基本立场,他并不赞同"后学院科学"是对"学院科学"的完全逆转或批判。他认为,"后学院科学"产生于"学院科学",并且保持了"学院科学"的诸多特征和相似的功能,包括对大学、研究机构及其他部门等知识生产机构的认同。①

然而,"后学院科学"到底是怎样的一种知识生产模式?较之于"学院科学",它究竟又发生了哪些变化呢?为此,齐曼从六个维度阐释了"学院科学"向"后学院科学"转型中的具体表征。一是集体化。齐曼指出,科学技术的进步是科学发生变化最有效的力量,它除了为科学研究提供技术设备上的便利外,还因为设备的复杂性使科学家采取了更为集体化的行动模式,呈现"大科学"的总体趋势。这种趋势同样发生在两位或多位作者联合署名的科学论文数量的持续增长上。研究人员的团队合作、网络化,又或是其他合作形式已成为知识生产领域司空见惯的社会现象,"科学已经发展到一个无法依赖个体独立工作来解决突出问题"的阶段。齐曼认为,"后学院科学"无论是应用性研究,还是基础性研究,都更加强调跨学科性和重视研究人员的集体活动。他指出,多学科团队合作正在挑战"学院科学"高度"个人主义"的文化传统,政治家们更希望建立多学科研究队伍,给予"大问题"项目更多资助,充分发挥不同专业联合参与研究的集体力量。②

二是稳态化。齐曼借鉴了普赖斯关于科学文献指数增长规律的研究成果,他将科学研究进入稳定增长期描述为"增长的极限"。齐曼认为,"学院科学"向"后学院科学"转变是一个漫长的过程,这是因为科学知识和技术能力每翻新一次的时间大约需要 25 年,而科学活动的速率呈指数增长了约 300 年。其结果必然导致研究成果极限的出现,从而迎来科学投入和科学研究的稳定增长期。政府除了削减研究开支以外,还要重新考虑资助项目的实际价值,采用"考评"和"效率"等方式约束研究活动。"稳态化"形势的发生要求通过健全的社会机制来分配研究资源,保证研究效益,这无疑对"学院科学"的精神气质构成威胁,使"后学院科学"更能适应新环境的变化。

三是效用化。"学院科学"向"后学院科学"转变过程中更加强调"效用

---

① 〔英〕约翰·齐曼:《真科学——它是什么,它指什么》,曾国屏、匡辉、张成岗译,上海科技教育出版社,2002,第 80~83 页。

② 〔英〕约翰·齐曼:《真科学——它是什么,它指什么》,曾国屏、匡辉、张成岗译,上海科技教育出版社,2002,第 83~85 页。

性"。齐曼认为，"后学院科学"知识生产模式受到金钱增值的压力，使它必须倾向于"应用语境中"，将"效用规范"融入研究的每一个环节。正是如此，科学家要以生产的知识用于解决实际问题为目标，按照对所设想研究目标的总体性认识，进行"定向"阶段的研究工作，对研究工作成效的评价主体由专家"同行评议"转向非专家"用户"的"价值评论"，对研究所获得的新发现不再是首先评估其科学性，而是它的商业价值。"后学院科学"的"效用化"运行机制使科学家不得不应对"科学中的社会责任"，使"科学共同体"以外的"机构和人们"（包括商业企业、政府、市民团体和一般公众）更系统地去"辨别、促进和推销潜在有用的知识"，也使得科学研究成果能实现更多价值的分享。①

四是政策化。齐曼指出，科学技术政策将"学院科学"带入科学新体制，在这种新体制运行下科学增添了许多政治性色彩。"学院科学家"按照既定的传统向政府或基金会提出项目申请，"同行评议"评估通过后，获得立项及经费资助，从而进行自己的专业研究。这种看似与默顿规范保持一致的"社会契约"却隐藏着复杂的利益关系。齐曼认为，政府已经意识到将大量资金投入科学研究，让其自由发展难以进行监督和评估，必须出台相应的科学技术政策加以规范与管理；在科学技术政策指导下，研究组织和资助机构将需要优先解决的一些问题转变为"合作计划"，并以"项目申报"的方式向社会公布；为了获得项目申请立项及研究经费资助，科学家被引入"特定社会问题"的解决过程，并依赖和服务于项目资助方。② 由此，科学家自主选择研究问题的能力开始削弱，"马太效应"的增强使科学的驱动力不再是科学的可信度，而成为对现金的竞争和追求，研究团队逐渐演变成"小商业企业"，"后学院科学家"也更像是技术顾问或专家顾问。③

五是产业化。齐曼认为，政府在削减科学研究财政资助的同时，将部分诸如实验室或研究所等转售给公司企业，其实质反映出公共设施的"私有化"趋势。这种趋势必然打破"学院科学家"在公共机构中进行学术研究的文化

---

① 〔英〕约翰·齐曼：《真科学——它是什么，它指什么》，曾国屏、匡辉、张成岗译，上海科技教育出版社，2002，第87~89页。
② 〔英〕约翰·齐曼：《真科学——它是什么，它指什么》，曾国屏、匡辉、张成岗译，上海科技教育出版社，2002，第90~91页。
③ 马来平：《科学的社会性和自主性：以默顿科学社会学为中心》，北京大学出版社，2012，第217页。

传统，取而代之的是受到研究合同和基金资助的诱惑，学术与产业之间的关系越发密切，学术机构的科学家被期待生产出更具商业价值的知识，"产业科学家"由此出现了。齐曼指出，虽然"产业科学"和"学院科学"犹如一对"孪生同胞"，在专业化人员的训练，高度复杂仪器的操作，技术、工艺、事实和理论数据库的使用等方面具有相似性，但是它们在文化上的对立却又十分明显，正如前文所述的"PLACE"（代表"产业科学"）与"CUDOS"（代表"学院科学"）彼此"大异其趣"。"产业科学"日渐发展兴盛的同时，"学院科学"的内部矛盾愈加激烈，难以适应社会实践的变化，"学院科学"被"产业化"的现象正在发生。[①]

六是官僚化。"学院科学"转向"后学院科学"的过程中注入了新的社会特征，例如个体性的研究行为转向集体化的共同行动，漫无目的的研究过程转向讲求实效的定向研究，还包括对大量资金、设施及其他资源的安排和使用，都将"后学院科学"推向另一社会性特征："官僚化"的出现。齐曼所谓的"官僚化"实质是指"后学院科学"更需要王式组织来安排或进行管理，特别是在知识生产和使用过程中的系统组织和管理。为此，他认为"官僚化"能够更好地去协调研究设施建设、服务于科学家队伍，同时也让大型合作项目难以摆脱行政的约束，研究成果不可避免地染上"官样"特征。除此之外，齐曼指出"产业科学"的发展也增强了"官僚化"，产业研究被视为"等级制和官僚化"的[②]，是因为大商业同样像政府那样对科学研究进行组织和管理，通过全球网络来组织协调"多学科"矩阵和"临时"合作项目，或是组建专业化跨国公司，或是将任务转包出去。他以吉本斯等人提出的"知识生产模式2"为例，来说明研究人员在多变的"无形学院"团队中工作，就如同为"竞争市场"生产商品的小公司或小企业，以灵活的"市场"竞争替代"命令"管理，但都遵循同一个中心原则："谁出资，就听谁的"。[③]

三 "知识生产模式1"向"知识生产模式2"转型

人类社会终究进入"知识爆炸"的时代，"知识经济"、"信息技术"、

---

① 〔英〕约翰·齐曼：《真科学——它是什么，它指什么》，曾国屏、匡辉、张成岗译，上海科技教育出版社，2002，第92~94页。

② 马来平：《科学的社会性和自主性：以默顿科学社会学为中心》，北京大学出版社，2012，第217页。

③ 〔英〕约翰·齐曼：《真科学——它是什么，它指什么》，曾国屏、匡辉、张成岗译，上海科技教育出版社，2002，第95~98页。

"高等教育大众化"又或是"学术资本主义"、"知识产业"以及"社会弥散性知识"等新兴词语的出现，似乎告诉我们在传统的、令人熟知的所谓"小科学"或"学院科学"之外，另一种新型的知识生产模式正在浮现，并成为不可争论的事实。如前所述，普赖斯将其定义为"大科学"，齐曼认为是向"后学院科学"转变，然而英国学者吉本斯等人更是直接从知识的视角来论述这种新的知识生产模式对整个社会各个领域所产生的广泛影响，包括"生产什么知识"、"知识如何生产"、"知识生产的情境"、"知识组织方式"、"知识奖励机制"以及"知识质量控制"等若干方面，其主要思想可参见吉本斯等人合著的《知识生产的新模式——当代社会科学与研究的动力学》（英文版于1994年出版，中译版于2011年出版）。吉本斯等人将传统的、令人熟知的知识生产模式称为"知识生产模式1"（以下简称"模式1"），将正在浮现的、新兴的知识生产模式称为"知识生产模式2"（以下简称"模式2"），所谓的知识生产模式的转型就是指"模式1"向"模式2"的转变。毫无疑问，"模式2"的概念是在"模式1"的基础上提出来的，在确立"模式1"的概念时，吉本斯等人借用了牛顿学说的认知和社会的规范，将"知识生产模式1"定义为"理念、方法、价值以及规范"的综合体，凡是符合牛顿规范的实践形式即被定义为"科学"的，反之是"非科学"的，这也决定着什么样的知识才算得上是合法性的知识，并能获得知识传播的权利。

吉本斯等人进而指出，在"模式1"中，问题被设定在学科范围内，知识生产主要是基于单一学科框架，根据一个特定共同体的学术兴趣来主导问题情境的设置与解决，"模式1"的知识生产更多的是在认知语境中进行的，呈现出"同质性"和"等级制"的特征，而且在组织形式上倾向于维持上述状况，研究成果质量的评定根本上取决于"同行评议"的结果。然而，"模式1"的情势并非亘古不变，牛顿式的科学规范受到社会实践的严峻考验，吉本斯等人认为，在新的经济形势和政治环境下，"模式1"要么选择如何去适应这种变化，要么在有足够证据表明"原有方式"（指"模式1"）与现有实践活动差距较大的情况下，可以为其提出一个"新的标签"，那就是"模式2"。"模式2"与"模式1"的区别明显：在学科体系上，"模式2"突破了单一学科或特定学科的范围限定，知识生产主要在跨学科（又称超学科）领域中进行；在知识处理上，"模式2"不再仅仅限于认知语境，而是主要向社会和经济中的应用情境转变；在组织形式上，"模式2"改变了特定共同体研究机制，研究团队的构成不再是由一个"中心主体"来管理或协调，而是随着研究任务的改变不断进行调整或重组，呈现出"非等级制"和"异质性"的特征，组织系统由此表现为易变而短暂；在质量控制上，因为"模式2"涵盖范围甚广，既存在跨学科、跨机构的合作，又反映出组织上的灵活性、短暂性，特别是社会各种不同形色的行动者密切互动，共同参与到整个知识生产和传播过程，导致"模式2"必须采用"更大范围的质量标准"，使知识生产倾向于"社会问责"，更具"反思性"的特征。[①]

同样是运用对比手法，吉本斯等人努力地摆脱"模式1"的桎梏，试图揭示"模式2"所呈现的一些新的特征。为此，他们在比较"模式1"和"模式2"的基础上，对"模式2"的主要特征进行了归纳和论证。吉本斯等人指出，"模式2"的知识生产具有五大特征。一是应用情境中的知识生产。在"模式1"中，问题处理受到特定学科操作规则的限制，知识生产情境由"为科学而科学"的纯科学（又称为基础研究）规范来设置，仅仅停留于"认知语境"中，往往偏离实用性目的；然而，在"模式2"中，知识生产情境更为复杂，受到诸多因素的影响，包括政府、企业、工业或社会其他人员，凡是参与者都终将面临不断的谈判、协商，以此来实现相互利益的兼顾。知识生产的应用情境油然而生，不仅要决定什么知识能进入生产程序，而且还要按照供需关系分化专家知识，远远超越市场意义或商业价值，使知识生产向整个社会弥散。

二是跨学科。吉本斯等人认为，"模式2"的跨学科性不只是各个学科专家团队的集合，更重要的在于以特定应用情境中所设定的需求为原则，形成能为跨学科专家团队进行"知识探究"提供引导的"共识"（即是指研究目的、研究方向）。在这种"共识"的行动框架中，综合运用跨学科专家团队的"不同技巧"来解决和处理问题，其"知识探究"的方法远远超越了单一学科的限定，呈现"跨学科性"。吉本斯等人进一步指出，"跨学科性"本身又具有四个显著的特点。第一，"跨学科"的独特性和发展性。他们认为，"跨学科"的独特性在于一旦达成所谓理论上的"共识"，就不能轻易归并到特定学科范畴；"跨学科"的发展性在于先前达成的研究"共识"会随着应用情境发生的变化而不断发展变化。第二，"跨学科"发展的多方向性。吉本斯等人认为，虽然"跨学科"研究不一定对特定学科知识有所贡献，但是在应用情境中却

---

① 〔英〕迈克尔·吉本斯、卡米耶·利摩日、黑尔佳·诺沃提尼等：《知识生产的新模式——当代社会科学与研究的动力学》，陈洪捷、沈文钦等译，北京大学出版社，2011，第1~3页。

可能由于知识的累积而促进"跨学科"本身在"理论结构"、"研究方法"和"实践模式"等不同方向上获得创新与发展。第三,"跨学科"知识生产与知识传播的同时性。吉本斯等人指出,在"跨学科"的知识生产过程中,知识的传播在知识生产时就已经出现了,即是说"跨学科"研究一边是知识生产,另一边是及时传播。第四,"跨学科"知识生产与知识传播的动态性。吉本斯等人认为,"跨学科性"是动态的,知识生产与一系列问题情境发生着密切的互动关系,导致它们彼此间的相互作用更为复杂而多元,知识接连在不断的重新配置中生成与活化,并在上述配置中永远传播,而传播的途径既包括"正式渠道",又包括"非正式渠道"。①

三是异质性与组织多样性。如前所述,吉本斯等人提出的"异质性"和"组织多样性"打破了一个"中心主体"协调和管理研究过程的格局,"模式2"中的研究团队不再停留于稳固制度化的组织形态,随着一项研究任务的结束和另一项研究计划的开展,原来的研究团队成员会围绕不同的研究问题而调整或组合到新的研究团队中,这种短暂而易变的组织形态或沟通方式类似一个矩阵那样持续存在。又特别是,"模式2"中的知识生产场所不再限于大学或学院,知识生产的实体研究机构越来越多样化,不同实体研究机构的组织或沟通方式呈现多元化,以及研究领域中的细化现象所导致的专业变异,加快了知识的再结合和重新布局的速度。正因如此,吉本斯等人认为"模式2"中的知识是由"多种不同的组织或机构"创造出来,包括研究性大学、政府组织、网络公司、跨国公司、实验室、研究院所、小型高科技公司以及国家的或跨国的研究项目。

四是社会问责与反思性。吉本斯等人指出,"社会问责"已渗透到整个知识生产领域,主要是因为随着利益集团或关系集团数量的增长,介入问题情境设置或研究决策程序更为复杂,研究工作不再是单纯的知识生产过程,研究人员或技术人员必须考虑到不同个人或集团的喜好程度和价值观取向,才能获得所有参与其中的"活跃行动者"的绩效评估。为此,"模式2"既反映出更大的"社会问责",又在不断反思中权衡关系。

五是质量控制。吉本斯等人认为,"模式1"的质量控制主要掌握在具有

① 〔英〕迈克尔·吉本斯、卡米耶·利摩日、黑尔佳·诺沃提尼等:《知识生产的新模式——当代社会科学与研究的动力学》,陈洪捷、沈文钦等译,北京大学出版社,2011,第4~6页。

"同行评议"权的学科专家手里，他们通过认知和社会两个维度来决定问题选择和研究人选确定的标准，研究成果的最终价值取决于学科"守门人"的学术兴趣和关注重点。"模式2"的质量控制则因为它的"跨学科性"以及参与机构和人员的多样性，而具有一种更加多维度的、综合性的质量控制。①

除了揭示"模式1"与"模式2"的区别，以及"模式2"的显著特征之外，吉本斯等人进一步对"模式2"的内在一致性加以分析与论述。他们认为，"模式2"的内在一致性既表现为"模式1"与"模式2"彼此之间互动的联系，又反映出"模式2"的特征之间内在的关联性。在"模式1"与"模式2"的关系问题上，吉本斯等人指出了两者之间存在的明显差异，但同时又承认"它们可以相互作用"。吉本斯等人认为，"模式2"是"模式1"发展的必然结果，科学家们在经历"社会层面的职业化"、"认知上的专业化"以及"政治上的制度化"过后已经取得了卓越的成就，这为知识生产进入一个新的领域或新的模式提供了基础条件。在"模式1"与"模式2"的知识生产过程中，科学家们游离于两种不同的组织形态，在认知语境和应用情境之间徘徊，既可以在跨学科知识生产中硕果累累，有时又需要回归于特定学科基础。在"模式2"的特征之间的内在关联性上，吉本斯等人认为，"模式2"开始于"应用情境"，历经"跨学科"、"异质性"和"组织多样性"的知识生产环节，进而在新的适应性且情境化的"质量控制"形式之处完成闭合，最后形成了一种更具"社会问责"和"反思性"的新的知识生产模式。也即是说，"模式2"的五大特征更像是知识生产的五个节点，每一个节点按照次序突显各自不同的地位和作用，共同构筑一个完整的新的知识生产过程。②

"模式2"知识时代的到来，确实意味着整个社会时代的变革。吉本斯等人不只停留于对"模式1"和"模式2"主要特征及内在一致性的描述，从"模式2"的提出就可见吉本斯等人立足于整个社会场域的变化来分析其带给知识生产模式的巨大影响。"科学共同体"也好，"研究团队"或"研究集体"也罢，好像都不足以完美诠释"模式2"引发或被引发的"蝴蝶效

---

① 〔英〕迈克尔·吉本斯、卡米耶·利摩日、黑尔佳·诺沃提尼等：《知识生产的新模式——当代社会科学与研究的动力学》，陈洪捷、沈文钦等译，北京大学出版社，2011，第6~9页。

② 〔英〕迈克尔·吉本斯、卡米耶·利摩日、黑尔佳·诺沃提尼等：《知识生产的新模式——当代社会科学与研究的动力学》，陈洪捷、沈文钦等译，北京大学出版社，2011，第9~11页。

应"。为此，吉本斯等人指出，高等教育大众化是一个值得研究的重要因素。越来越多的大学毕业生受到研究精神的熏陶和感染，将自己的专门知识和技术先后纳入学科体系之中，诸如大学或学院、实验室、企业、咨询公司以及智囊团等机构，新的知识生产者和知识生产场所的出现扩大了知识资源和社会基础，让"模式2"的知识生产变得越发复杂而多元。知识"被需要"和"被使用"场所的广阔性和差异化使知识市场化成为可能，因为商业化总被认为是对知识的应用和开发的动力，为了知识商业化，公司必须寻求与大学、政府实验室和其他公司的新型合作关系。吉本斯等人还指出，"快速运输"和"信息技术"也是不可或缺的重要因素，它们为知识生产者和知识生产场所彼此便捷而频繁的互动创造了条件，特别是计算机和电信技术的出现，让知识与技术在网络节点上愈加频繁地互相联系以及不断配置，使知识生产体系处于社会弥散的态势，这意味着由整个社会团体或个人提供的知识终将被分配给这些团体或个人。① 正是如此，吉本斯等人提出"编码知识"和"默会知识"的意义，他们认为技术知识是上述两种知识的混合，只要清楚知识存放之处，"编码知识"便可获取，而"默会知识"内嵌于特定的组织环境或存在于知识转化工作者的头脑中，知识的"默会"部分比"明言"部分更为重要。

第二节　知识转型理论界说：时代背景抑或是思想基础

进入20世纪以来，原有的知识观念、标准、体系、范式以及价值等开始遭受学界不约而同的质疑和批判。无论是知识社会学的代表人物舍勒和曼海姆，还是科学社会学的著名学者默顿、本－戴维和贝尔纳，以及科学知识社会学的代表人物布鲁尔和巴恩斯，他们都试图透过社会学研究来解释知识生产的原理和方法。特别是20世纪中后期，普赖斯、齐曼和吉本斯等人将研究视角分散化的科学知识生产融合到科学技术社会学的范畴，集中关注到知识生产模式的研究。《小科学，大科学》、《真科学——它是什么，它指什么》和《知识

---

① 〔英〕迈克尔·吉本斯、卡米耶·利摩日、黑尔佳·诺沃提尼等：《知识生产的新模式——当代社会科学与研究的动力学》，陈洪捷、沈文钦等译，北京大学出版社，2011，第18～75页。

生产的新模式——当代社会科学与研究的动力学》都一致指出，知识生产模式正在发生着一场剧烈的变革或转型。在这场知识生产模式的变革或转型过程中，原有的知识生产体系逐渐被打破，新的知识生产观念、标准、规范以及价值等开始形成，并适应着整个社会发展的要求。毋庸置疑，西方学界关于知识转型的论说主要以知识生产模式为主线，具体探讨两种知识生产模式的变迁，涉及传统科学规范如何向新的科学规范转换的问题。主要代表人物普赖斯、齐曼和吉本斯等人采用对照比较的视角，在归纳概括两种不同知识生产模式的基础上，深度分析了影响知识生产模式变迁的各种社会因素，侧重论述新的知识生产模式的主要特征、影响范围以及给整个知识界和社会带来的重大变化，这即是西方学者所提出的知识生产模式转型理论。笔者认为，知识生产模式转型理论是知识转型理论的重要组成部分，但它不能完全等同于知识转型理论。

完整地提出"知识转型"这一概念并赋予其深层教育意义的学者是石中英。他在《知识转型与教育改革》一书中，对西方学界有关知识转型的假说进行了归纳与论证，其重要思想建立在孔德、库恩、福柯、利奥塔、舍勒、曼海姆、波普尔、费耶阿本德、波兰尼等对知识转型相关理论阐释的基础上。与普赖斯、齐曼和吉本斯等人的不同之处在于，石中英所指代的知识转型不仅是知识生产模式的转型，还包括知识观念、知识制度、知识组织以及知识分子角色等各个方面的转变。不论是库恩提出的"范式"概念，还是福柯笔下的"知识型"概念，都被石中英用以解释和扩充"知识型"的新概念。正如石中英所定义的那样，所谓的"知识转型"即是指"知识型"的转变，而"知识型"又可以作为知识的范式或知识的模型来理解，其背后的意义代表着一定时期所有知识生产、辩护、传播与应用的标准。为此，石中英认为知识转型不是一个自然或自发的过程，而是一个历史发展和社会变革的过程，犹如吉本斯等人提出的社会科学研究的动力学原理，它需要具备一定的社会条件或社会动力。从石中英将知识型划分为四大类型和三次转型的机理来看，知识转型既可谓时代的产物，代表着一定的时代背景，又可谓思想基础，用以解释社会转型或教育改革的理论指导。特别是从"现代知识型"（科学知识型）向"后现代知识型"（文化知识型）的转型学说，将知识生产模式变迁的某些特征融入其中，深入揭示出两种不同知识型之间的明显差别和内在逻辑联系，并以独到的视角来分析与审视知识转型对教育改革的促进功能。

一　知识型与知识转型内在逻辑理路分析

石中英在定义"知识转型"的概念时，巧妙地运用到逻辑推理法，透过对"知识"、"知识型"的论述，用以诠释"知识转型"的内涵与外延。在"知识"的概念问题上，石中英认为不能简单地给予其定义，因为知识问题属于认识论问题，涉及诸如起源、标准、性质甚至是发展等一系列纷繁而复杂的问题。他指出，知识所蕴含的概念意义一般存在于知识与认识者、知识与认识对象以及知识与社会等不同维度的概念关系之中，只有先澄清上述概念间的关系问题，才能真正理解"知识是什么"。为此，石中英提出"知识型"的概念，认为"知识型"恰是能够对与知识相关的概念关系给予合理解释的"结法"或"关键"所在。那什么又是"知识型"呢？石中英认为，"知识型"既指"知识的模型"，又指"知识的范式"，是一个时期所有知识生产、辩护、传播与应用的标准，它既与知识观有所差别，又不等同于知识类型。[1] 当库恩提出"范式"概念时，其实"知识型"就类似于"知识范式"，代表着"科学共同体"成员所共同分享的信念、价值、技术以及诸如此类东西的集合，不论是科学概念、行为或是制度，还是知识观念、行为或是制度都会深受知识范式的影响和制约。当原有的知识范式出现危机，无法用以解释或解决实践中的事实或问题时，就会失去科学家们的信任，从而科学家们会选择更具说服力或实用性的新的知识范式，这被定义为最初的"知识转型"概念。[2] 在福柯的"知识型"概念中，"知识型"就是知识王国的"政体"，它为整个知识领域提供了"同样的规则、原理、理性发展的阶段"，是某一特定历史时期的人们无法摆脱的思想结构。[3]

为了使"知识型"这一概念能够被更好地理解，并与知识转型发生联系，石中英深度剖析了知识型具备的五大基本特征。一是规范性。石中英认为，知识型无论是对知识生产，还是对知识辩护，都在其标准、方法、程序等方面起着规范作用。任何知识生产和知识辩护都难以脱离知识型的影响和制约。二是共同性。石中英指出，知识型具有高度的"同一性"和"排他性"，知识型通常是一个时代不同知识领域共同接纳、遵守和应用的认识框架。三是历史性。石中英认为，知识型会随着人类社会发展而变化，没有任何一种知识型是永恒的，不同的历史时期具有不同的知识型。四是先验性。知识型的先验性是指提前的客观存在，主要是针对个体而言，知识型在其诞生之前就已客观存在。五

---

[1]　石中英：《知识转型与教育改革》，教育科学出版社，2001，第 20 页。

[2]　T. S. Kuhn, *The Structure of Scientific Revolution* (University of Chicago Press, 1962), p. 175.

[3]　M. Foucault, *The Archaeology of Knowledge* (Tavistock Publications, 1972), translated by A. M. Smith, p. 191.

是文化性。石中英认为，知识型的基本特征植根于一定的文化背景中，不同文化背景知识型表现特征不同。上述这些基本特征一致地反映出知识转型发生的可能性和必然性。"历史性"的特征让我们知晓知识型的转变是历史发展的必然趋势；"共同性"的特征告诉我们在特殊的历史时期，可能会存在两种不同的知识型，这是因为原有知识型遭受质疑和批判，新的知识型开始出现，从而导致知识分子内部的分裂和新旧知识型之间的冲突，而迎来知识转型时期；知识转型时期的到来，必然会打破原有知识型的"规范性"，新的知识型规范得以确立；当知识型突破文化屏障进入另一种文化情境中时，必将遭到原有知识型的抵制和反抗，知识传播过程将会受到不同程度的影响。①

正因如此，石中英将"知识转型"定义为知识型的转变，这一概念借鉴了库恩的"范式"理论、福柯的"政体"思想以及利奥塔的"知识性质转变"学说②，它意味着原有的知识型发生了危机，其"知识范式"、"知识政体"或"知识形态"被颠覆或发生了转变，新的知识型逐渐形成并取代了原有的知识型。石中英指出，知识转型的过程必然会对原有知识型进行解构，导致人们逐渐摆脱已经接纳和习惯化的知识基础或方式，其具有"破坏性"功能；同时，又对新的知识型进行建构，为人们提供新的知识基础或方式，其具有"建设性"功能。他认为，知识转型时期的到来会伴随一些较为明显的"征候"，例如：新的知识概念、知识标准、发现和证明知识程序与方法等的提出，围绕知识标准问题的内部争论和"异端"知识分子的出现，新的知识表述和传播方式、知识分类标准的产生，以及知识分子角色及获得权威方式的转变，如此等等。上述这些"征候"主要围绕对原有知识性质或知识标准进行怀疑或批判，其真实目的在于提出新的知识性质或知识标准。石中英认为，知识转型可能会带来暂时性的"混乱局面"，但是，当新的知识型正式确立以后，整个知识领域的社会分工就会变得秩序井然。进而，他指出知识转型也需要具备一定的社会条件或社会动力，一是因为它首先发生在知识分子内部，知识分子会不懈追问和反思自己所生产知识的性质和标准问题；二是因为社会政治、经济与文化结构的变革与知识形态具有密切的相关性，知识转型可看作社会转型的"先决条件"或"组成部分"或"最后结果"。

---

① 石中英：《知识转型与教育改革》，教育科学出版社，2001，第 24～26 页。
② J. F. Lyotard, *The Postmodern Condition: A Report on Knowledge* (Manchester University Press, 1984), translated by G. Bennington and B. Massumi, p. 5.

既然知识转型离不开一定的社会条件或社会动力，那么作为社会特殊组成部分的教育必然与知识转型联系在一起。石中英认为，知识转型与教育改革或教育转型是互为条件、相辅相成、相互促进的。一方面，知识转型引发的知识状况变化必然影响到教育改革。例如，教育改革需要包含新知识的要求，需要重新反思知识的价值问题，需要重新定位知识活动中师生的角色，以及如何构建新的教学模式，等等；甚至教育改革理论研究也是与特定时代的知识型保持一致，建立在知识标准、知识生产与辩护制度基础上。可以说，知识转型推动着教育改革，是教育改革的深刻动力和社会背景。另一方面，教育改革对知识转型具有反作用。教育可以凭借自己独特的知识传播方式，对旧的知识型的质疑以最短的时间完成普遍化或泛化的任务，使旧的知识型发生危机，最终引发一场真正的"知识革命"；教育可以通过十分简捷的形式将新旧知识型的分歧或冲突纳入课程内容中，以便在最短的时间内被学生所认识和了解，从而促进对新的知识型的修正和完善；教育活动中教师的权威，以及教育自身的目的性、计划性、组织性和系统性更能有效地清除旧的知识型对社会各方面的影响，强化和推动新的知识型在教育教学活动中的传播、认同与接纳；学校教育，特别是高等教育可以培养出大批新型知识分子，通过他们对新的知识型的认同、接纳和传播，能够更好地促进知识转型的最终完成以及社会知识新的进步。[1]

二　"现代知识型"向"后现代知识型"演变历程

在知识转型的历史阶段分期上，人类社会的知识型划分为四种类型和三次知识转型。四种类型是指原始知识型（神话知识型）、古代知识型（形而上学知识型）、现代知识型（科学知识型）和后现代知识型（文化知识型）；三次知识转型是指原始知识型向古代知识型转型，古代知识型向现代知识型转型，现代知识型向后现代知识型转型。石中英指出，18世纪初孔德早已意识到知识转型与社会变革的内在关联，但之后的150年间知识转型却没有受到过多关注，直到20世纪60年代，福柯和利奥塔重新拾起了对这一领域的研究。福柯指出，知识型是客观存在的，并在认识和实践过程中发挥影响，它既"可以作为科学而为人们所接受"，又"可以根据科学的程序加以证实或证伪"。[2] 他

---

[1]　石中英：《知识转型与教育改革》，教育科学出版社，2001，第34～37页。

[2]　M. Foucault, *Power/Knowledge: Selected Interviews and Other Writings* (The Harvester Press, 1980), ed. By Colin Gordon, p. 112.

致力于研究知识型在某一时期为什么会有"突然的起跳"和"进化的加速"，其实质正是反映出知识转型的问题。利奥塔认为，当"文化进入后现代时期，知识的状况发生了改变"，他将改变之前的知识状况定义为"现代知识"，而将改变之后的知识状况定义为"后现代知识"，所谓"知识转型"，即是指20世纪50年代以来发生的由"现代知识"向"后现代知识"的转变。① 可见，福柯和利奥塔所提出的知识转型理论主要是指第三次知识转型，即"现代知识型"向"后现代知识型"转型。

利奥塔认为，知识转型意味着"科学知识"（又称现代知识）的合法性面临的一场危机。他指出，17世纪以来，"科学知识"的合法性主要由科学家授权的"思辨叙事"和政治家掌握的"解放叙事"共同决定，决定真理的权力和决定公正的权力密不可分，这实质上反映出科学的合法化与立法者的合法化是相互统一的。然而，进入20世纪后，受到电子计算机和信息网络化发展的影响，原有的"科学知识"决定权逐渐失去了可靠性和合理性，日益遭到认识论和社会政治生活的否弃，导致"科学知识"面临严重的"生存危机"（又是合法性危机），另一种新的知识型开始萌芽。这种新的知识型所呈现的特征符合新的认知与社会实践发展的要求，例如：在计算机和信息网络化社会，知识被翻译成若干信息，纳入了知识体系之中，不能被翻译为信息的知识终将被抛弃；知识的合法性摆脱了"宏大叙事"的束缚，更多地需要"谬误推理"的方式加以证伪；知识的同质性范畴被打破，知识的异质性成为新趋势，并日益受到尊重和宽容；知识供应者与知识使用者彼此的关系受到知识"商品化"的影响，两者正在转变为商品生产者和商品使用者的关系；参与知识活动的人员数量增多，他们处于知识网络的各个环节，在生产知识、接受知识、转述知识和消费知识等方面行使着各自的"专家"权利；高等教育机构知识生产的"自主性"开始丧失，大学教授的身份角色将被改变。

"现代知识型"向"后现代知识型"的演变起源于"科学知识型"不断遭到质疑和批判，特别是20世纪下半叶这种质疑和批判达到了高潮。以知识社会学的视角对"科学知识型"进行批判的代表人物是舍勒和曼海姆。舍勒通过"人"与"社会"、"知识"与"社会"的关系来说明"人"是社会的、具体的"认识主体"，而非纯粹的、抽象的"认识主体"，因此，所有的知识都

---

① J. F. Lyotard, *The Postmodern Condition*: *A Report on Knowledge*（Manchester University Press, 1984），translated by G. Bennington and B. Massumi, p. 9.

不可能脱离社会条件，甚至会受到社会阶级或意识形态的制约。他指出，虽然社会统治者竭力维持传统知识体系，并证明这种知识体系的有效性，但是，这种做法却会更多地限制知识的研究和发现。这是因为传统知识体系的逻辑形式是"证明的"而非"发现的"或"发明的"，认识方法是"教条的"、"本体论的"而非"批判性的"、"认识论的"，理解范畴是"唯实论的"而非"唯名论的"。为此，舍勒认为"科学知识型"所持有的知识"客观性"、"价值中立"和"普遍有效性"并不符合既定事实。[①] 同样，曼海姆也提出"社会决定的知识"观点，他认为不同的社会和历史背景，不仅会影响置身其中的人们的视角和思想，而且还会影响到他们所生产知识的范畴和形式。为此，曼海姆也反对"科学知识型"所宣扬的知识"客观性"和"普遍性"，认为无论什么知识体系都不可能是永远有效的，所谓的"知识型"必然与一定的社会历史条件发生联系。[②]

如果说，舍勒和曼海姆对"科学知识型"的批判集中于外部社会历史因素的话，那么，波普尔和费耶阿本德则以科学哲学为视角，从自然科学内部来全面、深刻地批判"科学知识型"。波普尔认为，"科学知识型"所坚持的"终极解释"根本不存在，任何知识的获得都不可能是一劳永逸的，知识的"可证实性"既不能作为知识可靠性的标准，也不能看作知识成为真理的标准。他指出，无论什么知识都可谓"猜测性知识"，在回答和解决问题方面具有暂时性，会随着认识的发展而不断被反驳和修正。同时，他也提出，虽然知识不能被"证实"，但是可以被"证伪"。为此，他认为应该将"可反驳性"或"可证伪性"作为知识是否科学的标准。波普尔指出，"科学知识型"之所以宣扬"终极解释"、"确定性"和"客观性"，其目的是想在认识论中拥有权威主义。这种权威主义将社会分成两大部分：拥有真理或发现真理能力的被称为"高贵部分"，只能分享真理不具备发现真理能力的被称为"低贱部分"，"高贵部分"统治"低贱部分"成为必然。[③] 波普尔对"科学知识型"的批判与解构，正是希望将知识生产的权力从少数精英那里解放出来，归还给每一个人。费耶阿本德对"科学知识型"的批判主要集中于科学研究方法论上，他认为在科学研究方法论上应该遵循"多元主义"立场。费耶阿本德提出，"多

---

① 石中英：《知识转型与教育改革》，教育科学出版社，2001，第 79～84 页。

② K. Mannheim, *Ideology and Utopia: An Introduction to the Sociology of Knowledge* (Routledge and Kegan Paul, 1936), p. 3.

③ K. Popper, *The Logic of Scientific Discovery* (Hutchinson, 1959), pp. 278 – 280.

元主义"或"无政府主义"不仅能突破认识上的局限，而且可以解放人们的认识"自由"，为社会民主决策提供知识基础。[①] 他指出，任何知识型都具有"意识形态"和"政体"的特征，假如一个社会仅存在一种知识型，那么所有知识都会遭受它的控制，最终导致知识竞争和民主决策的丧失，其实质反映出费耶阿本德对"科学知识型"垄断知识标准的批判。为此，费耶阿本德所谓的"无政府主义"知识理论是希望允许多种认识论和多种知识型的存在及相互竞争。

综上所述，学者们在普遍质疑或批判"科学知识型"的过程中，逐一揭露出其鲜明的"内在缺陷"，并提出新的知识型应该具备的时代特征。正因如此，第三次知识转型时期的到来才成为一种必然的趋势。石中英将能够概括各种新的知识要求的知识型定义为"文化知识型"，又称"后现代知识型"。他认为，"后现代知识型"是一种更加开放、更加谦逊和更加民主的知识型，它将打破所有知识"标准"或"典范"的桎梏，重塑科学知识的合法性。在"现代知识型"与"后现代知识型"的关系问题上，石中英指出，"后现代知识型"不是对"现代知识型"的修正，更不是"现代知识型"发展的新阶段，而是要从根本上推翻"现代知识型"确定的信念和规范，为知识社会或后现代社会重构新的认识论基础。"后现代知识型"强调知识的文化性特征，认为不同文化形态包含不同的知识型；强调对认识者的文化制约性，认为认识者置身于具体的文化环境，而非"纯粹性"和"抽象性"的；强调知识的"可反驳性"或"可证伪性"，认为任何知识都不可能是"镜式"反映；强调知识陈述的多样性，反对知识陈述的唯一性；强调知识与社会关系的复杂性，认为知识与社会中的性别、利益、权力和意识形态相辅相成，相互影响。[②] 为此，"后现代知识型"更加符合社会发展要求，更能满足所有人的知识需求。

三 第三次知识转型引发现代教育领域严重危机

如前所述，"后现代知识型"的出现既是对"现代知识型"的解构，又是对"文化知识型"的建构，它标志着人类第三次知识转型的到来。石中英认为，就"现代知识型"的解构而言，必然会给现有的知识生活带来"秩序的混乱"、"合法性的丧失"以及"话语的转换"等变化；就"后现代知识型"

---

① P. K. Feyerabend, *Against Method*：*Outline of an Anarchistic Theory of Knowledge*（Redwood Burn，1975），p. 296.

② 石中英：《知识转型与教育改革》，教育科学出版社，2001，第79~84页。

的建构而言，必然会在知识领域出现新的社会秩序、新的合法化规则以及新的学术话语。"后现代知识型"是在对"现代知识型"的质疑和批判中逐渐形成的，对于"现代知识型"而言，"后现代知识型"更加突出知识标准的"多样性"，反对"现代知识型"所谓的"终极性"、"绝对性"和"客观性"规范下的知识霸权，解放受到"现代知识型"剥夺或压抑的"非科学"或"准科学"的知识，恢复"知识王国"中所有合法成员应有的地位，接受知识的"可错性"和"可检验性"原则，容许对知识的质疑和批判，正视知识背后的"价值趣味"或"权力性质"，关注知识与社会发展和个人成长的关系。石中英指出，知识转型不仅是对"现代知识型"的质疑和批判，同时与"现代知识型"相适应的现代教育的精神与理想也会遭到怀疑和批判。正因如此，与知识生活紧密相连的现代教育受到"后现代知识型"的影响，正在面临着一场严重危机，包括现代教育的人文精神、机会均等、社会价值以及教学等方面的危机。

　　通常意义上所指的教育机会均等是以"现代知识型"宣扬的"文化无涉"和"价值中立"为基础的。但是，实际上任何知识的生产和传播过程都会受到社会利益、权力、意识形态及性别文化等方面的影响，而非真正的"价值中立"或"文化无涉"。质量上的教育机会均等比数量上的教育机会均等更难实现，正如学校课程知识的传播未必能使所有学生受益匪浅。特别是教学危机方面，石中英认为，"后现代知识型"特征的出现让人们不得不考虑如下问题：获取知识的渠道是否应该多样化？学校在知识传播中的地位及功能怎样？如何面对新型的"网络教学"和"虚拟学校"？虚拟教育环境中应该构建什么样的师生关系或教学模式？他指出，"厌学情绪"和"学业不良"成为困扰世界各国教育发展的严重问题。究其原因，他认为是"现代知识型"对学生学习的知识、知识问题的答案、课堂教学模式以及知识学习的评价等提前选定，使学生在被动的学习环境中逐渐丧失了对知识的好奇、理智的探险以及精神的欢愉。这也正反映出"现代知识型"坚守的知识的"绝对化"、"客观性"和"普遍性"规范对学生个体知识的"合法性"和"价值性"的剥夺与否定，从而导致"厌学情绪"和"学业不良"。知识转型时期，随着计算机的普遍使用和信息化网络技术的发展，学校或课堂之外的大量知识涌现，这给传统课程的设置和传统知识的获得带来严峻挑战。① 然而，第三次知识转型带给现代教育

---

① 石中英：《知识转型与教育改革》，教育科学出版社，2001，第113~123页。

的危机不止于此,还涉及教育领域的其他方面。这些危机的出现既预示着未来教育的发展方向,更是迫切需要通过教育改革来超越现代教育理念,尽快建立适应新的社会情景和新的知识形态的后现代教育良好的新秩序。

四 后现代知识性质转变对教育改革的促进功能

虽然石中英在对"知识转型"概念进行界定时,特别强调利奥塔在《后现代状况——关于知识的报告》中所提到的"知识转型"主要是指"知识性质"的转变,而非全部知识型的转变,但是,利奥塔所谓的"知识性质"的转变对石中英提出的"后现代知识性质"的转变与教育改革间的关系却起着重要的指引作用。石中英透过"现代知识性质"和"后现代知识性质"的分析,对"后现代知识性质"的转变与教育改革间的关系进行了专门论述。

关于现代知识的性质,石中英认为,不论在认识论领域,还是在知识理论上,现代知识的性质都存在诸多表述,而能够高度概括现代知识性质的无非"客观性"、"普遍性"和"中立性"三个基本特征。在现代知识的"客观性"方面,石中英指出,"符合性"是知识"客观性"的基本含义,即"客观知识"是否符合或反映事物的本质属性及事物间的本质联系。他还引用了布朗希尔的知识理论,认为现代知识的"客观性"还包含"可检验性"、"可证实性"、"一致性"和"普遍性"[1],是由相互联系的多条规则共同支撑的。在现代知识的"普遍性"方面,石中英指出,现代知识在"客观性"前提下,能够超越各种社会及个体的条件限制,获得"普遍接纳"和"普遍证实",即具有"普遍的可接纳性"和"普遍的可证实性"。同时,对于知识生产和辩护的标准来说,现代知识的"普遍性"又是指能够得到普遍的"认同"和普遍的"尊重"。在现代知识的"中立性"方面,石中英指出,现代知识的"中立性"是"客观性"的必然结果,是"普遍性"的前提条件,具有"文化无涉"或"价值中立"的内涵。他认为,现代知识的"中立性"不与认识主体的民族、种族、性别和意识形态等发生关系,只与认识主体的认识能力和认识对象的客观属性密切相关,其建立在现代知识的"自主性"、"非人格性"、"纯粹性"和"共同性"的基础上。为此,石中英提出,正是现代知识的"中立性",才导致了"为知识而知识"的知识分子及认识论路线的产生。[2]

---

① R. J. Browhill, *Education and the Nature of Knowledge* (Croom Helin, 1983), pp. 11 – 13.
② 石中英:《知识转型与教育改革》,教育科学出版社,2001,第 129~143 页。

　　"后现代知识性质"建立在对"现代知识性质"的质疑和批判的基础上，石中英指出，既然"知识性质"的转变是知识转型的重要组成部分，那么更应该以知识转型的视角来揭示"后现代知识"具有的基本特征。为此，他认为"后现代知识性质"的转变主要反映在三个方面，即从"客观性"到"文化性"，从"普遍性"到"境域性"，从"中立性"到"价值性"。

　　第一，"客观性"向"文化性"的转变。石中英认为，"现代知识型"虽然宣扬知识的"客观性"，并提出各种支撑"客观性"的规则，但是任何知识都离不开置身其中的文化情景，不可避免地受到来自特定文化体系中的诸如生活方式、价值观念、语言符号又或是人生信仰等具有文化色彩因素的影响和制约。为此，石中英提出，现代知识性质的"客观性"难以成立，后现代知识更倾向于是"文化的"而非"客观的"，表现出"文化涉入"而非"文化无涉"，具有"文化限域"，而非"跨文化的"。

　　第二，"普遍性"向"境域性"的转变。石中英认为，正是后现代知识的"文化性"，使得"境域性"成为可能。因为特定的文化背景不仅表现出特定文化体系中的各个因素，而且反映出一定文化的时间和空间限定，任何知识的意义都不能离开上述整个意义系统构建的特定境域来表达。后现代知识的"境域性"也意味着对"西方知识"霸权主义的反抗和对发展"本土知识"的重视，使"知识多样性"的观念能被越来越多的人所接受。

　　第三，"中立性"向"价值性"的转变。石中英认为，在现代知识"客观性"和"普遍性"被解构的基础上，支撑现代知识"中立性"特征的"价值中立"或"文化无涉"显得"底气不足"。他指出，既然作为认识对象的知识是由认识主体和社会所建构的，那么其不可避免地会"染上"认识主体和社会的"文化偏好"和"价值取向"，使后现代知识铸上"价值性"的烙印。[①]正如利奥塔所描述的，科学家或研究者不再主要是为"人类利益"或"个人兴趣"而生产知识了，在知识"市场化"和"商品化"的过程中，国家和企业对知识与技术的需求引导着后现代知识的"价值性"。[②]除此以外，石中英认为，知识对于社会或人文科学家而言，其本身也反映出一定的"文化立场"，特别是"价值立场"，体现着特定的价值要求。同时，他指出后现代知

---

　　① 石中英：《知识转型与教育改革》，教育科学出版社，2001，第 143~160 页。

　　② J. F. Lyotard, *The Postmodern Condition*: *A Report on Knowledge* (Manchester University Press, 1984), translated by G. Bennington and B. Massumi, pp. 4–5.

识的"价值性"还表现为知识在传播过程中受到"权力因素"的影响与控制。认为异质性知识的生产、传播以及异端"知识分子"的行为都会受到"知识的控制"的约束和限制。

教育活动与知识性质的关系密切,"后现代知识性质"的转变必然动摇现代教育的知识基础,引发整个教育领域的危机,因此亟须呼唤并推动现代教育的改革。在后现代教育目的方面,石中英指出,就个人发展而言,"后现代知识性质"要求培养个体的知识"鉴赏力"、"判断力"和"批判力",由注重"外在发展"转向注重"内在发展";就社会发展而言,"后现代知识性质"力求摆脱"西方知识中心"的依附关系,提倡教育系统中的"地方性知识"或"本土知识"的发掘和传播,促进知识的"异质性"和"多样性"发展。在后现代课程建设方面,石中英围绕科学知识的基本特征,对科学知识及科学课程的价值和影响进行质疑和批判,提出改革科学课程、开发本土课程和加强人文课程的主要设想。在后现代教学改革方面,石中英认为,任何知识都是需要不断质疑和发展的,采用新观点、新技术和新方法来改变和完善课程知识的传递,有助于培养学生的"怀疑意识"、"批判精神"和"探究能力"。[1] 在后现代教育研究方面,石中英指出,教育学研究植根于特定的社会文化背景及意识形态立场,不可能立足于"客观性"、"普遍性"和"中立性"的现代知识体系,它是以意义阐释和价值建构为目的的"文化科学"或"价值科学",与文化背景紧密相连,与价值需求息息相关。[2]

第三节　知识转型与中美高校网络课程
发展的相互关系

如前所述,中美高校网络课程发展方兴未艾,继续呈现风起云涌之势,除了背后技术力量的积极推动外,其思想理论的支撑更是不可或缺。中美高校网络课程从诞生发展至今,由高等教育领域的教育现象逐渐转变为高等教育领域的热点问题,甚至是焦点问题,既离不开网络课程一线开发者或建设者的实践探索,更足以说明理论研究者为其不断发展提供了丰富的思想指导和理论支

---

① 石中英:《知识转型与教育改革》,教育科学出版社,2001,第161~173页。
② 石中英:《知识转型与教育改革》,教育科学出版社,2001,第187~188页。

撑。毋庸置疑的是，用于支撑或论证中美高校网络课程发展的思想理论存在"仁者见仁，智者见智"的局面，似乎每一种学说都能透过各自的研究视域给中美高校网络课程发展提供某种参考和借鉴的理论依据或思想基础，但是能够立足于外部社会、历史或文化时空转变，特别是以知识转型为研究视角对其进行宏观指导或原理性诠释的现有研究成果并不多见。笔者认为，相较于以往的研究视角，中美高校网络课程发展的理论研究更多集中于教学理论、学习理论或是技术理论，很少有学者通过认识论或是知识论的研究视角去理解外部环境变化对网络课程发展目标及方向的引导，当然也包括对课程内容、结构、特征及要求等方面的影响。本章第一节和第二节正是通过对知识生产模式转型和知识转型的论述与分析，揭示出中美高校网络课程发展置身其中的社会、历史和文化背景，实际上是想运用知识转型的时代背景及理论依据来探寻中美高校网络课程发展的内在逻辑。

选择知识转型的研究视角来剖析和揭示中美高校网络课程发展的本质及规律也不是一件"轻而易举"之事，首先需要从"千头万绪"的认识论体系或知识论体系中整理概括出知识转型的时代背景、一般原理、主要特征及思路方法等。西方学者的研究视角往往与中国学者的研究视角不同，不论是普赖斯、齐曼，还是吉本斯等人，他们对知识转型的描述主要以"知识生产模式"转型为例，重点论述新旧"知识生产模式"彼此的时代背景、基本特征、异同之处以及转变中带给整个社会生活和知识世界的巨大变化。而以石中英为代表的中国学者，则是站在较为全面宏观的立场上，博采众长，对西方学界不同的知识转型学说进行论证，提出基于知识型转变的知识转型理论，既包含知识生产模式的转型，也包括知识观念、知识性质、知识制度、知识组织以及知识分子角色等各个方面的转变。为此，若是基于知识转型的研究视角对中美高校网络课程发展进行考察，还需要整理和糅合前文介绍的知识生产模式转型理论和知识转型理论，将其升华为具有共通性和原理性的新的知识转型理论，用于深度剖析知识转型时期的到来对整个高等教育改革发展带来的影响和挑战，从而提出运用知识转型理论解释并指导中美高校网络课程发展的可能性和合理性。

一　知识生产模式转型与知识转型理论关系之辩

20 世纪 60 年代以来，有关科学转型或是知识转型的研究成为科学技术哲学、知识社会学以及高等教育学等研究领域的核心问题，引起了中外学者的共同关注和研究热潮。诸多学者著书立说，阐发各自不同的研究视角和主要观点，一时间营造出科学转型或知识转型的"学术争鸣"氛围。无论是以普赖斯、齐曼和吉本斯等人为代表的知识生产模式转型理论研究者，还是以石中英为代表的知识转型理论研究者，都力图证明一个不可争议的事实，那就是新的知识时代的到来。然而，正如新的知识时代出现那样，必然会打破以往那个所谓"传统"也好、"现代"也罢的知识时代确立的各种认知规范和社会规范，甚至具体到社会生活各个方面的规则或是习惯。上述学者关于知识转型学说的研究也是如此，突破了传统学术规范的束缚，呈现一种"百家争鸣，百花齐放"的局面。就发表论著的时间序列而言，最早是普赖斯（1963），然后依次是吉本斯（1994）、齐曼（2000）和石中英（2001）。这不仅是因为他们各自选择了原有知识生产模式或知识型不同的代表人物及知识规范为参照，在对新的知识生产模式或知识型的特征表述上略有差异，更为重要的是论著时间序列的承继关系，使后续研究者可以博采众家之长，在兼收并蓄的同时理论得到发展和升华。为此，若是将知识转型作为中美高校网络课程发展研究的理论依据，既需要对现有三种知识生产模式转型理论的内在逻辑加以分析归纳，又需要对现有知识生产模式转型理论和知识转型理论进行整理、糅合和批判性的吸收，形成具有共通性和原理性的新的知识转型理论。

　　无论是普赖斯的"小科学"与"大科学"，齐曼的"学院科学"与"后学院科学"，还是吉本斯等人的"模式1"与"模式2"，都几乎一致地描绘出一幅知识生产模式变迁的社会图景。上述学者所处的社会时代背景恰好是新旧知识生产模式交替或转型时期，这既为他们提供了丰富的社会实践经验，又为他们提供了各种可供参考的理论证据。作为颇具代表性的三种知识生产模式转型理论，普赖斯、齐曼和吉本斯等人所提出的学说，彼此之间既存在一脉相承的必然联系，又在某些特征或观点上具有不同的建树，对其内在的逻辑进行深度分析与揭示，有助于发现其共通性、特色性和原理性的本质及规律，能更好地融入整个知识转型理论体系。普赖斯、齐曼和吉本斯等人对知识生产模式转型理论表述的共通性主要体现在如下方面。

　　第一，提出两种具有比较参照意义的研究模型。"小科学"与"大科学"、"学院科学"与"后学院科学"和"模式1"与"模式2"，本质上意旨两种不同的知识生产模式，它们分别具有相互参照的比较意义。毫无疑问，"小科学"、"学院科学"和"模式1"是指原有的知识生产模式，即蕴含着传统的认识规范和社会规范（有时也称科学规范），这种传统规范背后所支撑的知识信念或科学信念是"为科学而科学"、"为知识而知识"的纯研究，或又称为

"基础研究";"大科学"、"后学院科学"或"模式 2"是指新的知识生产模式，代表受到新的认识和社会实践影响而产生的新的认识规范和社会规范（又可称为新的科学规范），这种新的科学规范打破了原有科学规范的限制与束缚，使知识生产不再显得那么单纯和纯粹，不再是"为科学而科学"、"为知识而知识"的纯研究（基础研究），而是带有更多的社会实用色彩或功利色彩，新的知识生产模式被赋予"应用研究"或"定向研究"的意义。

第二，分析两种不同知识生产模式演变的逻辑关系。普赖斯、齐曼和吉本斯等人都一致性地认为，原有知识生产模式向新的知识生产模式转变是社会发展的必然趋势，但是新的知识生产模式替代原有知识生产模式却不会直接发生"富有戏剧性"的变化，正如他们在界定知识生产模式转型的时间跨度那样，认为原有知识生产模式向新的知识生产模式转变是一个渐进的过程，原有知识生产模式的种种缺陷日益暴露，变得越来越不适应社会发展的要求，而新的知识生产模式新的特征渐趋明显，并不断适应社会发展方方面面的需求。正因如此，也才意味着知识生产模式转型时期的存在与到来。在转型时期，新旧知识生产模式呈现一种"共存现象"，不论是科学家或研究者（也可称为知识生产者），还是知识生产与传播活动，都可能会徘徊或往返于两种不同知识生产模式中的科学规范，寻找各自的价值归属或知识信念。也正是因为这样，知识生产模式转型时期，整个社会生活和知识世界才必然会存在各种矛盾和冲突，让知识转型变得越发复杂而多元。

第三，指出两种知识生产模式中研究者角色的转变。普赖斯、齐曼和吉本斯等人在考察研究者或科学家角色转变时，他们认为，在原有的知识生产模式中，研究者或科学家可谓"自由人"的角色或具有"业余爱好者"的身份，他们所进行的研究或知识生产通常受到个人好奇心或研究兴趣的驱使，以较为分散的个体或小规模的集体为组织形式，课题或项目研究规模不大，经费投入不多，资源设备利用率不高，主要是以追求科学真理为导向，在特定学科范围内从事不受任何约束的自由的研究工作或知识生产活动，研究者或科学家个体对研究工作或知识生产活动拥有绝对的主动权。在新的知识生产模式中，研究者或科学家开始转变成"社会演员"的角色或具有"职业化"专家的身份，他们所从事的研究或知识生产必须考虑到社会的需求，以较大规模的集体或团队为组织形式，课题或项目研究规模巨大，经费投入较多，资源设备利用率高，主要是以追求实际应用价值为导向，按照相关利益方既定的目标和任务，进行跨学科甚至是国际范围内的研究工作或知识生产活动，研究者或科学家的自由行为受到一定限制，通常表现为被动地接受研究任务，研究成果及价值的评定由专家"同行评议"转向非专家"用户"的"价值评论"。

第四，描述两种不同知识生产场所及地位功能的变化。既然以研究者或科学家为代表的知识分子的社会角色发生转变，那么他们身处的知识生产场所及地位功能也会随之发生变化。普赖斯、齐曼和吉本斯等人将原有知识生产场所定位于大学、研究中心、科学院及实验室等机构，大多数时候他们将大学作为知识生产的主要阵地，甚至是唯一场所。正如齐曼描述的那样，"纯研究"往往是指大学里的研究活动，大学教授是探索和传授新知识的"纯科学家"。可见，无论是将原有的知识生产场所定位于何处，都不可改变这种场所在那个时代所处的地位及发挥的功能。通过研究者或科学家的"好奇心"、"自由性"和"个体化"的特征，可见原有知识生产场所较为单一，管理松散，组织性不强，对知识分子不具有强制约束力，主要履行"社会义务"职责，知识生产集中于认知领域，重在新知识的发现与传播。然而，新的知识生产模式从根本上动摇了大学知识生产的垄断地位和唯一性。在知识生产走向社会建制的过程中，大规模知识生产的出现让新的知识生产场所变得越发复杂而多元，包括研究性大学、政府组织、小型高科技公司、研究院所、实验室以及跨国公司、网络公司等，它们再也不是单一的知识生产，而是突破了学科限制，通常采取跨学科、跨机构，甚至是跨区域、跨国别的知识生产交流与合作，既像普赖斯和齐曼所形容的"无形学院"和"通勤车站"，又如吉本斯等人概括的那样，具有"异质性"和"组织多样性"的特征，让研究者或科学家围绕资助项目或研究任务既置身于不断重新组合的研究团队或研究集体中，又置身于不断组建研究团队或研究集体的知识生产场所。这类知识生产场所管理有序，组织形态短暂而易变，通过项目合同或资助协议，对研究者或科学家具有较强的约束性，知识生产染上了功利性的价值取向，偏重应用性或效用性。

第五，概括两种知识生产模式相似的基本特征。普赖斯、齐曼和吉本斯等人在论述新旧知识生产模式的变迁或转型时，其研究的共同重心都放在两种不同知识生产模式的基本特征分析比较思路上。如前所述，从两种知识生产模式的定义、存在的逻辑关系、研究者角色的转变到知识生产场所地位功能的变化，其中蕴含着对知识生产模式基本特征的比较与分析。普赖斯、齐曼和吉本斯等人将两种知识生产模式的基本特征较为相似地概括为以下方面。

一是"个体性"与"集体化"。原有知识生产模式局限于科学家个体或"科学共同体"小规模的研究活动，就如普赖斯描述的"小本经营"；而新的知识生产模式强调集体化的研究团队合作，从事大规模的研究活动。二是"学科性"与"跨学科性"。原有知识生产范围局限于特定学科领域，知识生产的学科性较为单一；新的知识生产模式多是"跨学科"或"超学科"的，知识内容更为丰富而多元。三是"同质性"与"异质性"。原有知识生产由一个"中心主体"来管理或协调，组织形态稳固且制度化；新的知识生产往往跨机构，甚至是全球范围的合作，组织形态短暂而易变。四是"业余性"与"职业化"。原有知识生产模式多是从研究者或科学家的"好奇心"和"研究兴趣"出发进行科学研究活动，被齐曼定位为"业余爱好者"的社会角色；在新的知识生产模式中研究者或科学家既要考虑资助协议和项目任务的要求，又要兼顾和平衡社会利益方的价值取向，运用各自"不同技巧"来解决和处理问题，扮演着"职业化"专家的"社会演员"角色。五是"认知语境"与"应用情境"。原有知识生产模式置身于"为科学而科学"、"为知识而知识"的科学规范或知识信念体系之中，仅仅停留于"认知语境"中；新的知识生产模式立足于社会实用性或价值性取向，需要实现社会各方利益的兼顾，知识生产活动向"应用情境"转变。六是"中立性"和"价值性"。原有知识生产模式反映出知识的性质是"价值中立"或"文化无涉"的，具有"普适性"或"普遍可接受性"；新的知识生产模式置身于应用情境中和受到不同利益驱使，知识生产必然会"染上"民族、宗教、种族、性别等"文化语境"或意识形态特征，知识性质具有"文化偏好"和"价值取向"。

除此以外，普赖斯、齐曼和吉本斯等人在知识生产模式转型的某些特征或观点上还存在部分差异，具有各自特色的描述形态或表达方式。相对于齐曼和吉本斯等人而言，普赖斯的研究成果是一个很好的参照，以至于齐曼和吉本斯等人都继承和发展了普赖斯的某些观点；同时，齐曼还吸收了吉本斯等人提出的关于"模式2"的部分理论成果。笔者认为，正如前文所述，选取不同代表人物及科学规范为参照标准，导致了三部论著在某些特征或观点上迥异。但是，更为重要的是时间序列上的承继关系，使后续研究者能够博采众长，根据社会实践新变化，不断提炼和发展新的理论特色，具体表现如下。

第一，基于大学与政府、市场"三角关系"发展的论述。普赖斯论及"大科学"时，已关注到政府对科学研究的资助、组织和协调，但较少论及市场对知识生产的介入。齐曼和吉本斯等人不仅将科学技术政策归结为政府的干预，而且还提出了市场对知识生产的影响。"大规模知识生产"中逐渐渗入市场要素，公司或企业必然寻求与大学和政府建立知识生产合作关系，无论是

"产业科学",还是"知识产业",都反映出知识商品化、市场化趋势明显,而研究者或科学家及团队相应地演变为"商人"、"企业家"及"商业公司"或"小型企业"。

第二,基于计算机网络和信息技术带给知识生产影响的阐述。普赖斯虽然提到通过"通勤车站"和"无形学院"实现科学家团队的集体合作,但是齐曼和吉本斯等人关注到计算机网络和信息技术为知识生产提供了更为便捷有利的环境和条件。他们认为,全球化网络在大规模知识生产、传播与共享,以及研究团队的交流与合作等方面发挥着巨大优势。以全球网络为纽带或桥梁,科学家及研究团队在"通勤车站"和"无形学院"中的来往会变得更为频繁而灵活,不同知识生产场所的资源配置会更为优化合理,特别是"编码知识"的出现方便了大规模知识的生产、共享与传播。

第三,基于新的知识生产模式下高等教育大众化功能的论述。普赖斯在论述"大科学"时代的知识生产者选拔和培养问题时,谈到科学家可以从自己的学生群体中挑选出最优秀的接班人,继承研究事业(科学知识生产活动),通过这种方式来扩大知识生产者的规模和数量。吉本斯等人却意识到高等教育大众化给知识生产及知识生产者带来的重大影响。他们认为,高等教育大众化使越来越多的大学生受到研究工作和研究精神的感染与熏陶,这既为知识生产提供了大批研究者或科学家,同时又让新型的研究者或科学家进一步分化到大学或学院、实验室、企业、咨询公司以及智囊团等不同知识生产机构工作,扩大了知识资源和社会基础。

第四,基于知识生产成果价值认定方式及标准的探讨。普赖斯虽然认同"大科学"时代的"跨学科性"研究,但是对知识生产成果价值的认定偏向"同行公认"。齐曼和吉本斯等人试图打破以专家"守门人"构建的"同行评议"认定方式及标准,他们将知识生产成果价值的认定推向行业、企业、政府,乃至整个社会系统。齐曼转向非专家"用户"的"价值评论",首先评估科学研究成果的商业价值;吉本斯等人倡导兼顾社会各方利益,基于知识生产的"跨学科性"和参与机构及人员的多样性,提出"活跃行动者"绩效评估,倡导实施更加多维度、综合性的质量控制。

由此可见,普赖斯、齐曼和吉本斯等人虽然对知识生产模式转变有着各自独到的见解,但其理论根基与思想基础却存在本质上的共通性特征,即便是齐曼和吉本斯等人在普赖斯理论的基础上提出了某些颇具特色的新观点,但是也体现出知识生产模式转型理论发展中的一脉相承性。上述学者以知识生产模式转变为视角，力图勾勒出知识转型的一幅社会图景。然而，这幅社会图景还不够完整而全面。因为知识转型不只是知识生产模式的转变，还包括与知识相关的其他方方面面。为此，石中英以知识型转变为视角，从较为宏观的层面丰富和完善了这幅有关知识变迁的社会图景。那么，石中英笔下的知识转型是否囊括了所有知识领域的特征及变化呢？与之前学者提出的知识生产模式转型又有着怎样的联系和区别？答案是具体而明显的。在概念表述上确实石中英提出的知识转型更为全面而宏观，似乎涉及了整个知识领域的特征及变化。但正是这种过于宏观而全面的思想，导致其具体阐述时难以求全责备，只能在内容选择上有所偏颇。而反之，知识生产模式转型理论研究视角虽是局限于知识生产模式领域，但"小中见大"之处还表现为对知识标准（规范）、知识性质以及知识传播、知识分子角色转变等方面的论述，恰好与石中英的观点具有内在一致性。这既可解释为身处同一时期受知识转型的影响，又可理解为参考西方理论时逻辑上的相通性。如上所述，石中英的知识转型理论与普赖斯、齐曼、吉本斯等人的知识生产模式转型理论的共通性主要表现为如下方面。

第一，在界定"知识转型"的概念时，石中英同样采用了普赖斯、齐曼和吉本斯等人类似的对照比较手法，虽然将知识转型定位于知识型的转变，但仍是两种不同知识型主要特征及变迁轨迹的呈现。石中英的"知识型"内涵中包括了库恩关于知识的"范式"、福柯关于知识的"政体"，乃至利奥塔关于知识的"性质"，又或是波普尔关于知识的"形态"，如此等等。这些似乎很难从知识生产模式转型理论中直接找寻出相同的论据。但是，普赖斯、齐曼和吉本斯等人早已涉及此类问题的论点。石中英笔下的"知识范式"，又或是"知识标准"，与普赖斯、齐曼和吉本斯等人研究理论中的科学规范或知识规范具有一致性。知识生产模式的变迁也好，知识型的转变也罢，必然是对原有"知识范式"、"知识政体"的颠覆，首先需要打破原有的"知识规范"和"知识标准"，确立新的"知识规范"和新的"知识标准"。

第二，在论述第三次知识转型时，石中英提出"现代知识型"向"后现代知识型"的转变，也即"科学知识型"向"文化知识型"的转变。在时间范围上也基本符合普赖斯、齐曼和吉本斯等人对两种不同知识生产模式转型时期的界定，特别是对20世纪50年代以来知识转型趋势特征明显的认可。正是如此，石中英同样认为，"现代知识型"与"后现代知识型"的关系，犹如原有知识生产模式与新的知识生产模式的关系那样，不是前者发展的新阶段或是对前者的修正，而是要从根本上推翻前者所确立的知识信念、知识规范、知识性质、知识制度等整个知识系统，为新的知识型社会重构新的认识论基础。

第三，在探讨知识性质的转变时，石中英表达了对原有知识性质确定的"客观性"、"普遍性"和"中立性"的怀疑与批判，提出"后现代知识型"具有的"文化性"、"境域性"和"价值性"，这与普赖斯、齐曼和吉本斯等人的观点一致。他们同样认为，知识主体置身于特定的社会背景，知识不可能是"纯粹性"和"抽象性"的，所谓的"价值中立"和"文化无涉"在民族、宗教、性别、权力和利益等意识形态或文化语境中表现得"软弱无力"，知识的"普适性"或"普遍可接受性"并不能成立；相反，知识具有"不确定性"、"可反驳性"或"可证伪性"，具有"价值取向"和"文化偏好"。

第四，在论析知识分子角色转变时，石中英谈到了知识分子围绕"知识标准"问题的争论、"异端知识分子"的出现以及知识分子获取权威方式的变化，上述这些现象在知识生产模式转型理论中也有提及。普赖斯、齐曼和吉本斯等人都论及了知识分子（研究者或科学家）在两种不同知识生产模式下的角色转变，由先前的真理探索者、发现者转变成职业化的专家，甚至是"商人"。在知识生产模式转型或交替过程中，毋庸置疑地会导致"异端知识分子"或曰"新型知识分子"的出现，对原有"科学规范"或"知识规范"进行普遍质疑和批判；知识分子在获取权威时不再限于专业领域无休止的争论，而更多地会通过"同行评议"或"应用情境"中的商业价值，乃至非专家"用户"的"价值评论"来对研究成果或学术权威进行评定。

第五，在考察知识类型的转变时，石中英与普赖斯、齐曼和吉本斯等人的观点类似，重新审视"知识王国"中曾经未被认可的"非科学"知识的合法性，拓宽了知识的类型及范围，特别是深受计算机网络和信息技术的影响，知识种类更加丰富多彩，知识存在形态也变化万千。正如齐曼和吉本斯等人对"无形学院"、"异质性"组织的知识生产形容的那样，石中英认为知识的"同质性"被打破，"异质性"成为知识发展的新趋势，发展"地方知识"、"本土知识"，破除"西方知识中心"的意义显得格外非凡。特别是以全球网络为纽带的知识生产、传播与共享，使知识被翻译成若干信息，并纳入整个知识体系，"社会弥散性知识"、"编码知识"以及"默会知识"等新的知识类型开始普及。

第六，石中英意识到知识市场化、商品化的发展趋势，以及知识与权力存在的必然关系。石中英认为，知识供应者与知识使用者正在转变为商品生产者和商品使用者，高等教育机构已开始丧失知识生产的垄断地位，参与知识活动人员数量的增多，让分布于知识网络各个环节的人们最终会在知识生产、知识传播、知识消费和知识控制等构成的知识世界中变得井然有序。同时，他也论及了教育改革与知识转型相辅相成、相互促进的关系，特别是与吉本斯等人一样，认为高等教育可以通过培养大批新型知识分子来更好地促进知识转型。明显不同的是，石中英更加强调知识转型对教育改革的影响，包括对课程建设、教学模式、虚拟学校和网络教学等方面的促进，这也正是笔者立论的出发点。

二　知识转型时期的到来对高等教育改革发展的影响

无论是普赖斯、齐曼和吉本斯等人提出的知识生产模式变迁理论，还是石中英诠释的第三次知识型转变理论，其在共通性的特征表现和理论特色性的发展方面相互构筑起知识转型的理论依据和思想基础。知识转型理论既涵盖了知识型转变理论的精髓，又融合并拓展了知识生产模式转型理论的深度和广度。难能可贵的是，西方学者和中国学者在知识转型的时间划定上，表达出了基本趋同式的意见，特别是对 20 世纪 50 年代以后，知识转型进入高潮时期或出现的"明显征候"有一致的认同。笔者认为，正因如此，本研究选择知识转型的研究视角才更具有可行性和可操作性。回顾知识生产模式变迁研究的时空场域和知识型转变理论的外在社会因素，不难发现知识转型与高等教育改革发展有内在的必然联系。普赖斯的"小科学"与"大科学"、齐曼的"学院科学"与"后学院科学"和吉本斯等人的"模式 1"与"模式 2"，始终离不开对大学或高等教育机构这一特殊场所在知识生产中的地位及功能的探讨。而石中英也提到了知识转型需要社会条件或社会动力的支持，特别是作为社会特殊条件或影响因素的教育始终与知识转型连在一起。为此，他认为知识转型与教育改革互为条件，相辅相成、相互促进。由此可见，知识转型时期的到来必然会给整个高等教育领域的改革与发展带来诸多影响和挑战。

根据石中英对知识转型与教育改革关系的原理性论述可知，高等教育改革与发展同样与知识转型之间存在相互影响、相互促进的关系。就知识转型对高等教育的作用而言，知识领域发生的种种变化必然影响到高等教育改革与发展。例如，在知识概念或知识标准的转变上，高等教育需要重新反思知识的性质和知识的价值，再次审视应该将哪些知识更多地纳入知识王国或知识体系，给予知识更加广阔的空间和丰富的意义；在知识生产方式的转变上，高等教育不能再局限于"为科学而科学"、"为知识而知识"的"基础研究"，不能永远停留于个体化或"科学共同体"式的漫无目的的小规模研究，不能始终止步于特定学科范围内的单一性研究，高等教育必须与社会发展紧密相连，按照项目合同或资助协议的相关约定，开展大规模知识生产的"应用研究"，通过开辟更多的"通勤车站"，展现"无形学院"应有的魅力和价值，搭建研究者或科学家集体交流与合作平台，在知识生产过程中尽可能体现"跨学科性"、"跨机构性"，甚至是"全球性"；在知识传播方式的转变上，高等教育应该突破知识传播中的学科专业限制，使大学高深知识逐渐向个体性知识转变，在大规模知识生产的同时，通过高等教育大众化、普及化、便捷式的交通以及计算机信息网络扩大知识传播的途径，充分实现大规模知识的开放与共享；在知识生产场所的转变上，高等教育不再居于知识生产的垄断地位，政府、公司或企业与大学一样成为知识生产的重要阵地，政府与市场的介入必然打破大学"一元、孤立、封闭"的状态，高等教育需要正确处理与政府、市场的"三角协调关系"，寻求并加强彼此之间的互动合作，在办学方针和思路上走向多元、开放和融合。

从某种意义上来说，高等教育的改革与发展也是与特定时代的"知识生产模式"和"知识型"保持一致的，建立在知识标准、知识信念、知识组织、知识制度等基础上。即是说，知识转型推动着高等教育改革，是高等教育改革与发展的深刻动力和社会背景。正如有学者在考察中世纪以来大学模式的演变历程时，揭示了大学模式变迁与知识生产存在复杂的互动关系，提出大学模式变迁受制于知识生产变革，一定时期的主导型大学模式则是知识生产变革的产物。[①] 并且有学者指出，大学转型要适应知识转型和社会转型，认为"早期的大学注重知识的传播，今天的大学偏重知识的生产，未来的大学必将重视知识的应用"。[②] "现代知识型"向"后现代知识型"的转变，必然致使传统大学面临危机与挑战，为适应"后现代知识型"的要求，高等教育势必做出相应的调整和改革。后现代知识观所呈现的"文化性"、"情境性"、"多样性"和"生成性"等特征，既是对现代知识观的解构，也是对现代大学的解构，大学角色正在向后现代大学转变，重塑大学理想和高等教育发展理念势在必行。[③] 传统意义上的大学与政府、企业或产业构建的是"支持或赞助"关系，现时

---

① 冯典：《大学模式变迁研究：知识生产的视角》，博士学位论文，厦门大学，2009，第220~221页。

② 王建华：《知识社会视野中的大学》，《教育发展研究》2012年第3期。

③ 胡炳仙、秦秋田：《后现代知识观与大学理想重构》，《高等教育研究》2002年第3期。

的大学在知识生产模式转型中将这一关系转为"战略合作伙伴"的新型关系，强调这种新型战略关系的价值取向应建立在"使命互尊"和"关系为本"的合作发展基础上。①

既然知识转型动摇了高等教育的知识基础，那么现代大学相应地也要实施系统化改革。世界范围内正在通过高等教育大众化，乃至普及化方式力图反映出教育机会均等的和谐之美，但是"文化语境"或"意识形态"对知识生产与知识传播的干扰，注定在知识与权力之间存在"知识控制"，知识转型理论提出的"文化偏好"或"价值取向"势必影响到高等教育的公平正义。从高等教育全球化、国际化进程来看，部分国家及地区不得不考虑摆脱"西方中心主义"的知识霸权，积极发掘和传播"本土知识"或"地方性知识"，既能摆脱知识生产与传播中的依附关系，又能促进高等教育知识王国呈现"异质性"和"多样性"的发展景象。从本国或本地区高等教育发展进程来看，高等教育入学机会和权利的平等已不能满足受教育群体的需求，获取知识的渠道或途径如何多样化，怎样将大学的高深知识向个体性知识转化，让高等教育资源实现免费共享，已成为高等教育在质量公平上新的诉求。在计算机信息化网络时代，大学课堂之外的大量知识涌现，传统课程设置受到严峻挑战，"虚拟大学"或是"网络教学"似乎为高等教育的改革方向提供了某些参考。为此，高等教育需要采用新观点、新技术和新方法来改革和完善课程知识传播路径；需要在新的知识活动中重新定位师生角色关系，探索新型的教学模式；需要在对任何知识不断质疑和发展中培养学生的"怀疑意识"和"批判精神"。

同时，知识转型还将引起高等教育改革发展中的种种矛盾和冲突，例如知识市场化、商品化现象依然会出现在高等教育领域，如何守住高等教育市场化底线显得尤为重要；大学教授（知识分子）在知识转型中也将迎来角色的变化，如此等等。另外，就高等教育对知识转型的反作用而言，高等教育发挥着知识生产与知识传播的重要功能，可以凭借自己在知识活动中的独特地位，使原有"知识生产模式"或"知识型"发生危机，使其日益暴露出不适应社会实践变化的缺陷，以最短的时间完成对原有"知识生产模式"或"知识型"质疑和批判的普遍化和泛化的任务，从而引发一场真正的"知识革命"。高等

---

① 武学超：《知识生产方式转型对大学与产业联系的影响》，《教育发展研究》2008 年第21 期。

教育不仅可以在跨学科专业体系中促进新旧"知识生产模式"或"知识型"的交替，而且可以通过十分简捷的形式将新旧"知识生产模式"或"知识型"存在的冲突和分歧纳入整个高等教育课程内容中，以便在最短时间内被受教育者所认识和了解，从而有助于对新的"知识生产模式"或"知识型"进行修正和完善。特别是高等教育中的教授（知识分子）既是知识的生产者，又是知识的传播者，他们在知识信念、知识标准，又或是知识性质、知识规范等方面具有绝对的权威性，在有目的、有计划、有组织和系统化的高等教育活动中更能有效地清除原有"知识生产模式"或"知识型"对社会生活和知识世界各个方面的影响，强化和推动新的"知识生产模式"或"知识型"在高等教育教学活动中的认同、接纳与传播；更为重要的是，高等教育的教授（知识分子）可以培养出大批新型的知识生产者和知识传播者，通过他们对新的"知识生产模式"或"知识型"的认同、接纳与传播，从而更好地促进知识转型的最终完成。

三 知识转型理论与中美高校网络课程发展的内在关系

知识既是教育的基础，也是构成课程的核心要素[1]，课程又是教育的重要载体。如前所述，正是因为知识转型与高等教育的相互关系，大学课程的改革与发展也势必深受知识转型的影响，知识转型的同时必然要求大学课程进行转型。[2] 早已有学者以知识转型为背景，提出原有知识型确立的"课程目标"、"课程内容"、"课程实施"乃至"课程评价"必须做出相应的调整或改变，以适应新的知识型发展的要求。[3] 有学者认为，知识转型导致大学课程秩序发生变化，大学课程目标由偏重"高深学问"传授转向注重"个体知识"建构，大学课堂由知识传播中心变成知识交流场所，大学课程知识受到跨学科研究的冲击，教学向生活转移。[4] 为此，大学课程改革呈现知识的多元化，注重课程情境化教学，强调个性化知识建构，关注学习路径与知识生成。[5] 另有学者指

---

① 吴支奎：《知识观转型视野下课程知识意义的重建》，《湖南师范大学教育科学学报》2008年第4期。
② 王一军：《当代知识语境中的大学课程变革》，《教育发展研究》2013年第7期。
③ 张九洲、房慧：《知识观转变与课程改革——从现代到后现代》，《大理学院学报》2008年第7期。
④ 王一军：《从"高深学问"到"个人知识"——当代大学课程的秩序转型》，博士学位论文，南京大学，2012，第111~118页。
⑤ 彭松林：《知识转型背景下的教师教育课程改革探索》，《高教论坛》2012年第12期。

出，"知识观的转型"奠定了课程改革的认识论基础，课程改革的性质、方向、内容和范围等由不同时期出现的新型知识观决定。[1] 还有学者认为，知识发展形态影响着课程形态的演进。[2] 可见，知识转型指引着大学课程改革与发展的方向。同样的，网络课程作为大学课程的新形态或新类型，与知识转型间的关系也是不言而喻的。

石中英在论及知识转型引发的教学危机时，就特别谈到获取知识的渠道如何多样化，其中涉及"虚拟学校"和"网络教学"，还包括对虚拟教育环境中师生关系和教学模式的探讨。实质上知识转型与网络课程发展的相互关系已初见端倪。正如石中英所认为的，知识转型时期，随着计算机信息化网络技术的发展，学校或课堂之外的大量知识涌现，这种状况必然给大学传统课程的设置和传统知识的获得带来巨大的冲击和严峻的挑战。为此，高校网络课程的诞生及发展恰好迎合了知识转型的要求。然而，知识转型与网络课程之间的内在关联远不止如此，将知识转型理论具体到中美高校网络课程发展领域，还会促进高校网络课程的诞生及发展，不仅反映了获取知识或知识传播渠道的多样化，而且也是对新的知识生产模式或新的知识型的有力回应。无论是美国高校推行的开放课件项目或是 MOOC（大规模开放在线课程）项目，还是中国高校实施的精品课程或是开放课程，都已打破了所谓"小科学"、"学院科学"、"模式1"知识生产的科学规范，而呈现出"大科学"、"后学院科学"、"模式2"知识生产的基本特征及发展趋势。

第一，中美高校网络课程是以"项目驱动"的方式来开发和建设的。这与传统知识规范下的"为科学而科学"、"为知识而知识"的"基础研究"（有时又称"纯研究"）不同，并非受到大学教师"好奇心"或"研究志趣"的驱使，进行漫无目的而不受约束的自由式课程知识开发与建设。既然网络课程作为项目来申报和建设，那么此类知识生产活动必然会打破原有知识规范的限制和束缚，使课程知识生产不再显得那样单纯和纯粹，而是要遵守资助协议和项目合同的相关约定，按照既定的研究任务和目标对网络课程知识进行开发与建设，从而带有较浓厚的社会实用性色彩或功利性色彩，整个网络课程知识的开发也就具有"定向性"，大学教师知识生产的自由行为受到一定限制，通常表现为被动式地接受网络课程知识开发与建设任务。

---

① 郑利霞：《论知识观转型与课程改革》，《教育理论与实践》2008 年第 10 期。
② 潘洪建：《教学知识论》，甘肃教育出版社，2004，第 146～163 页。

第二，中美高校网络课程是以"集体合作"的方式来开发和建设的。这与传统科学家个体或"科学共同体"的小规模研究活动不同，并非以分散的个体或小规模的集体为组织形式，在特定学科范围内开展规模不大、经费不多、资源利用率不高的知识生产活动，而是突破了学科限定，多是在跨学科领域进行的大规模知识生产活动，其中既包括了各类学科课程专家，又离不开课程技术专家、课程运营者和课程管理者等利益相关者的通力合作。中美高校网络课程开发与建设集体化的表现，既在于课程教学团队的构建，又在于课程开发者、建设者是跨机构，甚至在全球范围内进行的团队合作。也正是因为这种跨机构的网络课程开发与建设，使上述课程专家、技术人员、运营者和管理者等既置身于不断重新组合的研究团队或研究集体中，又置身于不断组建研究团队或研究集体的知识生产场所中。

第三，中美高校网络课程动摇了大学知识生产的垄断地位。这与传统的知识生产主要发生于大学、研究中心、科学院或实验室等机构不同，并非以唯一场所或同质性组织来开发和建设网络课程，而是需要兼顾大学与政府、市场"三角关系"的协调。因为现时的高校网络课程开发与建设不仅会受到政府以科学技术政策或经费资助形式的干预，而且还会渗入市场要素，特别是部分科技公司或教育公司等要么以经费资助或技术支持的方式，要么以独自建设和运营的方式，积极参与到网络课程的开发与竞争中。为此，中美高校网络课程的开发与建设需要大学与政府、公司或企业建立知识生产合作关系，打破传统知识生产由一个"中心主体"来管理或协调，组织形态稳固且制度化的格局，这促使网络课程的开发与建设发生于不同的组织或机构，甚至是跨国别的交流与合作，从而使知识生产场所呈现"异质性"和"组织多样性"的特征。

第四，计算机网络和信息技术对中美高校网络课程的推动，不仅表现为知识生产、传播渠道的拓展，而且改变着大学传统课程知识的存在形态。就知识生产、传播渠道而言，以计算机网络和信息技术为依托的网络课程，为知识生产、传播提供了更为便捷的环境和条件。无论是网络课程联盟，还是课程资源中心，以全球化网络为纽带形成的"无形学院"，使网络课程开发者、建设者、管理者和学习者之间的往来变得频繁而活跃，既能有效地促进知识的生产、传播与共享，又能充分地实现课程知识资源的持续配置和优化。就网络课程知识形态而言，大学传统课程向现时虚拟课程的转化，实质上反映出知识存在形态的改变。在波普尔知识存在的"三个世界"之外，网络课程背后的技术支撑还表现为另一种特殊世界的知识存在方式，即网络虚拟世界的知识形态。为此，与网络课程开发相适应的"网络教室"、"虚拟实验室"、"数字化图书馆"、"模拟学习社区"以及"电子教材"、"编码知识"等虚拟化、数字化趋势明显。

第五，中美高校网络课程是以"知识性质"转变为理论导向的。原有知识生产模式或"现代知识型"将传统课程知识的性质确定为"客观性"、"普遍性"和"中立性"，认为知识是对客观世界的"镜式"反映，特别是传统课程知识，通常被冠以科学知识的名义而被视为真理，具有"普遍可接受性"，是"价值中立"或"文化无涉"的；而网络课程的发展却注意到课程开发者、建设者、管理者和学习者置身的特定社会背景，以及必然会打上民族、宗教、种族、性别等"文化语境"或"意识形态"的烙印，使课程知识呈现"文化性"、"境域性"和"价值性"，特别是人文学科的课程知识。由于知识的"不确定性"、"可反驳性"以及"可证伪性"，网络课程在教学方面更加重视"预设性知识"向"生成性知识"转变，重在培养学习者对知识的普遍质疑和批判精神；因为知识的"价值取向"或"文化偏好"，网络课程在建设方面更加注重"本土知识"、"地方性知识"的发掘与传播，这既可以摆脱"知识霸权"的束缚，又能够促进知识"异质性"、"多样化"发展。

第六，中美高校网络课程深受市场对知识生产介入的影响，网络课程知识市场化、商品化趋势明显，课程知识供应者和课程知识使用者之间的关系也在转变为知识商品生产者和知识商品使用者的关系。从美国高校最初的网络课程发展来看，就已渗入市场化的运营机制，谋取利润成为部分高校和教育科技公司联合开发网络课程的驱动力，即便是 MOOC 时代提出知识"免费共享"理念，为了获得课程学分或微学位，一些学习者仍然需要支付一定的费用；从中国高校最初的网络课程发展来看，网络教育学院以推出网络课程的方式来扩大继续教育招生规模，方便受教育者远程自主学习，本质上同样反映出利润的驱使，特别是开放课程时代，政府出面与网络科技公司联合运营网络课程，或是网络科技公司独自推出网络课程，都在一定程度上折射出知识市场化、商品化的特征。正因如此，开发和建设网络课程的大学教授也由先前的真理探索者、发现者和传播者转变为职业化的专家、技术顾问，甚至是"商人"、"企业家"，教学团队相应地成为"商业公司"或"小型企业"。

可见，知识转型既然是教育改革的深刻动力和社会背景，那么中美高校网络课程发展同样离不开知识转型的引导和促进，上述知识转型引发的知识世界变化对中美高校网络课程开发与建设的影响充分说明了这一关系。同时，教育改革对知识转型也具有反作用，作为教育改革重要举措的网络课程，正在以自己独特的知识生产和传播方式，将知识转型存在的冲突与分歧纳入课程内容体系以及与课程开发、运营等相关利益方之间的关系处理之中，通过对原有知识信念、知识标准，又或是知识组织、知识制度等方面的普遍质疑和批判，来强化和推动新的"知识生产模式"或"知识型"在中美高校网络课程教育教学活动中被认同、接纳和传播，并对其进行修正和完善。因此，知识转型理论与中美高校网络课程发展互动关系的内在逻辑，为以知识转型的研究视角去考察和指导中美高校网络课程发展提供了具有合理性与合法性的理论依据和思想基础。

第四章　知识转型视域下中美高校网络课程发展的趋同存异

笔者以为，通过第三章对知识转型的由来及内在关系的梳理与论证，为中美高校网络课程发展寻求到了知识转型的理论支撑，中美高校网络课程发展的诸多现象也反映出知识转型的基本特征和明显趋势。中美高校网络课程发展固然有其知识转型时期面临的共同命运，也可视为趋同性的特征及规律；然而，基于政治、经济、文化乃至民族、宗教又或是信仰等领域的不同之处，知识转型带给中美高校网络课程发展的影响也必然会存在迥异的一面。为此，如何在知识转型的研究视角下探析中美高校网络课程发展的趋同存异，就不得不深度考察知识转型衍生的制度逻辑。其实，不论是普赖斯、齐曼和吉本斯等人提出的"知识生产模式"转型，还是石中英论及的"现代知识型"向"后现代知识型"转变，都较为一致地涉及原有"知识生产模式"或"知识型"建构的"认知规范"、"行为规范"、"社会规范"、"知识规范"或"科学规范"逐一被打破，新的"认知规范"、"行为规范"、"社会规范"、"知识规范"或"科学规范"渐趋确立并成为无形的制度而被遵循。Sue 和 Elior 将这种类似的制度界定为一种规范，用以约束行为和规范义务，同时也将其视为一种规则，被行动者共同理解而去遵守。Scott 将如前所述的知识转型引发的各种规范变化及新的规范确立相似地解释为"一套控制着特定组织域中各种行为的信念系统"。[①] Thornton 和 Ocasio 指出，"要想理解个体和组织行为，就必须对其所处的制度情境加以分析"。[②]

那么，这到底是怎样的一种制度逻辑？根据周雪光和艾云对制度逻辑的诠释，知识转型理论的形成及运行原理早已蕴含知识转型的制度逻辑，即是

---

① W. R. Scott, *Institutions and Organizations* (Sage Publications, 2001), pp. 83, 139.

② P. H. Thornton and W. Ocasio, "Institutional Logics," in Greenwood C. et al. (eds.), *The Sage Handbook of Organizational Institutionalism* (Sage, 2008), pp. 99 – 129.

说，知识转型存在较为稳定的制度安排和相应的行动机制，或为新确立的"认知规范"、"行为规范"、"社会规范"、"知识规范"、"科学规范"，如此等等。按照上述所谓的"规范"或"规则"，遵循知识转型的制度逻辑诱发并塑造这一领域相应的行为方式。知识转型理论所衍生出的系列"规范"或"规则"更倾向于"内在制度"的含义，正如柯武刚、史漫飞将这种制度定义为"非正式的"，其是通过一种渐进式反馈和调整的演化过程而发展起来的，具有"灵活性"的优势和允许被试验以及重新解释，其又被称为"软制度"。毋庸置疑，中美高校网络课程发展置身于知识转型这一特殊的社会背景，必然受到知识转型所衍生的制度逻辑的影响和制约。知识转型理论与中美高校网络课程发展与其说存在互动关系，倒不如形容为中美高校网络课程发展的实质是对知识转型内在制度的遵循和遵守。正是知识转型内在的制度安排诱发并塑造了与知识转型相适应的中美高校网络课程发展内外部协调一致的行为方式。这种协调一致的行为方式，让中美高校网络课程发展面临共同命运，呈现趋同性的特征及规律。与此同时，知识转型的内在制度又会被诸如政府那样的权威机构所关注和采纳，用于法规或条例之中成为外在制度的构成元素，并依靠强制性手段予以实施，从而反映出中美高校网络课程发展中各自不一样的风采与特色。或许如此，知识转型内在的制度逻辑与由此而生的外在制度相互交织，让中美高校网络课程发展的趋同存异之处格外曼妙。

第一节　中美高校网络课程发展的趋同性：知识转型内在制度指引

知识转型的内在制度似乎延续如此的演进理路：当实践和经验反复证明，原有的"知识生产模式"或"知识型"建构的规则或规范效果不佳，使社会发展看不到机会和希望时，人们就会寻求变通的方式诱发内在制度的调整。这种调整是基于对既定惯例和习俗的违反，是对原有规则或规范的"破坏行为"。这种"破坏行为"如果被证明是有利的和正确的，那么就会促进人们争相效仿这一行为，在共同体内形成一个支持新的"知识生产模式"或"知识型"的临界多数群体，并由此而逐渐演化出新的内在制度，从而成为具有规范力量的共同体准则。上述共同体准则蕴含着知识转型内在制度最基本的价值规范，发挥着过滤器和凝聚剂的作用。人们对知识转型内在制度的基本价值深信不疑，他们通过习惯、教育和经验习得相应的规则，受到自利动机的驱使而无反应地、自动地服从这一系列规则。同时，这些基本价值体现出统率性的优先排序，并且对各种制度安排的评判又要以这样的排序为依据，从而为知识转型内在制度的连续性和内聚力奠定坚实的基础。进入21世纪以来，中美高等教育领域发生着巨大的变化，这些变化与知识转型的内在制度逻辑息息相关。按照美国教育社会学家马丁·特罗（Martin Trow）提出的高等教育发展阶段理论，中国高等教育由精英化阶段向大众化阶段过渡，并在21世纪最初的10年后逐步迈向高等教育普及化阶段；美国高等教育早已在20世纪80年代，就达到高等教育大众化的临界值（适龄青年接受高等教育的人数为50%），而后高等教育普及化程度不断提高。

　　日本学者天野郁夫对比考察了高等教育精英化和大众化的不同之处，他特别指出：就教育机会的性质而言，精英化阶段反映出"特权"，大众化阶段保障了"权利"；就教育课程而言，精英化阶段实施"结构化"、"必修制"和"学年制"的课程体系，大众化阶段推行"半结构化"、"选修制"和"学分制"的课程设置；就教育方法而言，精英化阶段以"少数人"、"小型研讨班"以及"寄宿制"为组织形式，大众化阶段以"多数人"、"大班授课"以及"走读制"为组织形式；就教育研究水平而言，精英化阶段偏重研究水平的"高深性"、"同一性"，大众化阶段注重研究的"多样性"；就与社会的界限而言，精英化阶段与社会界限"明确"，处于隔绝状态，大众化阶段与社会界限"不明确"，保持"相互渗透"；就教育机构而言，精英化阶段教育机构呈现"均质性"特征，具有统一体制，大众化教育阶段教育机构呈现"异质性"特征，统一体制丧失。[①] 上述境况与知识转型保持高度一致，无论是高等教育大众化，还是普及化过程，都自觉或不自觉地遵循知识转型的内在制度逻辑，实施着内外部体制机制的调整与改革。那么，中美高校网络课程发展又是如何受到知识转型内在制度指引的呢？从全球化视野来看，一边是中美高等教育的大众化、普及化，另一边是高等教育质量严重下滑。虽然高等教育大众化、普及化在一定程度上扩大了受教育的机会和权利，彰显出高等教育入学门槛的公平性；但是某些方面的"大跃进"路线却导致高等教育资源配置有失均衡，高

---

① 〔日〕天野郁夫：《高等教育的日本模式》，陈武元译，教育科学出版社，2006，第120页。

等教育质量参差不齐。

探究如此现象的问题之源，高等教育的社会服务功能不能仅局限于人才培养与知识产出，还要满足于普通大众对大学高深知识的需求。既然知识转型已经动摇了大学知识生产的垄断地位，那么与大学知识生产一脉相承的课程体系及形态必然发生相应的变化。对于大学知识而言，不应只是在校生受教育机会和权利的体现，还应向社会、向公众开放；而一流大学的优质资源，也不应刻上高才生、天才的"专利"，更应为一般大学生群体共同分享。这才是高等教育公正性的真正表现。然而，即使终有一天，中美高等教育普及化程度都已稳定于100％，也难以满足人们对大学知识的无限渴求。正如基础教育的"有学上"向"上好学"转变那样，中美高等教育发展又会由"教育机会"的平等转向"教育质量"的公平，高等教育必然面临无法承受之重。按照知识传播的基本路径，大学课程的拓展与开放显得尤为重要。但是，传统课程资源及授课方式远远满足不了人们内心急切的需求，特别是对精英大学、常青藤院校的向往，受教育群体的超大规模性，同时意味着对大学知识生产、传播与共享的超大规模性。为此，中美高校网络课程发展以知识的大规模性、开放性和免费性穿梭于时空隧道，引发了一场海啸式的高等教育革命。在这场革命中，中美高校网络课程发展遵守知识转型的内在制度逻辑，出现了由计算机网络构筑的虚拟世界，知识生产数字化趋势明显；推行"项目驱动"式发展路径，以知识共享协议为重要原则；实现现代知识向后现代知识性质的转变，为网络课程发展奠定了新的知识基础；突破了传统组织形态的局限，"无形学院"使团队合作十分普遍。

一 中美高校网络课程发展以虚拟的知识形态存在

齐曼、吉本斯等人以及石中英认为，知识转型必将引发整个知识王国发生系列变化，既包括知识范式、知识政体和知识性质等的转变，又涉及知识形态、知识类型以及知识传播和共享方式的改变。那么，中美高校网络课程的发展是怎样迎合知识形态、知识类型以及知识传播和共享方式改变的呢？笔者认为，中美高校网络课程的发展与知识形态、知识类型以及知识传播和共享方式的改变都跟计算机网络、信息化技术与数字化特征密切相关。为此，很有必要围绕"虚拟化"、"网络化"和"数字化"展开分析与探讨。无论是齐曼、吉本斯等人，还是石中英，在论及知识转型时，都较为明确地指出：计算机网络和信息技术对知识生产和知识传播、知识形态和知识类型等方面产生了深刻影响。特别是石中英更是从教育改革的视角出发，对知识转型引发的"虚拟学校"、"网络教学"以及"虚拟环境中的师生关系"等问题进行了系统论述。如果将中美高校网络课程的发展与知识形态、知识类型以及知识传播和共享方式相互结合加以考察分析，就会发现：中美高校网络课程的发展正是知识形态、知识类型以及知识传播与共享方式发生变化的本质反映。中美高校网络课程相对于传统实体课程而言，是一种虚拟的课程形态呈现方式，其承载的知识形态也具有虚拟性的特征，即是说，知识存在形态以网络课程为载体发生改变，表现为虚拟世界的知识存在形态。这种虚拟世界的知识存在形态拓宽了知识的类型及范围，计算机网络和信息技术为知识的传播与共享提供了更为便利的环境和条件，"编码知识"、"默会知识"以及"社会弥散性知识"开始出现并日益普及，知识的边界得到进一步延展。①

石中英在论证"现代知识型"向"后现代知识型"转变时，借用了英国哲学家波普尔的观点，对两种不同知识型支撑的知识性质和知识标准进行了反驳和批判。当然，波普尔在知识转型理论上的贡献远不止于提出将"知识不能被'证实'，但可以被'证伪'"作为知识是否科学的标准。波普尔最重要的论断还在于以认识论和知识论为视角，对知识形态或知识存在方式划分了"三个世界"，而助推知识转型和中美高校网络课程发展的计算机网络和信息技术成为"世界3"的容身之所。波普尔认为，知识世界由三个不同但又相互作用的部分构成，即"世界1"、"世界2"和"世界3"。"世界1"通常是指客观物质的世界，或是自然界，它以物质实体和物理状态为呈现方式。"世界2"是指人的主观精神世界，又称"心理学"的世界，包括心理素质、意识状态和主观经验等。"世界3"是人类精神或心灵产物的世界，有时又被称为"客观知识的世界"，包括科学理论、自在证据、逻辑关系、神话故事，乃至于绘画、雕塑、音乐等作品。② 为此，在波普尔的"世界3"理论体系中，认为"书"是"世界1"的一种客体，而书中那些文字、图表和数字等"内容"才是"世界3"的客体，"书"只是书的"内容"的容身之所。同理可证，支撑中美高校网络课程发展的"媒介技术"（计算机网络和信息技术）其作用也

---

① 吕卫文：《隐性知识和编码知识》，《科研管理》2007 年第 6 期。

② Karl Popper, "Knowledge and the Shaping of Reality," in *Search of a Better World*, *Lectures and Essays from Thirty Years*, ed. by Karl Popper, translated by Laura J. Bennett, with Additional Material by Melitta Mew. Translation Revised by Sir Karl Popper and Melitta Mew（Routledge，1992），p. 8.

在于为"世界3"提供了一个存在的空间,即为"容身之所"。那么,这样一个"容身之所"恰好表现为知识存在的形态。

然而,"世界3"到底是怎样的一种状态?或者说,"容身之所"到底是怎样的一个世界?这个话题一直是学界争论的焦点。固然,计算机网络和信息化技术具有类似于书本这样"世界1"的"客体"特征,网络平台承载的诸如文字、图表和数字等"内容"又是"世界3"的"客体"。从上述逻辑关系来看,似乎可以将计算机网络和信息化技术构筑而成的"虚拟世界"作为波普尔"世界3"理论的发展和完善。但是,波普尔"世界3"的理论与"虚拟世界"的区别还是较为明显而具体的,这正是学者们未能达成共识的缘由。虽然,波普尔提到过计算机的文字与数据处理功能,但那时的计算机还没有发挥当今的卓越价值,特别是互联网以不可阻挡之势影响到整个社会生产和生活的方方面面。① 将"虚拟世界"视为"世界4"的学者认为,"世界3"是一个"看得见、摸得着"的世界,其"文字、图像、符号和形态"等信息以直观的形式表达出来,"世界4"却是由二进制数"0"和"1"组成的信息单元"比特"(bit)转换而来的,呈现虚拟化的"文字、图像、符号和形态"等直观感受。② 即使存有不同意将"世界3"和"世界4"独立划分的观点,也必然出现将现有的世界定义为"现实世界"、"精神世界"和"虚拟世界"的趋势,注重人们的生存方式和生活体验。③ 然而,无论是"世界1"、"世界2"、"世界3"又或是"世界4"的划分,还是"现实世界"、"精神世界"和"虚拟世界"三个世界的客观存在,都无可厚非地承认"虚拟世界"或是"虚拟时代"的到来。

如前所述,由计算机网络和信息化技术构筑而成的"虚拟世界",是对现实世界的虚构和模拟,仿造出与客观事物和环境极为相似的景象。④ "虚拟世界"的直接结果导致实践活动从现实世界或精神世界转向虚拟空间,这种虚拟化的过程也表明以"物质"和"能量"为基础的物理空间向以"网络"和"数字"为基础的电子空间转化,可以说"网络化"、"电子化"和"数字化"

---

① 赵涛:《电子网络与知识生产——基于波普尔"三个世界"理论视角的考察》,《学术界》2013年第10期。
② 张之沧:《从世界1到世界4》,《自然辩证法研究》2001年第12期。
③ 殷正坤:《波普尔的世界3和虚拟世界——兼与张之沧先生商榷》,《华中科技大学学报》(人文社会科学版)2002年第2期。
④ 钱刚:《从数字化、网络化看图书馆虚拟化过程》,《图书情报工作》1998年第7期。

是虚拟化的前提条件，并且虚拟化是计算机网络和信息化技术发展的最高阶段。① 戴维·温伯格（David Weinberger）认为：传统的知识是以纸质为媒介的，其将堆砌如山的"书海"视为知识的源泉；虚拟世界的出现，让知识不仅存于书籍或是人脑中，而且越来越多地置身于网络空间，甚至于"网络比任何个体都更能促进群体发展思想"。② 这也正是他对大数据时代关于知识的反思。简言之，虚拟化技术集成了计算机网络和信息化技术的绝大多数功能，包括文字处理、数字计算、网络通信以及多媒体使用，甚至软件开发与管理等功能。其本质意义在于将人类现实社会的实践活动虚拟化，形成虚拟化的实践活动，与现实社会实践活动交互作用，成为广义社会存在范畴的有机组成部分。③ 可见，"虚拟时代"人们对世界的认识，又或者是对知识的观点，正在发生改变。如同知识转型提及的那样，计算机网络和信息化技术让现实世界、精神世界的知识转移到虚拟世界，虚拟世界为其留有一处"容身之所"，并在虚拟世界中重构属于自己的"理想家园"。其中，计算机网络和信息化技术不仅为知识生产、传播与共享开辟出更为多元化的路径，而且可以明显感受到知识存在形态发生的本质性变化，由实体世界、精神世界的知识存在方式转为虚拟空间、网络世界的知识存在形态。如果将这种知识生产、传播与共享，以及知识存在形态发生的变化具体到教育改革领域的话，又何尝不是中美高校网络课程发展的形象反映呢？

作为美国网络高等教育的成功案例，凤凰城大学推出的网络课程深受民众喜爱，甚至于家喻户晓。将传统课程中现实世界或精神世界的知识通过网络虚拟化的真实再现与传播，对于凤凰城大学而言，意义非凡。这样一种策略很好地适应了凤凰城大学以成人生源为主的授课对象，遍及各地的学习者或许最好的选择方式就是对以网络课程承载的知识进行异地同步或异步远程学习，不受时空与地域的局限，随时随地。令人惊喜的是，截至 2012 年，凤凰城大学遍及全球 200 多个校区，拥有接近 35 万名学生，在线生源远远超过了实体学校的数量，在线教育发展的良好势头既是对美国网络课程的肯定，更是反映出人们对虚拟知识形态的认同，以及对新的知识传播与共享方式的接纳。④ 20 世纪

---

① 蔡曙山：《论虚拟化》，《浙江社会科学》2006 年第 4 期。
② 〔美〕戴维·温伯格：《知识的边界》，胡泳、高美译，山西人民出版社，2014，第 72 页。
③ 董子峰：《信息化战争形态论》，解放军出版社，2004，第 220～237 页。
④ 张旸：《美国营利性私校凤凰城大学受到质疑》，2013 年 4 月 10 日，新浪网，http://edu. sina. com. cn/a/2013 – 04 – 10/1025227401. shtm。

末 21 世纪初期，对于美国高校网络课程的发展而言，凤凰城大学仅是"冰山一角"。由孟菲斯罗兹学院古典学教授肯尼·墨里尔倡导的桑诺基西斯项目，也可谓美国高校网络课程发展的典范。该项目实施的初衷既是为"产品创造需求"，又是为"古典学的复兴"。用肯尼·墨里尔的话来说，"古典学家太过于注重'精神世界'和'精神产品'，而蔑视'实用性'价值的存在"，他们生活在"象牙塔"般的"精神世界"里，代表着最重要、最古老和最庄严的学科"理解古代语言"，具有极强的优越感而使得他们难以接近，越来越过于自负。这种灾难性的结果就是让古典学系、古典学科陷入濒临消失的境地。①正如"小科学"、"学院科学"、"知识生产模式 1"出现的危机那样，科学家或教授们不可能永远执迷于"为科学而科学"、"为知识而知识"的纯研究，仅仅满足于个人研究的志趣已不适应开放时代的需求。知识生产与传播必然转向和让位于"大科学"、"后学院科学"以及"知识生产模式 2"的认知规范和社会规范。

肯尼·墨里尔所采取的策略也正是为了改变古典学科的命运，能够使它继续存在并传承下去。为捍卫古典学系的尊严，实现古典学的复兴，肯尼·墨里尔同样是利用计算机网络和信息技术搭建"虚拟空间"，拉开网络课程发展的序幕，其实质是想把古典学系由实体世界移植到虚拟世界。就像西南大学的哈尔·哈斯克尔认为的，古典学科传统的传播方式已不能吸引到众多的人，唯有借助于计算机网络这一平台和传播途径，才能更好地将古典学科课程和盘托出，以实现古典学科知识的开放共享，并引发学习方式的革命。哥伦比亚大学和麻省理工学院也几乎同时采取了发展网络课程的计划，虽然前者过于注重商业利益，后者重在知识免费共享，但毫无疑问的是它们与南方联合大学的理想一致，试图将实体世界、精神世界的知识转化为虚拟世界的知识，这反映出知识存在形态发生了本质变化。需要指出的是，这种虚拟化过程已经突破了知识形态转变的边界，向着更为深广的领域不断蔓延。当然，这也表现为教师与学生各自不同身份的虚拟化，并由此而生的多种知识教学实践活动、交互活动的虚拟化。甚至于，知识在网络课程中的虚拟化色彩，让这种虚拟化的方式不只停留于虚拟化的课程建设，还使知识虚拟化的图景向虚拟化的学科、院系，乃至虚拟化的大学发展。南方联合大学也好，哥伦比亚大学和麻省理工学院也

---

① 〔美〕大卫·科伯：《高等教育市场化的底线》，晓征译，北京大学出版社，2008，第 158 页。

罢，它们都在为各自大学品牌和荣誉争取在虚拟世界中占据一席之地。幸运的是，麻省理工学院冲破重围，将"开放课件"带给了世界。

中国高校网络课程的发展同样关注到知识世界发生的变化，几乎与美国网络高等教育具有类似的改革经历。虽然对早期的中国网络教育，学者赋予了"远程教育"的含义，但是在发展现代远程教育过程中，"数字信号"和"多媒体、虚拟化"① 仍然是网络教学环境中不可或缺的两个最基本特征。如何认定中国网络教育学院改革试点的重点和方向呢？重点无外乎是扩大高等教育受众群体的数量，方向在于利用虚拟化技术实现优质课堂教学转移。正如美国凤凰城大学发展网络课程那样，中国网络教育学院面对的也是成人化的教育对象，改变传统实体课程的知识呈现方式，借助于计算机网络和信息化技术，实施以虚拟化课程形态承载的知识方式，不失为一项具有创见性的良策。因为，这种知识生产、传播和共享方式不受时空限制，并且与课程相关的知识资源能够在虚拟世界中被充分地开放和提供给学习者选用。随后，中国国家精品课程建设项目另辟蹊径，将虚拟化的课程资源推向全日制在校生群体②，这也正符合知识转型的制度逻辑。知识资源不能仅仅控制在精英大学或特权阶层手里，而应该得到充分的开放、共享与应用，实体世界和精神世界的知识存在形态必然转向网络虚拟化的知识存在形态，这样不仅能够扩大知识生产与传播的多元化渠道，而且更能够展示知识世界无穷的活力与魅力。然而，无论是美国高校的开放课件项目，还是中国高校的精品课程计划，一时间都很难实现虚拟化过程中对知识世界真实的转化。计算机网络和信息化技术在发展阶段上的局限性成为知识转型理论上"未表达"的影响变量。

这一阶段技术的力量并没有发挥到极致状态，或是因为技术与理想中的"虚拟世界"距离遥远，又或是人们在定位这项虚拟化的技术时并没看好它的关键作用，美国高校的开放课件项目和中国高校的精品课程计划所谓的"课程"意义都被视为课程资料的"堆砌"，即便是嵌入了部分教学录像视频以及电子邮件互动等元素，也难以做到真实课堂情境的虚拟再现与互动。中美高校并没有因此而让追逐"虚拟世界"的梦想停止。改变知识形态存在方式，拓展知识生产和传播渠道，仅是知识转型时期迈出"万里长征"的第一步，为

---

① 姚媛：《数字化、电子化、网络化和虚拟化名词的本质概念及应用》，《大学图书馆学报》2009 年第 5 期。

② 郭文革：《中国网络教育政策变迁——从现代远程教育试点到 MOOC》，北京大学出版社，2014，第 8 ~ 10 页。

了将虚拟世界的知识形态尽善尽美地转化和传递，中美高校网络课程的发展可谓竭尽所能。从美国高校的开放课件项目发展历程来看，开源软件与工具不断开发和创新，同一门课程被翻译成多国语言在网络上传播，介入 iTunes U 和 YouTube 平台、flickr 站点以及"线上"和"线下"混合交互的学习方式，不但提升了网络课程的虚拟化程度，而且也让开放课件项目生成的"虚拟世界"蔓延全球。① 同样地，对于中国高校网络课程的发展而言，国家从基础设施、教育资源、关键技术攻关和标准化研究等六个方面加大了经费投入力度，通过改造网络工程、无线接入网络教育应用、发展计算机网络仿真系统、建设智能远程教室以及实施个性化教学等举措，来保障"虚拟世界"中知识存在形态的稳定性以及知识生产和传播的有效性。除此以外，为了促进网络课程在"虚拟世界"的发展，中美高校更是以技术联姻的方式加强交流与合作，通过技术相互支撑平台，使网络课程承载的知识形态无限时空地突破了地理边界，在国别之间开放与共享。

MOOC 的出现改变了知识移植的最初想法，原本以为将实体世界或精神世界的知识以网络课程的方式向虚拟世界转移，就能很好地实现知识的传播与共享，但是，事实并非如此。虚拟世界与实体世界或精神世界一样，仍然需要诸多鲜活的社会实践活动，哪怕是虚拟化的社会实践活动，也力求做到与实体世界一样真实的效果。知识的移植好似一种情境的预设过程，将现已安排好的素材按计划步骤向网络空间投放，其建构的课程知识形态始终处于静态环境中，而 MOOC 技术使网络课程的知识呈现动态发展趋势，知识在传播与共享中不断地生成与创新。当中美高校网络课程发展进入 MOOC 时代后，虚拟世界"课程技术化"转向"技术人文化"，无论是基于联通主义学习理论的 MOOC，或是基于建构主义学习理论的 MOOC，还是基于行为主义学习理论的 MOOC，"人—机"和"人—人"交互环境中都更注重知识的迁移与知识的生成，这也正是虚拟世界接近实体世界真实化的反映。当然，要使这种虚拟化的技术更加真实化，MOOC 发展的背后需要各种技术的支撑。无线宽带传输速度成倍提升，视频仿真摄录技术全面普及，互联网交互软件不断研发以及云储存空间无限拓展，特别是大数据的挖掘与分析技术应用到中美高校网络课程的开发与建设，不但使教学视频镜头或片段更为流畅，交互练习的知识点吸收更为有效，

---

① Gordon M. Hardy and Daniel L. Everett, *Shaping the Future of Business Education Relevance*, *Rigor, and Life Preparation* (Macmillan Publishers Limited, 2013), pp. 189 – 199.

而且还能对在线学习状况进行大规模的数据分析与处理，根据学习者的习惯和规律适时调整教学环节和教学进度，提高在线教学质量和服务水平。MOOC 时代的知识存在形态虽然仍置身于网络虚拟世界，但这种承载网络虚拟世界的知识媒介正由传统计算机、笔记本电脑转向更为便捷式的平板电脑、智能手机等新兴通信工具，进一步拓展了虚拟知识世界的疆域。

二　中美高校网络课程发展以知识协议为重要原则

齐曼曾如此描述"项目"的起源及现实意义，他认为"研究问题被公开表述直至被有效解决"，依赖于研究者掌握必需的认知和物质资源，并且可以不受限制地使用计算机和图书馆，特别是对物质资源的需求，迫使研究者必须动员社会支持实现他们的研究期望。为此，研究者与社会支持构成一定的"契约"关系，这便成为"项目"概念的核心。"项目"原则上可以说是将"察觉到的科学问题设计成导向问题解决方案的行动计划"，包括"技术说明"、"研究内容"、"操作时间"、"研究团队"、"研究机构"以及各个"实验"等"含混相连"的研究要素。齐曼指出，"项目"的概念处于作为知识追寻的研究和作为技术成就的研究之间的边界之上。研究中配置的娴熟的技术人员和精密仪器等在项目申请中被合理地折算为"现金的服务"，训练有素的研究者在不断完善实践技能的过程中卸下智识独创性的担子，转变为专业技术人员。① 国家以科学技术政策的名义，将公共资金投放给各个研究组织和资助机构，以"特定社会问题"解决来拟定项目申报指南，研究者结合自身或团队的专长向政府或基金会提出申请，按照资助方制订的项目协议，获得立项及经费资助后，开展研究工作并如期完成研究任务。其实，当研究者越来越依赖于项目资助时，就很容易受到出资方要求的影响，最明显的表现为：研究者自主选择研究问题的能力逐渐弱化，以往漫无方向的自由研究开始转向"马太效应"的定向研究。这也正是反映了"学院科学"向"后学院科学"的知识转型。②

上述以"项目"为导向的科学研究方式遍及知识世界的各个领域，也同样影响到中美高校网络课程的发展。纵观中美高校网络课程发展的历程及事件，无论是美国以"反叛联盟"为代表的南方联合大学实施的桑诺基西斯计

① 〔英〕约翰·齐曼：《真科学——它是什么，它指什么》，曾国屏、匡辉、张成岗译，上海科技教育出版社，2002，第 225~228 页。
② 〔英〕约翰·齐曼：《真科学——它是什么，它指什么》，曾国屏、匡辉、张成岗译，上海科技教育出版社，2002，第 90~92 页。

划、麻省理工学院掀起的开放课件项目，以及现今发展如火如荼的 MOOC 联盟，还是中国网络教育学院改革试点的"网络课程"、"质量工程"中的国家精品课程项目、方兴未艾的国家精品开放课程建设计划，都无一例外地按照齐曼提出的所谓"项目驱动"式原理，改变着原有知识生产的规范及方式。在美国，肯尼·墨里尔受到梅隆基金会的资助，创建了桑诺基西斯项目。该项目虽然从名义上宣扬的是为"古典学的复兴"锐意改革，但其实质却明显体现出"为产品创造需求"的"马太效应"。如同"学院科学"向"后学院科学"转型过程中的"项目"运行机制，一旦申请加入"项目"并获得资助，必然受到资助方和项目协议的规约，从而使知识生产活动变得不再像以往那样自由而单纯。正如肯尼·墨里尔描述古典学家的思想与行为转变那样，没有实施桑诺基西斯项目之前，古典学家们仍然生活于自己的"精神世界"，表现出"学院科学"时代教授般地"自视清高"和"不屑一顾"，知识生产与传播囿于"为科学而科学"、"为知识而知识"的自由研究活动；实施桑诺基西斯项目以后，古典学科的知识不再仅限于"精神分享"，而是越来越注重知识的"实用性"，古典学的教授们必须使用新技术，哪怕是他们还在学习如何制作网页，因为这样既可以充实学院的经济能力，给学院带来财富，而且还能够通过技术工具为学生提供一流的教育。

既然美国高校网络课程的发展主要以"项目"建设来驱动，那么只要加入了开放课件项目乃至 MOOC 平台，就必须遵守"项目"知识协议的原则，在特定的时间、预算、资源范围内，依据"项目"合同拟订的条款要求，完成网络课程的开发与建设任务。美国项目管理协会（Project Management Institute，简称 PMI）在《项目管理知识体系指南》（Project Management Body of Knowledge，简称 PMBOK）中明确提出，"项目是为创造独特产品、服务或成果而进行的临时性工作"，这种临时性工作的独特产品、服务及成果正好生动地体现于网络课程的发展之中。[①] 然而，与传统课程形态相比，美国高校网络课程必然受制于项目范围、时间、成本、资源及质量等要素的影响，无论是资助方的公司、企业或是大学基金会，还是受助方的学院、课程或教师，在网络课程开发和建设中都各司其职，各取所需。其实，从桑诺基西斯项目开始，美国高校网络课程的发展就呈现出如此明显的变化：不仅教授或老师们受到知识

---

① 邓江浩：《〈项目管理知识体系指南〉倡导的三大理念探究》，《产业与科技论坛》2015 年第 6 期。

转型的影响而突破传统，改变了知识生产观念及行为方式，而且网络课程项目本身的实施过程衍生了各种代理机构或是代理人，国家政府或是基金会同意对网络课程进行经费资助，但是作为代理机构的大学或是院系必须兑现项目协议中的承诺，这种承诺又会再次以利益诱惑的方式转包给课程负责人或研究团队，长此以往，整个美国高校网络课程的发展沿袭了知识生产模式转型的路径。哥伦比亚大学与费森公司签订项目协议，共同开发运营网络课程，耗尽了所有投入资金却没能如期实现收益，即便迈克尔·克罗如何努力挽救，也难以逃脱失败的厄运。这不正是违背项目知识协议导致必然结果的真实案例反映吗？

在中国，从确立现代远程教育的办学思路，到新世纪网络课程建设工程的实施，国家精品课程建设项目的颁布以及国家精品开放课程、MOOC 建设计划的开展，犹如美国高校那样采取了"项目驱动"和试点推进的模式。在网络教育学院试点办学阶段，中国政府已关注到网络教育发展对满足广大人民群众高等教育需求的重要性。为此，以"项目"制来推动新世纪网络课程建设，大学教授们不再拘泥于传统大学和传统课堂的知识生产与传授，不再"为科学而科学"、"为知识而知识"而做"纯学术"、"纯研究"，个人志趣的知识生产与传播工作仅是科学研究与教学实践的一个部分；将发展方向定位于知识的价值及应用，通过申报网络课程项目，获取项目政策支持与经费资助，除了部分收益之外，还能更广泛地传播自己的知识及思想，这也正是大学教授们知识观念及行为方式转变的根由所在。按照项目合同或协议要求，坚持"素质教育与创新能力培养相结合"、"创建多样性网络教学模式"、"充分吸收教学软件开发的成果"、"建设全新的网络课程"、"合理选择技术路线"、"执行统一的技术规范和标准"、"发挥各种媒体的各自优势"以及"树立资源共享的观念"等原则，明确规定项目重点建设的是教学内容，主要包括"以知识点为单元的开放式网络课件库"、"丰富而优秀的教学素材案例库"和"满足网上测试的教学诊断试题库"，在建设目标上计划利用两年左右的时间来开发大约 200 门基础性"网络课程"，以及相关"案例库"和"试题库"。项目申请和评审由教育部现代远程教育资源建设委员会办公室负责组织，高等教育司批准立项，日常项目管理工作由高等教育出版社负责，项目实施过程由资源建设办公室监理、认证和验收。加入网络课程项目的开发与建设，同样必须遵守项目知识协议的规约，教授们不得不为此牺牲之前学术状态中的部分自由，知识的生产不再是漫无目的而充满无限自由的工作。

中国高校后续的国家精品课程、开放课程以及 MOOC 建设计划依然按照新世纪网络课程建设工程项目的申报、立项和管理程序，为了完成目标任务而使大学及其教授们的知识生产与传播具有定向性和功利性的色彩。然而，或许正是因为项目存在的意义及价值，知识生产者发生的还不仅是观念和行为上的变化，另一个聚焦的问题逐步进入中美高校网络课程发展的视线，那就是"知识产权"问题。在谈到网络化的知识产权时，齐曼指出"'网络'可看作是后学院科学的社会学主旋律，网络化有助于公有主义"。网络的异质性特征在公有主义的规范下呈现"公众知识"，但是受雇于生产的知识在项目协议中却由雇主"拥有"，这就是知识所有权问题，即"知识产权"。即便是在"学院科学"时代，"知识产权"概念就已发挥作用。知识生产的"原创者"无可争议地拥有对"新颖发现"的知识所有权，矛盾的是，只有当"原创者"放弃这种所谓的"知识产权"时才能从中获利并实现"新知识"的交换价值。在"后学院科学"时代，研究者或教授们为了获得项目经费的资助，他们的科学研究或知识生产受到雇主（资助方）及资助契约的限制，不能随意地公布科学研究或知识生产成果，这也可谓"知识产权"机制。这种机制使科学界或学术界陷入个人与制度上的严重尴尬境地。① 比较典型的案例就是"米勒的法庭"。1979年，哈佛大学教授阿瑟·米勒通过《米勒的法庭》电视节目走红法学界，他将上课录像带长期出售，并用于全国首家虚拟法学院"康科德法学院"，但于1999年秋遭受哈佛大学的禁令。

米勒对于哈佛大学下达的禁令反应激烈，他认为自己只是正在做一项关于法学课程的教学事业，并且尝试利用一种新技术来帮助一所新学校。即便是米勒备课时间集中于暑假，录像设备安装于自己的车库，哈佛大学法学院院长罗伯特·克拉克（Robert Clark）仍然坚持表示，这对哈佛大学的教学义务构成竞争性，并影响到"教育哈佛学生的基本职责"。另一位哈佛大学的发言人同样表示，"哈佛大学的基本原则不能受到任何侵犯"。其实，阿瑟·米勒与哈佛大学关于金钱与原则的争论，本质上反映的是"知识产权"的归属问题。2000年春，哈佛大学委员会针对米勒现象，提出"禁止教师在没有得到相关系主任允许之前在哈佛以外通过面对面或者网络的方式进行教学、研究或者提供咨询"的建议。2000年10月，阿瑟·米勒放弃了他在康科德的网络课程。2001年秋，康科德的课程网站上已找不到米勒的名字了。作为法学专业的教

---

① 〔英〕约翰·齐曼：《真科学——它是什么，它指什么》，曾国屏、匡辉、张成岗译，上海科技教育出版社，2002，第135～137页。

授，阿瑟·米勒用行动说明了"知识产权"具备的法律效应。[①] 纽约大学在线项目负责人大卫·范尼（David Finney）指出，许久年前让教授们拥有对自己写的书的"所有权"是极大的错误，而网络课程建设不会再犯同样的错误。[②] 这句话道出了中美高校网络课程发展中必然会面临的"知识产权"问题。那么，阿瑟·米勒的身上有哪些属于自己，哪些属于哈佛大学呢？这无疑将引起学术自由、知识产权以及教授对大学义务之间本质关系的争论。然而，米勒的故事不仅给法学院的课堂增设了具有说服力的实践案例，而且更重要的价值在于为在线项目知识协议的完善积累了经验。

无论是美国的开放课件项目或 MOOC 项目，还是中国的精品课程或开放课程项目，都将面临怎样正确处理"知识产权"的问题。值得一提的是，中国新世纪网络课程建设工程项目，明确提出以不同资助方式来判定"知识产权"归属。对于受教育部"全额资助"的项目，教育部理所当然地享有成果"著作权"，而"署名权"归"项目承担者"享有；对于受教育部"部分资助"的项目，教育部和"项目承担者"按各自经费投入比例分享成果"著作权"；对于受教育部"政策支持"，而建设经费完全由"项目承担者"自筹的项目，"项目承担者"独自享有成果的"著作权"。虽然国家精品课程项目正式文件中并没有像新世纪网络课程建设那样，对涉及的"知识产权"问题进行具体化的描述，但是，实际上在操作和运行过程中依然坚持"知识产权"的潜在规则，例如：文件中"校—省—国家"三级精品课程体系建设思路，必然折射出不同层级的网络课程不同层级单位的经费投入比例，无论是网络课程的"著作权"还是"使用权"都会因为上述具体情况不同而在开放权限上有所区别。所以，即使教育部明文规定，网络课程资源开放共享，但实际上部分校级、省级精品课程并未向公众开放所有访问权限，只有立项为国家精品课程时这一状况才能得到明显改善。在精品开放课程和 MOOC 时代，"知识产权"声明几乎全部嵌入各门课程的网站，以单列导航栏的形式呈现给在线课程项目使用者。

以中国的爱课程网站和美国的 Coursera 平台为例，爱课程网站明确提出它作为精品开放课程唯一官方网站的合法地位，并指出按照与高校、教师签署的

---

① 〔美〕大卫·科伯：《高等教育市场化的底线》，晓征译，北京大学出版社，2008，第 172 ~ 174 页。

② Michael Lewis, *The New New Thing* (Norton, 1999).

网络课程知识产权系列协议的规定，爱课程网站上的课程资源版权或其他相关知识产权归属于高等教育出版社独立或与课程提供者共同"拥有"，高等教育出版社具有独家许可的传播权和授予其他机构、媒介传播的权利，而任何单位或个人未经许可不得以复制、镜像等方式使用①；Coursera 平台对"知识产权"的条款做得更加细化，包括有"使用条款"、"可接受使用政策"、"版权和商标政策"以及"荣誉准则"等内容，也是明确提出使用者对伙伴机构、授课教授和第三方的"知识产权"的尊重，是否构成侵权的行为参照美国1998 年颁布的《数字千年版权法案》。法定意义上的"知识产权"问题经常遭受公众非议，甚至误解。② 如前所述，可以说，按照"学院科学"时代知识产权法的相关规定，法律所赋予知识生产与传播的著作或成果"所有权"十分严格和刻板。在网络化时代，这反而是一种束缚，并不是象征开化。但是，我们又必须想到"法律与自由"的关系，法律不是对自由的绝对限制，其最终目的是保障合法的自由以及更多人享受公平的自由。对"知识产权"的修订及规范，在法定范围彰显了更大的自由度，成为中美高校网络课程发展的方向。要不然的话，为什么网络课程的发展代表着国际开放教育资源运动呢？众所周知的是，麻省理工学院早已竖起"知识共享"的旗帜，努力将虚拟世界中"知识共享"的理念传播四海，其中最基本的保障机制还在于"知识共享协议"的颁布与实施。

2001 年，斯坦福大学教授劳伦斯·莱斯格③（Lawrence Lessing）与同事米歇尔·卡罗（Michale Carroll）、詹姆士·博伊尔（James Boyle），麻省理工学院教授哈尔·艾伯尔森（Hal Abelson）以及网络出版商埃瑞克·艾尔德雷德（Eric Eldred）等共同创立了知识共享组织，即 CC（Creative Commons）组织。该组织属于非营利性公益组织，旨在通过一种版权许可授权的"知识共享协议"（Creative Commons Licenses），以"部分权利保留"的模式保护授权者（著作权作品原创者或权利所有者），允许使用者合法分享、使用和传播作品，从而帮助作品的流通、传播以及再创作。④ CC 组织于 2002 年 12 月 16 日发布第 1 版 CC 协议，该协议赋予版权人 4 种核心权利，为受版权保护的作品提供

---

① 参见 http：//www.icourses.cn/chanquan/。

② 参见 https：//www.coursera.org/about/terms。

③ 对于劳伦斯·莱斯格（Lawrence Lessing，1961）教授所属大学机构在学术界尚存争议，他于 1991~1997 年在芝加哥大学法学院工作，1997~2000 年在哈佛大学法学院工作，而后进入斯坦福大学法学院工作，建立了网络与社会研究中心，2008 年 12 月又回到哈佛大学任教。

④ Creative Commons，"History-Creative Commons，" May 31，2010，http：//creativecommons.org/about/history/.

授权共享方式：①署名（Attribution，简写为 BY），即授权者允许他人对享有著作权的作品进行复印、发行、展览和广播等或通过信息网络向公众传播，但是必须保留原作品的署名（提到原作者）；②非商业用途（Noncommercial，简写为 NC），即授权者允许他人对享有著作权的作品进行复印、发行、展览和广播等或通过信息网络向公众传播，但是不得以营利为目的；③禁止演绎（No Derivative Works，简写为 ND），即授权者允许他人对享有著作权的作品进行复印、发行、展览和广播等或通过信息网络向公众传播，但是不得修改原作品或再创作；④相同方式共享（Share Alike，简写为 SA），允许他人修改原作品，但必须使用相同的许可证发布。①

根据上述 4 种核心权利的选择与搭配组合，最终确定为 6 项含有不同条件的知识共享许可协议，按照限制程度从"宽松"到"严格"分别为：①署名（BY），只要他人按照授权人指定的方式保留原作品的署名（提到原作者），就能够以商业或非商业目的对其作品进行发行、重新编排以及节选或再创作等，即是说，可以毫无限制地对知识进行加工处理，真正体现知识的"公有主义"；②署名（BY）—非商业性使用（NC），授权人允许他人以非商业性目的对其作品进行发行、重新编排以及节选或再创作等，但必须保留原作品的署名（提到原作者），有所区别的是授权人只有决定自己作品的处置权，而无法决定他人在自己作品基础上衍生的"后代作品"的处置权，也意味着"后代作品"可以进行商业使用；③署名（BY）—相同方式共享（SA），授权人允许他人以商业或非商业目的对其作品进行发行、重新编排以及节选或再创作等，但必须保留原作品的署名（提到原作者）和在"后代作品"中保留原作品的署名（提到原作者），并且要与原作品使用相同类型的许可协议；④署名（BY）—非商业性使用（NC）—相同方式共享（SA），授权人允许他人以非商业性目的对其作品进行发行、重新编排以及节选或再创作等，但必须保留原作品的署名（提到原作者）和在"后代作品"中保留原作品的署名（提到原作者），并且要与原作品使用相同类型的许可协议；⑤署名（BY）—禁止演绎（ND），授权者允许他人以商业或非商业目的对其作品进行复印、发行、展览和广播等或通过信息网络向公众传播，但是不得修改原作品或再创作，必须保留原作品的署名（提到原作者）；⑥署名（BY）—非商业性使用（NC）—禁

---

① 杨志宏：《弥合知识鸿沟的制度尝试——关于知识共享协议积极意义的思考》，《中国出版》2013 年第 6 期。

止演绎（ND），授权人允许他人以非商业性目的对其作品进行复印、发行、展览和广播等或通过信息网络向公众传播，但是不得修改原作品或再创作，必须保留原作品的署名（提到原作者）。①

"知识共享协议"试图改变传统作品著作权的两种极端，传统作品著作权要么是保留所有权利，要么是不保留任何权利，而"知识共享协议"在两者之间建立了弹性机制，使授权人既可与他人分享作品，授予他人再传播或再创作的权利，又能保留自己的部分权利，这恰好是中美高校网络课程发展要实现知识的开放与共享所追寻的方向。当然，"知识共享协议"需要得到不断的完善。自 CC 组织 2002 年发布第 1 版，2004 年推出第 2 版，2007 年实行第 3 版，2014 年公布第 4 版，"知识共享协议"发生了系列变化，不但结构简化、简洁凝练和通俗易懂，而且法律条文上开始由先前以美国法律体系为基础，转向国际法及相关惯例，并根据不同国家的国情适时调整，在实现本土化过程中保障"知识共享协议"的广泛适用性。2006 年 3 月，中国通过本土化研制，发布"知识共享"大陆版（CC China）2.5 协议，2012 年 12 月，"知识共享"大陆版（CC China）3.0 协议完成本土化，正式发布。在美国，"知识共享协议"涉及实体世界和虚拟世界知识生产与传播的各个领域，其中尤其以网络课程资源的知识共享最为典型；在中国，同样如此，"CC China"被精品开放课程、网易公开课、超星公开课以及新浪公开课等开放教育资源平台广泛遵循。以麻省理工学院的开放课件项目为例，无论是在线课程相继被翻译成多国语言传播，还是在国外建立在线课程镜像站点，可以说"知识共享协议"都起到保障和助推作用。需要说明的是，中美高校并不是任何网络课程项目都能同时满足"知识共享协议"6 项许可条件，而是不同的网络课程项目会选择不同的"知识共享协议"条款。例如，中国高校不少精品课程项目就符合"署名（BY）—非商业性使用（NC）—禁止演绎（ND）"协议条款约定；开放源代码软件的使用以及现实中 MOOC 的运营流程、类型与"署名（BY）—相同方式共享（SA）"协议条款相似。

三　中美高校网络课程发展以后现代知识观为基础

英国学者杰勒德·德兰迪（Gerard Delanty）在《知识社会中的大学》里认为，20 世纪 60 年代以来现代性危机的组织化过程导致了后现代性特征趋势

---

① 汪琼、王爱华：《认识知识共享许可协议》，《电化教育研究》2012 年第 7 期。

明显。在这场从现代性遭遇的"危机"向后现代性转变的运动中认知上发生的变化十分突出，主要表现为建立在国家架构的学科制度化、专业化、现代化、日常化和文化形式合法化基础上的原有知识生产模式逐渐解体，大学学科知识结构正在发生一场史无前例的变革。随着后工业化时代社会媒介技术的发展以及大众化教育的普及，知识在越来越易于获得的同时，也日益成为一种实用的必需品。知识世界的不断扩张和知识竞争性的增强，致使知识构成中的政治学和文化价值的多元认识渗入其中，科学的"去合法化"成为重新定义知识和大学内涵的重点。杰勒德·德兰迪指出，认知上的变化起源于"科学共和国"时代的衰落，"批判"公众的兴起，"民主化"的要求以及大学"新自由"理念已经渗透到了认知的核心，大学正处于知识变化中的不确定地带，并开始在认知模式上对科学知识的客观性、普遍性和中立性表示质疑。① 虽然"知识生产模式1"和"知识生产模式2"并存于转型时期，但是"模式2"理论在更大范围内对大学发展的影响更为深刻，特别是人们接受了由"模式1"向"模式2"知识转型的重要观点。不同学科之间或学科与社会之间界限模糊，"去分化"状况的出现为知识创新提供了可能。正如吉本斯等人所以为的，"模式2"的扩散，让学科之间更加开放，新的组织结构中必然生成新的知识，新的知识在应用情境中由目标客户和用户群体共同决定。② 换言之，确定知识的唯一方式不再是已经建立起来的学科制度，而是越来越离不开的应用性研究背景，这也正是"现代知识"向"后现代知识"性质转变的应然状态。

利奥塔在《后现代状况——关于知识的报告》中曾如此评价知识性质转变的重要性。他认为，知识转型并不是整个知识型的转变，而是"知识性质"的转变。③ 石中英很好地借助了这一观点，同样在知识转型理论中将"知识性质"的转变放在格外显著的位置，重点论述了"现代知识"向"后现代知识"性质的转变过程。石中英在批判吸收西方学界关于"知识性质"转变的理论成果时，将其概括为三大基本特征，即"客观性"向"文化性"、"普遍性"

---

① 〔英〕杰勒德·德兰迪：《知识社会中的大学》，黄建如译，北京大学出版社，2010，第30～31页。

② 〔英〕迈克尔·吉本斯、卡米耶·利摩日、黑尔佳·诺沃提尼等：《知识生产的新模式——当代社会科学与研究的动力学》，陈洪捷、沈文钦等译，北京大学出版社，2011，第27～32页。

③ J. F. Lyotard, *The Postmodern Condition：A Report on Knowledge* (Manchester University Press, 1984), translated by G. Bennington and B. Massumi, pp. 4－5.

向"境域性"以及"中立性"向"价值性"的转变。① 上述三方面的转变直接对教育目的的反思、课程知识的选择以及教学过程的重新组织产生了深远影响。这也就自然成为审视中美高校网络课程发展的知识基础根源所在。既然"现代知识"向"后现代知识"性质的转变已经渗入大学学科领域，那么显而易见的是，传统课程教育目的、课程知识选择以及教学组织方式必然要做出相应的调整与改革，以便顺应这种转变情势下的规律。

我们不妨以课程内容为例，用以考察两种不同知识观对课程组织与实施的影响。现代知识观将科学知识视为最客观的知识，认为知识的性质无外乎"客观性"和"确定性"，而大学课程的教育目的则主要是传授科学知识。为此，课程内容的设计和安排是以学科内在的逻辑性为基本前提的，重在知识的线性积累。正如威廉姆·舒伯特描述的，课程内容按照既定的学科结构呈现给学生一定的知识，并赋予这些知识特殊的意义。② 长此以往，学习者对这种固定编制的课程知识能够高效地记忆、理解和掌握，然而他们对这些所谓"真理性"课程知识的维护和坚守又会让他们逐渐丧失对"真理"的质疑、批判和创新的能力。特别是总会有学科新知识不断涌现，又会有曾经被视为"真理性"的知识而今被淘汰的现象发生。

后现代知识观将知识从"客观性"和"确定性"中解放出来，提倡知识的"多元化"和"不确定性"。在课程内容的设计和安排方面强调知识的"非单一性"和"丰富性"，课程内容的组织不再严格按照学科内在的逻辑来编排，而是尽可能把不同的观念或可能的观点、事实的背景与相关联的材料呈现出来，鼓励学习者以自己的经历经验来实现知识的自我建构并赋予其意义。③ 教师在课程内容的组织和实施过程中不仅要对学科知识进行价值性的选择，而且还要时刻关注学习者已有的经验和实践性知识。课程知识的"不确定性"既增强了课程深度和意义的层次性及多重解释，又增加了每位学习者突破和超越科学知识限定的可能性。其实，就"知识性质"的转变而言，现代课程的变化远不只是内容上的"单一性"转向"多元化"、"确定性"转向"不确定性"，还包括课程目标上重视知识接受能力的培养转向探究情景中鉴赏力和判

---

① 石中英：《知识性质的转变与教育改革》，《清华大学教育研究》2001 年第 2 期。

② 〔美〕弗雷斯特·W. 帕克、格伦·哈斯：《课程规划——当代之取向》，谢登斌等译，浙江教育出版社，2004，第 283 页。

③ 〔美〕小威廉姆·E. 多尔：《后现代课程观》，王红宇译，教育科学出版社，2000，第 250 页。

断力的发展，课程实施中从知识的事先预设转向教学活动中的动态生成，课程评价方式上由标准化、封闭式的评价系统转向多元化、开放性的评价机制。①既然大学实体课程在"现代知识"向"后现代知识"性质转变过程中其知识基础发生了如此大而全面的变化，那么作为大学另一种课程形态的虚拟课程，即网络课程受到的影响也是显而易见的。因此，中美高校网络课程的发展同样遵循着"知识性质"转变的规律，课程知识呈现如下特征：由"客观性"的悬置到"文化性"的生成，由"普遍性"的消解到"境域性"的接纳，由"中立性"的隐退到"价值性"的在场。具体而言，表现为以下方面。

第一，中美高校网络课程发展的知识基础由"客观性"悬置到"文化性"生成。现代主义知识观认为，知识具有"客观性"，这种"客观性"包括四个层面的含义：一是对反映事物本质或客观规律的"符合性"；二是能够通过演绎推理、自然观察或是实验操作获得经验"证据"的"可检验性"或"可证实性"；三是客观知识陈述彼此之间的"一致性"，表现为逻辑上的"自洽性"而非"矛盾性"；四是客观知识不因人物、时间和地点变化的"非人格性"、"公共可传达性"。② 20 世纪中后叶，西方发达国家进入所谓的后现代社会，以法国哲学家福柯、利奥塔和德里达，德国哲学家哈贝马斯等为代表的后现代主义思想家在质疑、批判和解构现代知识性质的基础上，对后现代知识性质进行建构并做出新的阐释。他们认为，认识对象无论是作为一种事物、关系或问题，都不可能脱离认识主体而表现为"独立性"、"自主性"和"自在性"的客观存在。认识主体根据自身兴趣、利益、知识程度、价值观念以及生活环境等因素"选择"或"制造"了认识对象，使认识对象从遥远、寂静和无知的世界中"凸显"出来。正是因为认识对象不是外在世界"给定"的，而是社会因素"建构"的，所以知识的"客观性"不可能仅是对纯粹"实体"的"复写"和"描述"，还会不可避免地"掺杂"人类文化因素，反映出文化境域中的"社会属性"。③ 现代主义知识观所谓的"符合性"只是在"给定"条件下的精确推理或预测，正如"白天鹅是鹅"、"白马非马"的故事那样，宣扬"符合性"的结论总会存在"悬置"的问题，从而造成一种"错觉"或

① 张九洲、房慧：《知识观转变与课程改革——从现代到后现代》，《大理学院学报》2008年第 7 期。
② R. J. Browhill, *Education and the Nature of Knowledge*（Croom Helin, 1983），pp. 11 – 13.
③ 谢登斌：《现代知识性质的解构与后现代课程知识的抉择》，《学术论坛》2003 年第2 期。

"假象"。费耶阿本德指出，"将实验和观察结果视为当然之物，将证据的重负强加于理论之上，就意味着不经任何进一步的检验就接受观察和实验结果的意识形态"。① 其实，在理论与证据之间不是理论错了，而是意识形态"污染"了证据。波普尔从另外的角度提出如此假设：知识的"可证实性"还应该对知识陈述前的证据进行证明或证实，即证明"证据的证据"。这样顺势而上的论证过程将永无止境。为此，他认为"任何一种理论都是猜测的结果，不是证实的结果，都需要进一步'证伪'或'修正'"。也即是说，知识不能被"证实"，但是可以被"证伪"，"可证伪性"是知识的另一种属性。②

那么，中美高校网络课程发展的知识基础又是如何实现由"客观性"悬置到"文化性"生成的呢？在课程体系方面，中美高校网络课程的发展打破了学科知识结构的逻辑理路，将课程知识从"客观性"和"确定性"的思想桎梏中解放出来，以"不确定性"和"可证伪性"来促进课程知识的"丰富性"。例如，美国高校网络课程已不再是既定学科框架中的设置与建设，无论是开放课件项目，还是 MOOC 平台，都以网络课程的实际价值及意义来确定知识的开放程度，这相对于传统学科体系中的课程原则来说是一个巨大的挑战；中国高校网络课程同样如此，或许先前的国家精品课程项目申报时还会受到学科专业课程指标的限定，但是在后续的国家精品开放课程建设中，逐渐放开了学科专业的限制，提倡"多元化"的知识共享理念，课程知识跨越学科边界，部分高校为此还创建了"课程中心"。在知识传授方面，早期的中美高校网络课程开发还处于静态文本的呈现方式，尤其是注重知识"客观性"的预设式教学模式似乎很难调动在线学习者的兴趣和热情，通过不断的技术创新与理论嵌入，以"教"为中心转向了以"学"为中心，线上课程与线下课程相结合，课后辅导答疑、学习社区讨论以及心得体会分享等交互式学习让知识发生了动态生成。在浩如烟海的大规模知识开放与共享的世界里，知识增添了几分"神秘感"和"吸引力"，在线学习者不再是知识学习的被动接受者，他们需要主动地对所谓"客观性"的知识进行质疑、批判，去证伪其科学性和合法性，从而建构出属于自己个性化的知识。知识的建构过程离不开在线学习者已有的，包括民族、宗教、种族、信仰，又或是权利、价值、利益、意识形

① P. K. Feyerabend, *Against Method*: *Outline of an Anarchistic Theory of Knowledge* (Redwood Burn, 1975), p. 67.
② K. R. Popper, *Conjectures and Refutations* (Routledge and Kegan Paul, 1963), p. 30.

态、理论传统以及个人对知识的偏好等文化因素的深刻影响，即使中美高校网络课程发展呈现全球化、国际化趋势，也会因为在线学习者个体社会位置的不同，而对同一门网络课程表达出不一样的知识理解和看法，甚至谈论不同知识的概念。所以，不论是语言文字的翻译、知识版权协议，还是课程软件开发以及网络平台共享，中美高校网络课程都十分关注知识"文化性"的特征。

第二，中美高校网络课程发展的知识基础由"普遍性"消解到"境域性"接纳。现代主义知识观认为，知识具有"普遍性"，这种"普遍性"并不陌生，正如"科学无国界"、"真理放之四海而皆准"。课程知识的"普遍性"却在于它可以普遍地被教师和学生所接受，它是判定知识科学性与合法性的标准。后现代主义知识观表示不同的看法，既然知识具有不可证实性，那么普遍可接受性或普遍可接纳性也是不会成立的。如前所述，任何知识都会受到文化因素的限定，离开了时间、空间、价值体系、理论范式及语言符号等特定境域，知识的认识主体、活动方式和存在价值将毫无意义。费耶阿本德将宣扬知识"普遍性"的标准视为"科学沙文主义"，而对知识"境域性"特征的揭示，正是对"西方中心主义"的批判，是以公正的态度来发掘知识的"多样性"。① 为此，中美高校网络课程的发展同样表现出对知识"普遍性"的消解和"境域性"的接纳。美国高校开放课件项目第一次引发了全球性轰动，这也未能让中国高校对此传播的知识表示完全认同和接纳，而是中国创建了自己的开放教育资源联合体（China Open Resources for Education，简称CORE）；MOOC海啸来袭，中国诸如清华大学和北京大学也尽量摆脱美国高校对知识的控制，创建了学堂在线以及符合本校特色的在线平台，不断开发"本土化"知识，努力在网络课程的世界中竞相争夺知识资源，使知识呈现"多样性"的格局。而对于美国高校而言，同样存在如此的顾虑，其不可能完全认同和接纳中国高校由网络课程构筑的知识标准。要不然的话，为何同一性质的网络课程，中美高校仍旧各自重复开发，共同呈现于同一网络平台呢？其实，即使是中美各自国内不同高校的网络课程建设，也会在知识"境域性"上呈现不一样的风景。

第三，中美高校网络课程发展的知识基础由"中立性"隐退到"价值性"在场。既然知识是"客观性"和"普遍性"的，那么也必然是"中立性"的，是不以人的意志、情感和利益等为转移的。所以，现代主义知识观认为，知识

---

① P. K. Feyerabend, *Against Method*: *Outline of an Anarchistic Theory of Knowledge*（Redwood Burn, 1975）, p. 299.

与两大要素有关，一是认识对象的客观属性，二是认识主体的认知能力，而与认识主体的种族、性别以及意识形态等因素毫无关系。正是知识的"纯粹性"和"理智性"表明知识的"价值中立"或"文化无涉"。同时，石中英认为，知识的"中立性"决定了"为知识而知识"的认识论路线和知识分子的产生。① 后现代主义知识观打破了现代知识"中立性"的神话，因为任何知识都无法超越文化界限的"理性"，由认识主体与社会建构的认识对象会不自觉地折射出主体与社会的"价值趣味"或"文化偏好"，即使像自然科学里的那些概念、数字、符号、定理，甚至实验过程、结果及意义等都可能由于认识主体社会位置的不同而在语言形式上表现出差异性。随着现代知识的"中立性"被解构，后现代知识的"价值性"凸显出来。正如利奥塔描述的那样，研究者行为的动力已不再是启蒙时代对知识的渴求，而是得益于国家或企业对知识与技术的需求。知识供应者与知识使用者之间正倾向于商品生产者与商品消费者的关系，这种关系采用了"价值形式"，目的是交换。② 中美高校网络课程的发展虽然进入了"在线"、"免费"、"开放"和"共享"的阶段，好似表现出一种知识"价值中立性"的姿态，但是实际上"价值性"在场却特别明显。需要特别说明的是，稍许观摩中美高校开设的大规模网络课程，就不难发现彼此之间存在异样的风格。呈现同一门课程，表达同一类知识，却因为不同国度的课程开发者不同的意志、情感、利益，又或是种族、性别以及意识形态而使课程知识在呈现方式及内容上略有差异。

正如前所述的"文化有涉"一样，知识的生产与传播不可能脱离认识主体的社会位置和文化背景。在中国，军事院校的网络课程申报审核严格，关涉国家机密及核心技术的内容不可能实现完全开放。美国高校网络课程知识的开放也是如此，要不然的话，为何高校几乎开放的网络课程在性质上都归属于"博雅课程"，又叫"通识课程"。中美高校网络课程背后呈现的知识的意识形态化特征也较为明显。随着美国MOOC对中国高校巨浪式的冲击，中国政府既认识到其中发展的机遇，更能体会到因此而必然面临的挑战。2011年，中国掀起新一轮网络课程建设项目，将此确立为国家精品开放课程，并且"文理交融"的文化素质课程进军网络，随后教育部的通知文件中明确提出对

① 石中英：《知识转型与教育改革》，教育科学出版社，2001，第140~141页。
② J. F. Lyotard, *The Postmodern Condition：A Report on Knowledge*（Manchester University Press，1984），translated by G. Bennington and B. Massumi, pp. 4-5.

"本土化" MOOC 开发的政策支持，以及一时之间公开课的数量与日俱增，上述现象在一定程度上反映出对美国高校网络课程意识形态化的防范。可以试想一下，如果中美高校各自开设诸如"世界史"、"世界政治"等网络课程时，其中所表达的知识是否能够坚持"中立性"的立场呢？当然，知识的"价值性"在中美高校网络课程的开发和运营过程中最为明显的表现就是"知识商品化"、"知识市场化"。即便由美国麻省理工学院实施开放课件项目时就已经提出知识"免费共享"的理念，直到 MOOC 出现时仍然宣称"免费"、"开放"和"共享"，但是随着网络科技公司介入课程的开发和运营，以及高校需要维系网络课程持续发展必要的经费支持，这一伟大的梦想正在逐步破灭。在美国，已经出现所谓的 SPOC（小规模私人订制开放课程），部分 MOOC 在线学习平台不仅向诸如社区学院转让课程使用权，而且向需要获得微课程、微学分和微学位的在线学习者收取费用。在中国，同样是受到网络科技公司和教育科技公司的影响，部分高校网络课程也是向普通本科院校或职业技术学院出售课程使用权，以减少本校课程开设的成本，在线学习者根据选修课程学分交纳相应的课时费。

四　中美高校网络课程发展以"无形学院"为合作平台

1945 ~ 1947 年，英国著名化学家罗伯特·波义耳（Robert Boyle）第一次提出"无形学院"（Invisible College）的概念。[1] 究竟什么是"无形学院"或者说波义耳笔下的"无形学院"具体指代什么？科学史上说法不一，至今仍莫衷一是。我国学者刘珺珺认为，不管波义耳所提到的"无形学院"是指沃利斯和威尔金斯创建的"哲学学院"，还是其他科学小组或学会，都毋庸置疑地证明了一个既定的事实，那就是早在皇家学会成为"正式"、"有形"和"实在"的组织之前，就已经存在非正式的组织，无论这些组织以何种名字称谓，一个或多个，它们所具有的共同目标、宗旨及活动特点都有别于政治组织或宗教组织，这就是波义耳定义的"无形学院"。早期的"无形学院"为科学家们建立了一套彼此交往和沟通的非正式关系，使其主要致力于对自然科学领域问题的研究与讨论，又或是将一些研究成果、前沿资讯以这种非正式的渠道

---

[1]　Charles Richard Weld, *A History of the Royal Society*（Arno Press，1975），pp. 32 – 35，39 – 40.

传播出去。① 后来，"无形学院"的概念及功能得到进一步的充实、丰富和完善。普赖斯通过对科学文献的计量分析发现了"络绎不绝"信息交流网上的"无形学院"。他认为，在各种确定的、正式的和有形的研究机构或期刊所开展的学术交流活动之外，还存在另外一种非正式的、无形的学术交流活动。这是因为学科内部一些科学家并不满足于以几年一度的正式学术会议或正式期刊论文发表来交换学术资源，而是选择将尚未最终定稿的文章互相提前寄送的方式，通过这种巧妙的安排引起某些研究中心的兴趣并向他们发出邀请，为他们创造一个短期合作的机会，研究任务完成后他们接着又可以去另一个研究中心与另一批研究人员合作共事，最后仍然回到自己所属的研究机构中去。② 为此，普赖斯指出，这种由研究所、研究中心和暑期学校串联而成的"通勤线路"，经过一定的时间就可以使参与其中的每一位研究者获得彼此合作的机会。③ "无形学院"是科学信息普遍的正式交流网络上流动的节点，它为研究者集体合作开展科学研究工作创造了机会和条件，也为实现跨学科、跨区域的"大科学"时代的知识生产提供了可能性。普赖斯不仅肯定了非正式"科学共同体"在"无形学院"中的客观存在，而且完成了对"无形学院"这个模糊名称的具有重要意义的概念移植。

　　然而，围绕"无形学院"的研究和探讨并没有因此而终止，或许是因为普赖斯只是揭示了"无形学院"现象的存在，并没有充分的证据对其加以详细的论证和说明。④ 美国著名科学社会学家黛安娜·克兰（Diana Crane）根据普赖斯的"文献增长曲线"和库恩的"范式转换"理论，以及她本人的经验调查，比较系统而深入地考察了"科学共同体"发生的系列变化状况。⑤ 她认为，虽然科学家彼此间存在诸多社会关系，但是总体而论可以划分为两大关系，一种是确定的、正式的社会关系，另一种是不固定的、非正式的社会关系。这种不固定的、非正式的社会关系正是"无形学院"的组织形式，也恰好说明看不见的"无形学院"成为可见的存在。同时，她指出，研究科学家社会组织必然会涉及不同学科"科学共同体"的相互关系，任何学科"科学

①　刘珺珺：《关于"无形学院"》，《自然辩证法通讯》1987 年第 2 期。
②　Derek J. De Solla Price, *Little Science Big Science*（Columbia University Press, 1963），p. 85.
③　Derek J. De Solla Price, *Little Science Big Science*（Columbia University Press, 1963），pp. 104 - 107.
④　刘珺珺：《关于"无形学院"》，《自然辩证法通讯》1987 年第 2 期。
⑤　〔美〕黛安娜·克兰：《无形学院——知识在科学共同体的扩散》，刘珺珺、顾昕、王德禄译，华夏出版社，1988，第 3 ~ 6 页。

共同体"都不可能是完全封闭的,即便是大的"科学共同体"内部也是相对开放的;"无形学院"强大的作用就是通过科学知识的生产、交流和传播的途径来实现的。反之,科学论文高水平的引证率以及领袖人物的存在又说明人们对"无形学院"确立的规范的遵守。①

"无形学院"之所以名扬四海,不是因为它"虚无缥缈"、"神秘莫测",而是它破除了正式组织的"高墙深院",摆脱了制度化组织形态的束缚,为科学家创造了一个潜心研讨、来去自由、广开思路以及知识互补的良好学术交流与合作平台。② 这个平台在世界范围内得以推广,并呈现多元化的发展趋势。20 世纪 90 年代以来,随着网络环境中非正式交流日益频繁,美国学者 Julie M. Hurd 提出"电子无形学院"的概念,并衍生出"网络合作"这种组织形态,将之前没有"围墙"的"无形学院"转移到不受时空限定的"虚拟世界"。③ 可见,计算机网络和信息技术的广泛应用消除了时间与距离的障碍,改变了传统的非正式组织的交流方式,通过"网络合作"将科学家会聚到一起,扩大了交流的范围和规模,有利于实现"数据、仪器共享","分布式研究、虚拟研究","虚拟团队实践、团体结构发展"以及"专家咨询、开放团队系统"。④ 当然,"无形学院"的出现本质上反映了"知识生产模式 1"向"知识生产模式 2"的转变,这种转变让传统意义上受人们所爱的科学家个体转向科学家集体,更加崇尚科学家的团队精神以及跨学科的合作研究。吉本斯等人虽然没有像普赖斯那样直接提出"无形学院"的客观存在和对知识世界发生的深远影响,但是知识生产在"模式 2"中呈现的五大特征⑤明显地勾勒出"无形学院"作用于新的知识生产模式运行机制中的生动景象。

那么,"模式 2"是如何反映"无形学院"生动景象的呢?在吉本斯等人看来,"模式 2"与"模式 1"存在体制上的区别,特别是在学科制度上,"模式 2"不只是对各个领域专家团队的集合,更为重要的是在同一行动框架中综合专家团队不同的技巧,超越单一学科的限制,彰显"跨学科"的特征。这

---

① Diana Crane, *Invisible Colleges* (University of Chicago Press, 1972), pp. 83 – 161.
② 刘钢:《他们如何成为学术精英——"无形学院"简介》,《世界教育信息》1998 年第 8 期。
③ A. Caldas, "Are News Groups Extending 'Invisible Colleges' into the Digital Infrastructure of Science?" *Economics of Innovation and New Technology*, 2006, 12 (1): 43 – 60.
④ 宋丽萍:《网络合作——电子无形学院的延伸》,《图书馆工作与研究》2011 年第 7 期。
⑤ "模式 2"的五大特征是指"应用情境中的知识生产"、"跨学科"、"异质性与组织多样性"、"社会问责与反思性"以及"质量控制"。

也正是"无形学院"所提倡的"非正式性"组织原则对突破学科专业限定的诉求，特别是"模式2"中知识生产与传播的方式几乎完全符合"无形学院"的组织形态。与传统体制上知识传播渠道不同，"模式2"中的知识生产成果首先传播给最初参与知识生产的人，即是说，知识生产过程中就已实现对知识生产成果的传播，而不是发生于专业期刊或学术会议对研究成果的发表时。"模式2"的"异质性"和"组织多样性"打破了由一个"中心主体"来计划或调节知识生产的格局，知识生产不再限于大学或学院，还包括一些非大学机构共同参与其中，通过功能性的沟通网络，以及采取组织的、非正式的、电子的和社会的等多种联系方式，创建一种不再拘泥于稳固制度化的组织形态。研究者一旦加入短暂性的研究团队与合作网络，就意味着他们会因为问题的解决或重新定义而随即解散；然后，研究成员各自又会围绕不同的问题，在不同的地点与不同的人重新组合到不同的研究团队中，继续进行下一轮次的知识生产活动。尽管围绕的问题和解决问题的研究团队都可能是暂时性的，但是这种组织形态却作为一个矩阵持续存在。吉本斯等人指出，"模式2"中的知识是由多个不同的组织或机构生产出来的，包括研究性大学、政府组织、网络公司、跨国公司、实验室、研究院所、小型高科技公司以及国家的或跨国的研究项目，而知识的传播也会因为研究团队的不断组合永远在新的配置中进行，知识传播的途径包括正式渠道和非正式渠道。①

显而易见的是，吉本斯等人进一步发展了"无形学院"的外延及功能，不仅关注到全球化网络环境中"无形学院"在知识生产、传播与共享中的重要地位，而且更加突显了"无形学院"的"跨学科性"、"跨机构性"和"跨地域性"的研究团队合作精神。既然"无形学院"的魅力如此之大，那么中美高校网络课程的发展是否也遵循着"无形学院"的科学范式呢？答案是不言而喻的。以"通勤车站"和"无形学院"的组织形态来搭建合作平台，早已成为中美高校网络课程发展的显著特征。从美国麻省理工学院开创开放课件项目拉开开放教育资源运动序幕的那一刻起，开放课件项目便由校级研究项目升级为国家研究项目，并最终成为全球性教育资源共享以及全球教育工作者参与其中的跨国研究项目。这个项目很快成为正式交流网络上流动的节点，为来

---

① 〔英〕迈克尔·吉本斯、卡米耶·利摩日、黑尔佳·诺沃提尼等：《知识生产的新模式——当代社会科学与研究的动力学》，陈洪捷、沈文钦等译，北京大学出版社，2011，第5~7页。

自不同大学、政府组织、网络公司以及研究院所等机构和部门的研究工作者提供了集体合作的机会和条件。在开放课件项目同一行动框架中综合运用了不同专家团队的知识与技巧，有的从事于课程资源的开发与建设工作，生产网络课程知识；有的从事于外文翻译工作，将课程资源翻译成诸如葡萄牙语、西班牙语等多国语言，便于知识的全球传播；有的从事于课程软件的研发，开放源代码软件，为创建和使用网络课程提供方便。特别是 2005 年，国际开放课件联盟（OCWO）成立，汇集包括哈佛大学、耶鲁大学在内的全球 200 多所高校和教育组织，遵循"知识共享协议"条款，为在线学习者提供超过 20 种语言环境下的 14000 门网络课程。该联盟正是通过"电子无形学院"的"网络合作"组织形态来明确成员和非成员在享受专家网络，优先获得开放工具包、网络研讨会和专家论坛资源，以及工作小组或利益共同体的合作等方面的权益，其使命是促进教育资源的开放共享。

　　除了上述以国际联盟的方式来建立"无形学院"的"通勤线路"外，还存在另外一种国家内部的"通勤线路"，例如 2003 年 10 月成立的中国开放教育资源协会（CORE）。该协会属于非营利机构，同样是受开放教育资源运动的影响，在 MIT 开放式课程国际论坛上，与会人员对麻省理工学院的开放课件项目表现出浓厚的兴趣。会后，为了表达进一步交流合作的愿望，中国部分大学、远程教育试点院校以及省级广播电视大学组建了这一联合体，主要宗旨是吸收以美国 MIT 为代表的国外高校优质网络课程资源，并将中国高校优秀的课件与文化精品推向世界。中国开放教育资源协会广泛接纳国内外合法院校和教育组织等机构的参与，通过不间断的组织年会、研讨会、交流会以及讲座、展览和技术培训等活动，使参与者增进了解、互补知识、开阔视野，并在 CORE 网站上既共享翻译成中文的国外课程，又开放翻译成英文的中国课程，共同致力于发展网络课程这项事业。

　　如果说，开放课件项目还不足以说明"无形学院"在中美高校网络课程发展中的真实存在的话，那么 MOOC 项目的兴起可谓给"无形学院"披上了一套耀眼的"袈裟"。以美国 Coursera、edX 和 Udacity 三大平台为例。Coursera 自创立伊始，一直积极寻求与全球知名大学建立合作关系，从北美出发"斩获"普林斯顿大学、宾夕法尼亚大学、耶鲁大学、哥伦比亚大学和多伦多大学等顶尖学府；然后进军全球，分别与英国、法国、德国、意大利、西班牙、瑞士、印度、以色列以及澳大利亚等国的高校签订协议；来到中国，又与香港和台湾的部分高校建立合作关系，中国内地的复旦大学、上海交通大学和北京大学等高校也相继加入了 Coursera 平台。edX 是麻省理工学院和哈佛大学技术联姻的结果，两所大学各出资 3000 万美元独立运作这一非营利性组织。edX 的前身是麻省理工学院在发展开放课件项目基础上推出的 MITx 学习计划，以及与哈佛大学开放学习计划（Harvard Open Learning Initiative）的合并。edX 自建立开始，就不断地探索多元化的扩张之路。在与全球精英大学合作方面，edX 与美国的康奈尔大学、加州大学伯克利分校和乔治城大学，加拿大的多伦多大学、麦吉尔大学，德国的慕尼黑理工大学，澳大利亚国立大学，印度理工大学，日本京都大学，韩国首尔大学以及中国的香港大学、清华大学和北京大学等建立 xConsortium 联盟，除此以外，也向其他高校、各类机构、企业以及个人敞开了大门。例如，2013 年 9 月，与 Google 合作开发 MOOC.org 课程平台，借助这一平台所有非联盟高校、各类机构、公司企业以及教师个人都可以开发 MOOC；与得州公立大学系统合作，开发"线上"与"线下"相结合的学分课程；与印度"成功人士"（Aspiring Minds）人力资源公司合作，通过课程认证增加求职的砝码；与波士顿市政府合作，创立 BostonX，为城市居民免费提供大学课程。Udacity 也在逐渐尝试与大学合作开发网络课程。例如，Udacity 于 2013 年 5 月宣布与佐治亚理工学院和 AT&T 合作，开发在线计算机硕士学位课程；与圣荷西州立大学合作，提供 5 门初级的 STEM 课程。综上所述，MOOC 三大平台已冲破传统实体大学的高墙深院，以一种非正式的组织形态，"跨学科"、"跨机构"，甚至"跨国性"地集合不同专业技术人员共同参与 MOOC 项目的研发与制作，而对于参与其中的大学或课程开发者而言，又不会完全固定于任何一个 MOOC 平台，它们会随着网络课程建设任务的完成，重新组织到另一个平台或团队中去，继续开展网络课程的知识生产、传播与共享。这不正是"无形学院"在 21 世纪初叶美国高校网络课程发展中的生动景象吗？

中国高校网络课程发展中同样呈现如此景象。教育部原本以为还可以像精品课程建设思路那样，通过官方正式组织形态来统一开发和管理新一轮的国家精品开放课程项目。谁知道 MOOC 引发的革命也席卷中国高等教育领域，中国政府不得不将精品开放课程的传播与共享权由爱课程网站和中国网络电视台扩展到网易网站这种非政府性质的组织机构。然而，这种半开半合的组织形态仍然无法完全满足中国高校网络课程发展的需求。在中国部分高校纷纷加入美国 MOOC 三大平台的同时，中国本土高校也开始创建属于自己的 MOOC 平台及课程资源。例如，清华大学利用开源软件创建的学堂在线，上海交通大学自主研发的好大学在线，中国大学 MOOC 以及果壳网站组建的 MOOC 学院等开放式教育合作平台，都是带有一定"公益性"、"开放式"、"非官方"、"非法人"特征的合作联盟或组织。与美国高校 MOOC 发展路径相似，中国高校在创建本土化的 MOOC 平台时，依旧沿用了美国 MOOC 平台"跨学科"、"跨机构"和"跨国性"的组织形态，融合不同专业技术人员共同参与 MOOC 课程的研发与制作，而对于课程开发者或负责人来说，他们并不固定于任何一个MOOC 平台，甚至可能相互交叉同时共存于多个平台中，并随着网络课程阶段性建设任务的结束，又会重新组织到另外的课程团队或 MOOC 平台中去，可持续性地去生产和传播知识，以最大努力去实现大规模知识的开放与共享。正如舆论聚焦的热点问题描述的那样，传统的实体大学已面临当下虚拟大学带来的危机。这种虚拟大学又何尝不是"无形学院"的最新发展状态呢？

第二节　中美高校网络课程发展的差异性：
知识转型外在制度设计

自 20 世纪五六十年代第三次知识转型发展至今，新的"知识型"或"知识生产模式"所确立的科学规范和行动机制早已成为共同体内的一种内在制度，在知识世界里以类似于习惯、内化规则以及正式化内在制度的形式发挥着"无形之手"的指引和规约作用。如前所述，中美高校网络课程的发展正是受到知识转型内在制度的指引，在虚拟世界构建、知识协议遵守、知识性质转变以及合作平台搭建等方面呈现出趋同性特征。然而，社会秩序的演化通常包括两条道路：一条道路是由社会成员彼此间的互动或是社会成员与内在制度的互动形成的"自下而上"人类合作的"扩展秩序"，即所谓的"内在制度"，又称为"自发秩序"；另一条道路是为了追求自身利益，组织依托等级制度通过强制力实施的"外在制度"，又称为"层级秩序"。外在制度不同于内在制度，如果以正式制度与非正式制度来区分的话，外在制度永远是属于正式制度的范畴，它是由统治共同体的政治权力机构"自上而下"设计出来，并强加于社会付诸实施的。外在制度通常以非限制性的抽象方式发挥作用，特别是与同时期的内在制度保持一致时，其对社会成员在行为规范上的影响就更为深远。所以，外在制度往往反映出纵向层面"自上而下"的等级制，而内在制度则在横向层面适用于平等主体之间。

根据外在制度的内容和目标，可将其划分为三种基本类型：一是外在行为规则（External Rules of Conduct），通常是由具有"普适性"的禁令规则（法律条款）构成，以类似于"内在规则"的机制约束公民的行为；二是具有特殊目的的指令（Purpose-specific Directives），这个不具有"普适性"，而是指"专门性"指令，通过创立一种由领导者强加的行动秩序，指示或命令公共主体或民间主体按照预定的目的或结果去行动，这类规则一般存在于成文法，特别是主要出现在授权法细则中；三是程序性规则或元规则（Procedural or Meta Rules），为了促进各政府主体之间的内部协调和外在行为规则实施的效率，政府行政机关主要针对政府主体，指示他们如何行事以及应该做什么。尽管内在制度在引导多数共同体成员的多重行为时效果明显，但是也难以避免所有机会主义行为的发生。相对于内在制度而言，由政府创建的外在制度有其无法替代的优势。第一，外在制度易于被辨识，节约信息成本。建立在习俗、习惯以及内化规则等基础上的内在制度很可能因为语义含糊、表达不清晰而难以被广泛了解；如果将其纳入官方的法令条文，规定明确且执行有效，则能够增强制度的规范功能。第二，外在制度更易实现"公平"、"公正"和"正义"。内在制度可能因为无财务独立性和非正式产生的裁决者而在裁决时难以摆脱任意性、倾向性或偏见性，然而外在制度则可以防范贿赂、诱惑等腐败行为的发生，能较为公正、公平地做出裁决。第三，外在制度能够更好地保证承诺，抵御外部侵略和避免灾难发生。合作行为通常需要契约承诺的保证，而以政府为后盾的承诺保护变得更可信赖，特别是在一个复杂的社会，甚至世界中可能会出现"囚徒困境"、"搭便车"以及"公地灾难"等问题，要促进合作行为的规范性，外在制度不可或缺。①

在人类历史上，外在制度的出现滞后于内在制度，原因在于政府是外在制度设计的前提。但这并不意味着政府可以代表或代替外在制度，作为权威机构的政府是外在制度的守护者，通过对外在制度的设计、实施、监督以及强制执行，来为共同体中的所有人服务，从而实现詹姆斯·布坎南所提出的"国家保护职能"。换言之，在某种情境下，外在制度所代表的集体行动比个人行动具有相对的优越性，更容易促使共同体获得规模效益。外在制度与内在制度是相辅相成、相互促进的，这是因为外在制度与内在制度也有可能形成一个互相学习的机制，作为外在制度的组织可以通过吸取内在制度有益的知识来改造和

---

① 韩保来：《学校民主管理制度研究》，河北工业出版社，2007，第173～175页。

完善外在制度，克服或避免外在制度的局限性，提高外在制度的供给和运行效率；同时，外在制度还可以弥补内在制度的不确定性，为内在制度的运行造就一个更开放有序的市场以及实现更为广泛且具有活力的劳动分工。当然，组织供给外在制度的能力还会受到诸多因素的影响，包括宪法秩序、政治成本、社会成本与收益、财政能力、意识形态以及制度知识、文化等，同样也会存在外在制度与内在制度之间、外在制度与外在制度之间的竞争，这种竞争既有利于组织在实践中找寻自己合理的定位，不断完善知识结构，又能够提高自身的运行效率，加速制度的演化。日本制度经济学家青木昌彦认为，对于制度的概念界定而言，并不涉及对错问题，主要取决于研究的视角和分析的目的。① 为此，笔者提出知识转型外在制度的设想，这种设想是基于知识转型除了内在制度的逻辑以外，还应当具有外在制度的设计，由于外在制度源自中美两国统治共同体的不同政治权力机构，所以注定会因为知识转型外在制度的不同导致中美高校网络课程发展的差异性。

一　中美高校网络课程发展的政策导向：微观动机与宏观行为

中美高校网络课程发展的虚拟存在已是不可争论的事实，它不仅表明传统课程向虚拟课程的演化趋势，而且更是反映出网络课程承载的知识形态发生的根本变化。可见，计算机网络和信息化技术构筑的"虚拟世界"既为中美高校网络课程的发展提供了"容身之所"，又为知识存在形态的转变创造了条件。如此看来，知识转型的内在制度似乎足以说明中美高校网络课程发展的相似之处。然而，中美两国政府隶属不同性质的权威机构，它们对知识转型外在制度的设计以及影响其供给能力的因素方面必然会有所差异，特别明显地表现在中美高校网络课程发展的政策导向上。美国政治经济学家托马斯·C. 谢林在其著作《微观动机与宏观行为》中认为，个体的动机或行为（又称微观动机）与其所产生的总体结果（又称宏观行为）之间存在相互关系。他指出：个体的动机或行为可能会导致令人惊叹的宏观结果，而宏观结果中总是蕴含着个体的动机或行为，一般而论，从观察到的宏观行为中可能推论出微观动机，同时总体行为并不是个体行为或动机的简单累加。② 为此，笔者借鉴这一学说

---

① 〔日〕青木昌彦：《比较制度分析》，周黎安译，上海远东出版社，2001，第11页。
② 〔美〕托马斯·C. 谢林：《微观动机与宏观行为》，谢静等译，中国人民大学出版社，2005，第1~5页。

的主要概念及内在原理，对中美高校网络课程发展的政策导向加以考察，不难发现：美国高校网络课程的发展在政策环境构建与政策制度设计上先有个体的动机和行为的推动，最终带来令人惊叹的宏观结果，其充分发挥出了个体之间的合力，政策导向上以微观动机为主；中国高校网络课程的发展在政策环境构建与政策制度设计上先有国家政府的重视和推动，虽然其中蕴含个体的动机或行为，但是略显被动，政策导向上以宏观行为为主。

虽说美国高校网络课程的发展深受知识转型的影响，但是实体课程向虚拟课程转变以及一种知识存在形态向另一种知识存在形态转变仍然离不开政策的有力支撑。美国社会是如何构建了这样的政策环境，并形成了相应的政策制度呢？其中，各个领域专业技术人员以及权威专家等以微观动机的方式进行倡导和先行实践显得格外重要。从美国开放课件项目的发展到 MOOC 引发全球性的教育革命，固然直接反映的现象是关于网络课程阶段性发展的变化过程，然而，深入分析这一现象背后的故事，则会发现其中隐藏了一幅由无数个体怀揣梦想，以各自的动机和行为合力描绘而成的美好画卷。这幅画卷分别围绕软件开源、数据开放和"云计算"三大主题，前赴后继地掀起了互联网时代一股不折不扣的浩荡风潮。20 世纪 70 年代中期，个人电脑的问世不仅让电脑进入千家万户，而且使软件成为大众化商品。将软件产业推进商业帝国的领军人物是比尔·盖茨，他创办微软公司，造就了一个世界级的软件帝国。1976 年 2月，比尔·盖茨发表的《致电脑爱好者的一封公开信》，将软件视为专利，其具有私有性和封闭性，拒绝公开源代码的软件，从而掀起了一场软件商业化的大潮，至此专有软件（Proprietary Software）开始盛行。[①] 但很快这种软件专有化、封闭性和商业化的论断遭受质疑、批判和反对，心怀理想主义的程序技术人员认为，比尔·盖茨的想法阻碍了软件技术的传播和交流，束缚了人类的创造性，他们提出公开原始代码，实现软件的自由、开放和创新，并强调只有这样才能为人类社会贡献最大的价值。

1983 年，麻省理工学院的理查·斯托曼（Richard Stallman）发起了与专有软件相抗衡的 GNU 项目，旨在通过程序技术人员彼此间的自由和自愿协作，开发一套自由开放的操作系统。1985 年，斯托曼为 GNU 项目成立自由软件基金会（FSF），以获得法律、经济和技术上的保障。1991 年，林纳斯·托瓦兹（Linus Torvalds）加入了这个不可思议的浩大工程，最终实现了免费操作系统

---

① 〔美〕比尔·盖茨：《致电脑爱好者的一封公开信》，《互联网周刊》1999 年 9 月 20 日。

"Linux"的成功开发。20 世纪 90 年代，互联网的日益普及不仅为软件开发人员公开自己的代码提供了新的媒介，而且通过网络更有利于与分散各地的程序技术人员进行交流和协作。1997 年，埃里克·雷蒙（Eric Raymond）在其著作《大教堂与集市》中详细论述了开放原始代码的好处。他指出，"将自己的代码公开分享在互联网上，就犹如商品放在集市上，不仅能为他人提供自由浏览、评价与交流的机会，还能促进彼此间在软件开发上的分工与协作"。1998 年 2 月 3 日，倡导开放代码和软件自由的各个领域专业技术人员以及权威专家等齐聚硅谷，商讨如何促进更多的公司和个人能够理解开放代码的独特优势，以及使这种软件开发流程得到更广泛的应用。会议最后一致同意将这种软件代码的开放，以及可以被其他程序技术人员自由修改并重新发布的做法正式定名为"开源"（Open Source）。不久，成立了开源计划组织——开源促进会（Open Source Initiative，简称 OSI），埃里克·雷蒙担任第一任主席。该组织不仅从 Debian Free Software Guidelines 中衍生出开源软件的定义，而且还为开源软件制定了十项标准，以推进开源及其理念。[1] 在开源运动中，蒂姆·奥莱理（Tim O'Reilly）是一位坚定的支持者，他为"开源"概念走出计算机专业领域，使之"广为人知"做出了不朽贡献。1999 年，他名下的奥莱理媒体（O'Reilly Media）出版社推出了全世界第一本开源文集 *Open Sources：Voices from the Open Source Revolution*[2]。此后，越来越多的软件公司和开发人员加入开源运动中，开源软件的产品层出不穷，延伸到各个行业、各大领域。

开源软件运动所倡导的自由、平等、交流、协作以及责任等理念深入人心，特别是它象征着以开放的姿态实现知识共享。然而，对于软件本身而言，除了代码，其还包含数据，所以开放数据（Open Data）成为继代码开放后又一件意义重大的事。蒂姆·奥莱理曾对数据开放做出如此评价，"我们正进入一个新的世界，在这个世界里，数据可能比软件更加重要"。数据的开放相对于代码的开放而言，更加广泛而复杂，不再仅仅局限于程序技术人员的专业领域，还包括数据的来源、性质以及过去和未来数据的使用者，数据的重复使用、自由加工和公开的格式，还可能涉及个人的隐私。为此，数据开放运动首先发生在美国联邦政府公共领域的公共数据，而不是兴起于商业领域。作为美国联邦政府收集数据的两大"航空母舰"：商务部下属的普查局（BC）和劳

---

① 涂子沛：《大数据》，广西师范大学出版社，2013，第 188～189 页。
② 1999 年初，英文版发行；1999 年底，中文版《开源软件：开源革命之声》出版。

工部下辖的劳工统计局（BLS）发挥了极其重要的作用，他们所收集的大量数据是不可或缺的珍贵资源，成为美国联邦政府制定政策、调整政策和评估政策的参考依据。① 互联网时代的到来，改变了传统数据的收集理念和方法。其中，美国施乐公司（Xerox）的计算机科学家马克·韦泽（Mark Weiser）影响巨大。1988 年，马克·韦泽首先提出"普适计算"（Ubiquitous Computing）的概念。1991 年，马克·韦泽发表于 *Scientific American* 上的文章 "The Computer for the 21ˢᵗ Century" 正式提出"普适计算"理论，他认为"随着无线网络技术的发展，计算机实体会逐级淡出人们的视线，人们最终与计算机构建的网络环境融为一体，能够随时随地获取和处理信息"，这就是所谓的"普适计算"阶段。②

实现"普适计算"的关键在于微小计算设备——传感器的广泛设置，只要无处不在的网络与无处不在的传感器相结合③，就能实现随时随地的数据自动采集、传递和计算。利用传感器自动采集数据正在取代人工收集数据的方法，这已经成为最大的数据来源。数据的增长如"洪流"般在美国社会各个领域奔腾，这便意味着"大数据"时代的来临。"大数据"之大不仅表现为"容量之大"，而且最重要的价值在于人类可以大量地分析和使用这些数据，从中发现新知识，创造新价值，产生所谓的"大知识"、"大科学"、"大利益"以及"大发展"，同时也意味着知识的边界可以得到不断的延伸。不过，首先需要解决的问题就是如何实现数据的开放。2007 年 12 月，在蒂姆·奥莱理倡导下，开放公共数据的推动者在奥莱理媒体出版社的加州总部召开会议，制定并发布了开放公共数据的 8 条标准及原则。"大数据"引发的革命受到奥巴马总统的高度重视。2009 年 3 月 5 日，奥巴马任命维伟克·昆德拉（Vivek Kundra）为联邦政府的首席信息官；4 月 18 日，又任命阿尼西·乔普拉（Aneesh Chopra）为联邦政府的首位首席技术官；2010 年，美国联邦政府通信委员会又率先设立首席数据官职位。同年 12 月，美国科学技术顾问委员会（PCAST）和信息技术顾问委员会（PITAC）向奥巴马及国会提交了《规划数字化未来》的专题报告。该报告列举了包括如何收集、保存、维护、管理、分析和共享数据，如何保证数据现在和未来的完整性、可用性，以及如何使用数据等 5 个科技领域的共同挑战，最后建议每一个机构或部门都需要制定"大数据"战

---

① 涂子沛：《大数据》，广西师范大学出版社，2013，第 48 页。
② 涂子沛：《大数据》，广西师范大学出版社，2013，第 50～51 页。
③ 关于传感器与网络的研究最早始于美国国防部的一个军事研究项目，后来技术日益成熟，传感器的应用从军事领域逐渐扩大到民用领域。

略。[1] 2012 年 3 月 29 日，奥巴马政府高级顾问、科学技术顾问委员会主席霍尔德伦（John Holdren）代表国防部、能源部、国家科学基金等 6 个联邦政府部门宣布启动《大数据发展研究计划》（Big Data Research and Development Initiative），同时建立"大数据高级指导小组"，计划投入 2 亿美元来推动大数据的提取、存储、分析、共享以及可视化。该计划强调联邦政府必须与企业、科研院校和非营利机构结盟，共同促进"大数据"对美国科研、教育和国防产生深远影响。将"大数据"发展列为国家意志和国家战略，美国可谓全球首个这样的国家。[2]

除了软件开源和数据开放，另一个支撑美国高校网络课程发展的力量来自"云计算"。1993 年，克林顿政府基于互联网的发展，提出了"信息高速公路计划"，通过搭建覆盖全美的光纤通信网络为信息化时代奠定了基础，从而拉动了美国经济发展并提升了综合国力。而后不久，1997 年，加州大学切诺柏（Ramnath Chellappa）教授提出"云计算"的概念，认为"计算的边界不仅仅由技术层面决定，还取决于经济的规模效应"。1999 年，美国客户关系管理（CRM）软件提供商 Salesforce 又提出利用"云计算"提供软件服务的设想。之后，亚马逊、戴尔、IBM、谷歌、微软等公司纷纷加入，开发自己的"云服务"。"云计算"的运营商将"计算"从"有形的产品"变成"无形的服务"，实际上就是将计算能力这种资源集中在一起，以网络为媒介配送给有需要此服务的客户。2010 年，奥巴马聘请工业界和学术界的 71 名专家，组建"云"委会，帮助美国联邦政府普及"云"知识，制定"云"政策，以及推动"云"部署。[3]"云计算"的出现可谓一个重大的变革，它将数据存储和分析变成了可以更加方便获得的网络服务。

1996～2010 年，美国教育部通常每五年制订并颁布一次《国家教育技术计划》（National Education Technology Plan，简称 NETP）。1996 年颁布的 NETP以"帮助美国学生为 21 世纪做好准备：迎接技术教育的挑战"为主题，将教育信息化基础建设作为关注重点，明确提出要为学生准备好优质的学习软件，每个教室配置与互联网相联结的计算机以及接受过良好信息素养培训的教师。2000 年颁布的 NETP 以"数字化学习：为所有学生提供触手可及的世界课堂"

---

①　涂子沛：《大数据》，广西师范大学出版社，2013，第 56 页。
②　涂子沛：《大数据》，广西师范大学出版社，2013，第 58 页。
③　涂子沛：《大数据》，广西师范大学出版社，2013，第 283 页。

为主题，将信息技术在教学和学习中的应用作为关注重点，明确提出所有教师和学生都能够在学校、教室、家里和社区使用信息技术，所有教师都能够运用信息技术有效地帮助学生进行高质量的学习，所有学生都能够具备信息技术的素养和技能。2004 年颁布的 NETP 以"迎接美国教育的黄金时代：互联网、法律和学生如何变革教育展望"为主题，将规范信息技术在教学和管理中的有效应用作为关注重点，明确提出"提升领导力"、"变革预算方式"、"改进教师培训"、"支持在线学习和虚拟学校"、"鼓励使用宽带网络"、"迈向数字内容"以及"整合数字系统"等 7 项行动建议。2010 年颁布的 NETP 以"变革美国教育：技术推动学习"为主题，将信息技术在学习和评估系统中的有效应用作为关注重点，改变之前主要关注于技术的理念，将核心思想聚焦于学习，分别从个性化学习、学习过程性评价、促进教学活动衔接、完善基础设施和努力提高教育生产力等 5 个维度上呈现面向 21 世纪技术推动学习的全域图景。①

综上所述，正是由于美国社会不同时期各个领域专业技术人员以及权威专家等对软件开源、数据开放和"云计算"服务的倡导和先行实践，才引起了美国联邦政府的格外关注，并逐渐上升为国家意志和发展战略。这种以微观动机推动政策环境构建与政策制度设计的做法，最终带给美国社会意想不到的宏观结果。这种宏观结果在教育领域的突出表现就是分阶段颁布实施了不同主题的《国家教育技术计划》，以此作为美国高校网络课程发展的政策导向。

如果说美国高校网络课程发展的政策导向是先由个体行为的微观动机发起，而后上升为国家建构政策制度的宏观行为结果的话，那么中国高校网络课程发展的政策导向在其形成过程中恰好采取了与美国相反的路线，中国先是教育部以宏观行为的方式进行自上而下的政策推动，而后才是个体的动机与行为对上述政策做出适当的反应和配合。总体而言，围绕新世纪网络课程建设、国家精品课程建设和国家精品开放课程建设三个不同阶段的工程项目，中国高校网络课程发展的政策导向始终以中央政府的宏观行为为主，而个体的微观动机却略显被动。1998 年 12 月，教育部制定颁布《面向 21 世纪教育振兴行动计划》，该计划"第六部分"明确提出"实施'现代远程教育工程'，形成开放

---

① 王媛媛、何高大：《美国〈国家教育技术计划〉的创新及其启示——基于五轮（1996—2016）教育技术发展规划的比较与分析》，《远程教育杂志》2016 年第 2 期。

式教育网络和构建终身学习体系"。对于如何实现上述目标，"第六部分"布置了具体任务，主要包括：在职责权限上，明确提出"教育部不仅享有对全国现代远程教育工作的归口管理权"，而且还要负责组织制订并实施全国"现代远程教育发展规划"；在开放式教育网络基础建设上，明确提出"进一步扩大中国教育科研网（CERNET）的传输容量和联网规模"，通过改造广播电视教育传输网络，实现与中国教育科研网的高速链接，重点建设全国远程教育资源库和教育软件开发生产基地，开发高质量的教育软件，并按照国际惯例优惠教育网络运行费用；在构建终身学习体系上，明确提出"依托现代远程教育网络"开设系列高质量的网络课程，同时要组织全国一流水平的师资对上述网络课程进行讲授，通过"跨越时空"的教育资源共享，来适应终身学习和知识更新的需要。

2000 年 1 月，教育部颁布《关于实施"新世纪高等教育教学改革工程"的通知》（教高〔2000〕1 号），将"现代远程教育资源建设"纳入"新世纪教改工程"六大项目之一，明确提出通过"网络课程建设"、"远程教学实验试点"、"素材库建设"、"现代远程教育管理系统及信息网站建设"、"教学支撑平台"、"远程教育工作者培训"以及"现代远程教育研究与法规建设"等举措，来开发可以共享的网络教育资源，在现代远程教育领域形成一支集教学、技术和管理于一体的团队，为终身教育体系的构建奠定坚实的基础。同年 5 月，为贯彻落实《面向 21 世纪教育振兴行动计划》和《关于实施"新世纪高等教育教学改革工程"的通知》的精神，教育部颁布了《关于实施新世纪网络课程建设工程的通知》（教高司〔2000〕29 号），分别从目标任务、遵循原则、主要内容以及项目管理等四大方面对新世纪网络课程建设工程做出了总体部署。同年 7 月，教育部颁布了《关于支持若干所高等学校建设网络教育学院开展现代远程教育试点工作的几点意见》，该意见除了对网络教育学院开展现代远程教育试点工作的主要任务、试点学校的基本条件以及试点工作的管理方式等方面提出了具体要求之外，特别强调启动新世纪网络课程建设工程的重要性，并对如何建设网络课程，实现教育资源共享做出了几点指示：一是对近两年内的网络课程建设数量进行了规划；二是提出网络课程建设要具有统一的技术规范和标准；三是明确了网络课程建设与素材库建设相辅相成、相互促进的互动关系；四是引导发达地区的高等学校通过网络教学对西部地区的高等学校提供对口支援；五是拓宽网络课程建设的类型，将著名学者开设的网上讲座纳入网络课程建设范畴。

　　然而，正当网络教育学院试点高校达到 67 所[1]，注册学生人数近百万人，原本可以为取得的成绩引以自豪时，却因为湖南大学的违规办学行为而蒙上了阴霾。其实，早在 1999 年 3 月教育部颁布的《关于印发〈关于启动现代远程教育第一批普通高校试点工作的几点意见〉的通知》（教电〔1999〕1 号）中就明确提出，出现"授课水平"、"考试管理"和"教学管理"任何一方面不能保证质量，以及"乱发文凭"的现象就将取消试点资格。"国家政策特别好，下面积极性特别高"[2] 多少反映出部分高校受利益的驱使而忽视了网络教育的质量和网络课程资源共享的公益性。为此，2002 年 7 月，教育部出台了《关于加强高校网络教育学院管理提高教学质量的若干意见》（教高〔2002〕8 号），该意见明确提出通过规范招生工作、严格考试管理、加强教学过程管理和教学管理制度建设等举措来保证网络教育的质量。同时，该意见也反映出近年来我国网络教育质量建设普遍存在的问题，例如：网络教育的质量标准尚未完全建立；高质量的网络课件、课件制作工具、教学平台、试题库和资源库的建设还亟待提高；优秀教师队伍主持网络课程建设以及授课质量的保证还需进一步加强；网络教育的公共服务体系建设滞后，直接影响到上机环境、资源建设、技术支持、学生管理和教学管理的服务水平。这或许就是因为教育部以宏观行为为主推动政策环境构建与政策制度设计，从而最终导致新世纪网络课程建设过程中出现个体动机和行为的偏差。

　　2003 年 4 月，教育部印发《关于启动高等学校教学质量与教学改革工程精品课程建设工作的通知》（教高〔2003〕1 号），将现代远程教育工程中的网络课程建设思路以精品课程建设的形式延伸到高等学校教学质量与教学改革工程项目。为了促进现代信息技术在高等教育教学中的应用，共享优质课程资源以及全面提高高等教育教学质量，该通知明确提出：按照"校—省—国家"三级精品课程建设思路，以"一流教师队伍"、"一流教学内容"、"一流教学方法"、"一流教材"和"一流教学管理"等"五个一流"的标准推进国家精品课程建设项目。其中，对精品课程的基本标准做出了具体要求，包括：精品课程的教学与管理必须使用网络；教学大纲、网络课件、电子教案、授课录像、习题资料、实验指导以及参考文献目录等要在网络上免费开放；通过精品

课程的示范辐射带动其他课程建设。同年 5 月，教育部公布了《关于印发
〈国家精品课程建设工作实施办法〉的通知》（教高厅〔2003〕3 号），分别从
申报方式、评审方式、运行管理、知识产权和经费支持等五个方面明确提出精
品课程建设的具体实施办法，特别指出将通过建立"中国高教精品课程网站"
共享课程资源，发布相关信息。2005 年 1 月，教育部颁布《关于印发〈关于
进一步加强高等学校本科教学工作的若干意见〉和周济部长在第二次全国普
通高等学校本科教学工作会议上的讲话的通知》（教高〔2005〕1 号），明确
提出要"加大教学信息化建设力度"，"推进优质教学资源共享"，并对精品课
程建设提出了三点要求：一是要大力推进精品课程"校—省—国家"三级体
系建设；二是要构建多学科、多课程的网络共享平台；三是要确保高质量地完
成国家精品课程 1500 门的建设任务。

　　2007 年 1 月，教育部、财政部联合发布《关于实施高等学校本科教学质
量与教学改革工程的意见》（教高〔2007〕1 号），将"课程、教材建设与资
源共享"作为"质量工程"的重要建设项目，并对第二阶段的国家精品课程
建设做出总体规划：一是在课程建设数量上，计划遴选 3000 门左右的国家精
品课程进行重点改革和建设；二是在网络平台搭建上，以精品课程和立体化教
材相结合的数字化资源中心建设来推动数字化学习中心建设，发挥示范作用和
服务功能；三是在教学资源共享上，实现精品课程的大纲、教案、习题、教学
文件、实验和参考资源等上网开放，让广大师生免费共享。然而，国家精品课
程二期建设计划并未如期实现，不仅表现为数量上没有达到目标，而且质量上
的问题更是纷繁复杂。教育部始终保持吸取现代远程教育"网络课程"建设
的经验教训，将质量作为国家精品课程发展的生命线，但是在实践推进过程中
仍然存在"重申报，轻建设"、"重形式，轻质量"等问题。这不得不反思到
底这种课程建设的思路是否存在局限，完全依靠技术的力量以"教"为中心
来设计课程是否科学合理，又或是在精品课程开发和建设中是否做到了与最前
沿的科学技术和理论研究真正的完全融合，乃至于以国家宏观行为推动精品课
程建设的方式是否能够调动课程建设者个体动机和行为上的主观能动性。2010
年 7 月，教育部颁布实施《国家中长期教育改革和发展规划纲要（2010—2020
年)》，该纲要对上述部分问题的解决做了总体部署，将教育信息化纳入国家
发展整体战略，对教育信息化基本标准的制定、数字化教育基础设施的建设、
国际优质数字化教学资源的引进、数字图书馆和虚拟实验室的建立以及师生应
用信息技术的素养和能力等方面提出了具体措施。

2011 年 7 月，教育部、财政部联合发布《关于"十二五"期间实施"高等学校本科教学质量与教学改革工程"的意见》（教高〔2011〕6 号），将"国家精品开放课程建设与共享"纳入"本科教学工程"的主要建设内容，明确提出要建设一批精品视频公开课程将已建国家精品课程改造升级为一批精品资源共享课程。同年 10 月，教育部印发《关于国家精品开放课程建设的实施意见》（教高〔2011〕8 号），分别从国家精品开放课程建设内容、运行机制和组织管理等方面做出总体部署。该意见改变了以往国家精品课程建设的思路和方案，以教学为中心开始转向以学习为中心，充分调动高校自主性，特别是强调国家精品开放课程共享系统中"云计算"等先进技术的嵌入，教、学兼备和互动交流等功能的运用，以及借助各方优势共同开发和传播优质课程资源。2012 年 3 月，教育部颁布《关于印发〈教育信息化十年发展规划（2011—2020 年）〉的通知》（教技〔2012〕5 号），明确提出"超前部署教育信息网络"，到 2020 年基本实现学校宽带网络全覆盖。其中，特别强调"推进信息技术与高等教育深度融合"，构建了高等教育信息化发展水平框架，将建立教育"云服务"模式以及云资源平台、建设 20000 门优质网络课程作为未来发展目标。2014 年 2 月，教育部高等教育司公布《2014 年工作要点》，明确提出在推进精品视频公开课和精品资源共享课建设的同时，还要加强建设和推广使用中国大学 MOOC，推动在线开放课程建设和共享的教育教学改革工作。上述国家教育政策文件的颁布与实施，将中国高校网络课程的发展引向一个新的起点。

二 中美高校网络课程发展的基本路径：局部探索与全面实施

齐曼在论述"学院科学"向"后学院科学"的知识转型时，将科学技术政策视为关键的影响因素。他认为，政府不再像以前那样通过直接投入大量资金的方式支持科学研究事业，因为这种方式不利于政府对科学研究过程的监督和质量的评估，而是转向以科学技术政策引导的方式，将"特定社会问题"作为科学研究的主题，通过项目申请立项并获得研究经费资助的方式[1]，促使科学家或研究者按照项目合同协议条款的要求，按质按量地完成研究任务，从而推动科学事业的发展。为此，中美高校正是遵循了如此的规则，采取了相同

---

① 〔英〕约翰·齐曼：《真科学——它是什么，它指什么》，曾国屏、匡辉、张成岗译，上海科技教育出版社，2002，第 90～91 页。

的以项目驱动的方式来促进网络课程的发展。然而，这并不意味着中美高校网络课程的发展在这种相同的项目驱动方式中实施路径的完全一致。如前所述，既然中美高校网络课程发展在政策导向形成中呈现微观动机与宏观行为上的差异，那么，这也势必影响到中美高校网络课程发展的基本路径。加之，中、美两国在教育管理体制上存在根本性区别：美国是典型的地方分权制国家，教育管理部门由联邦政府、州政府以及学区三级体制组成，联邦政府有限行使协调和服务教育的权力，州政府享有绝对的教育管理权和决定权，学区委员会负责具体的教育教学事务；中国以中央集权制为显著特征，教育管理部门由中央、省（自治区、直辖市）、市（地区）、县四级体制组成，教育部主管全国教育工作，统筹规划，协调管理全国教育事业。上述境况决定中美高校网络课程发展的基本路径必然存在明显的差异：美国高校网络课程的发展推行"自下而上"的局部探索之路；中国高校网络课程的发展则采取"自上而下"的全面实施之路。

美国高校网络课程发展的历史先于中国高校网络课程的发展，不仅是因为美国在计算机和互联网领域的科学技术发展水平领先于中国，而且还在于美国高校对网络课程发展的科学定位以及行动上更具有独立性和自主性。这也是美国高校网络课程发展采取"自下而上"局部探索的主要原因。考察美国高校网络课程发展"自下而上"局部探索之路的整个历程，可以发现如下一些特征及规律。

20 世纪 90 年代以来，美国境内绝大多数高校都开启了网络课程发展之路，并逐渐将网络课程的发展纳入本校高等教育的战略规划，之所以定位于"局部探索"，是因为几乎所有高校都是按照自己设定的课程理念、发展目标以及自身的技术支撑来开发和建设网络课程的，缺乏统一的指导思想以及网络教学资源开放共享平台的搭建。在这样一种"各自为政"、"百花齐放"的网络课程发展环境中，固然有部分美国高校找寻到独具特色的网络课程发展成功之路，但与此同时，不可避免地也会出现部分高校由于对市场需求缺乏科学判断以及忽视知识社会发展的客观要求，而日益陷入失败的泥潭，不可自拔。这种"局部探索"的方式其最终还是为了美国高校在发展网络课程的不同阶段探索出一条科学合理的发展道路或模式，以促进美国整个高等教育事业的可持续健康发展。"功夫不负苦心人"，以麻省理工学院倡导的开放课件项目和edX、Coursera 与 Udacity 三大平台为支撑的 MOOC 项目终究成为美国高校网络课程发展两个不同阶段的主流价值导向，也使"自下而上"的局部探索有了实现的可能。美国高校网络课程发展的这种"自下而上"的局部探索实施路径，可谓"思想自由"、"兼容并包"，在积极接纳部分高校加入开放课件项目和 MOOC 项目的同时，也十分尊重未申请加入上述项目的美国高校网络课程的"自由发展"；并且，这种"自下而上"不仅影响到美国国家层面的高校网络课程发展路线，而且还以国际性的影响力对全球高校网络课程发展具有方向上的指导意义。

具体而言，美国高校网络课程发展是如何推行"自下而上"的局部探索之路的呢？首先，从南方联合大学、哥伦比亚大学和麻省理工学院的网络课程发展的探索之路开始。1993 年，罗兹学院从明尼苏达州的圣奥拉夫学院挖走肯尼·墨里尔，最主要目的是希望依靠他来设计"标准化"、"灵活性"和"有远见"的古典学课程，吸引更多学生了解和选修这门学科，扩大古典学科的影响力。1996 年，为实现"古典学复兴"的目标，由肯尼·墨里尔主持的桑诺基西斯项目开始实施。该项目雄心勃勃地选择通过发展网络课程的途径来建立虚拟古典学系。当 1999 年秋，桑诺基西斯项目的第一门网络课程"罗马帝国早期文学"开设时，无论是新闻媒体、教育科技公司，还是风险资本家以及古典学的教授们，都为之感到十分惊喜，并对其未来的发展表达出美好的愿景。甚至于肯尼·墨里尔计划通过建立虚拟古典学系来实现网络课程资源的开放共享，提供一种优于南方大学联盟（ACS）中任何一所独立学院能提供的教育，以促进师生之间的联系与交流。显而易见的是，南方大学联盟支持了这一计划，同意扩大桑诺基西斯项目网络课程发展的规模，并试图将该项目延伸到南方以外的地区，与中西部的大学联盟合作。但是，这种充满理想主义色彩的愿望最终被现实打败了。由于对市场缺乏科学的判断，因此没有带来任何利润回报，风险资本家不再愿意慷慨投资；技术的滞后以及故障的频繁出现，不仅没有给学生在线学习提供理想的支持，而且还给教授们带来技术上的挫折和烦恼，以及在时间和精力上的大量消耗。诸如此类的问题不断涌现，导致桑诺基西斯项目难以继续。

1996 年，哥伦比亚商学院的教授艾利·诺姆（Eli Noam）认为，网络课程的发展正在破坏学者们通过存储知识的学校里的共同合作，以创造更多的知识去指导学生学习的传统知识生产与传播方式，而其中起关键作用的是商业公司。[①] 诺

---

① Eli Noam, "Electronics and the Dim Future of the University," *Bulletin of the American Society for Information Science*, June-July, 1996：6－11.

姆不仅清晰地刻画出知识转型时期网络课程对大学结构及知识流动方式的重要影响，而且明确指出了网络课程发展的"商业化"方向和目标。为此，哥伦比亚大学选择了市场化的道路来促进网络课程的发展。一方面，缘于哥伦比亚大学长期以知识赢取经济回报的成功经验，对网络课程发展可能带来的经济收益有所期待；另一方面，是因为哥伦比亚大学认识到利用发展网络课程来抢占数码空间的重要性，而实施营利性计划又是推广自身大学品牌的最佳方案。在发展网络课程的过程中，哥伦比亚大学可谓做好了充足准备，在营利性机制上，不仅获得了费森公司资金的支持，而且聘请了该公司首席执行官安·科斯切勒（Ann Kirschner）以实施"晨边计划"（Morningside Ventures）的方式来运营网络课程；在组织保障上，不仅通过创建哥伦比亚数码知识企业（Columbia Digital Knowledge Ventures）协调促进校外教育资源的开发，而且还依托新媒体教学哥伦比亚中心（Columbia Center for New Media Teaching and Learning）发展教师对新技术运用的教学潜力，巩固课程教学对数码媒体的使用。然而，网络课程的运营模式在经历 30 个月后仅仅获得 70 万美元的回报，其中还包括合作伙伴的捐赠。[1] 詹姆斯·尼尔（James Neal）将原因归结于费森公司商业模式的失误，网络课程发展方针上"广泛，而无重点"。确实，费森公司存在的这些突出矛盾由来已久[2]，但最关键的因素却是市场上以网络课程来营利已无利可图。最终，2003 年 1 月，哥伦比亚大学以关闭费森的方式宣告失败。

麻省理工学院并没有因为桑诺基西斯计划和哥伦比亚大学的失败案例，而打消继续发展网络课程的念头。麻省理工学院的领导者认为，这只是发展理念和目标方法的问题。前期的市场调查表明，以发展网络课程来获取利润已无钱可赚。麻省理工学院必须调转方向，重新规划网络课程发展的思路。2001 年，在"市场"与"学术"之间，麻省理工学院毅然选择了后者，决定以"知识共享"的理念来发展网络课程，实现优质教育资源的免费开放，这项计划被称为开放课件项目。该项目以"公开线上课程"的概念不仅赢得了社会的广泛赞誉，而且获得了基金会的积极支持和资助。梅隆基金会和惠列特基金会很

---

[1] Scott Carlson, "After Losing Millions, Columbia U. Will Close Online Learning Venture," *Chronicle of Higher Education*, January 11, 2003, p. A30.

[2] Columbia University Senate, "Online Learning and Digital Media Initiatives Committee," *Interim Report*, April 23, 2002, http://www.Columbia.edu/cu/senate/annual_ reports/01 – 02/Interim Report41502. Htm.

快同意资助1100万美元支持开放课件项目试点，甚至于还有部分社会人士将麻省理工学院视为个人财产受益者，用以支持在线课程计划。① 梅隆基金会主席威廉·伯温（William Bowen）对麻省理工学院这种开放性的思想和包容性的计划表示赞赏和支持②，他认为大学不应该完全受市场的驱动以机械的方式来出售所谓公平价值的"产品"，而应该以独特的"宇宙角度"来发挥最佳功能。③ 惠列特基金会的保罗·布莱斯特（Paul Brest）也希望麻省理工学院将"公开线上课程"的计划视为公共财产，而不是作为谋利的私人产品。④麻省理工学院的成功正是迎合了知识社会发展的客观要求，通过"公开线上课程"不仅实现了知识生产和传播方式的转变，而且将互联网作为服务全球师生的重要媒介，而不是仅仅为了谋取利润。⑤

美国高校网络课程发展的"局部探索"之路总是让人喜忧参半。一方面，令人叹息的是，1998~2000年，与网络教育科技公司合作的大学名单比比皆是，它们急切希望通过运营网络课程的方式谋取市场理想的利润回报，最初推行在线课程计划时可谓雄心勃勃、满怀期待，甚至赢得了舆论的格外赞许；然而，直到2002年，几乎没有任何营利性公司和大学在网络经济的破灭中幸存下来。纽约大学与点击学习（Click 2 Learn）在线合作关门了，杜克大学的合作伙伴潘萨尔（Pensare）倒闭了，宾夕法尼亚大学沃顿商学院的合作伙伴加利伯（Caliber）公司宣告破产了，马里兰大学退出了在线分部"大学学院"⑥，康奈尔在线学习中心还只剩下几名学生，甚至于天普大学的在线项目还未开课就被校方遗弃了。⑦ 另一方面，令人欣喜的是，2001年，麻省理工学院以"开放共享"的理念突破重围，最终取得了网络课程发展的阶段性胜利。麻省理工学院之所以能在网络课程发展中立于不败之地，不仅是因为它具有得天独厚

---

① News Release, April 4, 2001, http://web. mit. edu/newsoffice/tt/2001/apr11/ocwside. html.

② William Bowen to Charles Vest, December 16, 2000 (on file at Hewlett Founation).

③ William Bowen, *At a Slight Angle to the Universe: The University in a Digitized Commericalized Age* (Princeton University Press, 2001), pp. 7 – 8, http://www. mellon. org/romanes% 20booklet. pdf.

④ Jeffrey Young, "Grants Help MIT Pt Course Materials Online," *Chronicle of Higher Education*, June 29, 2001, p. A33.

⑤ Harold Abelson, Robert A. Brown, and Steven R. Lerman, "MIT Open Course Ware: A Proposal Submitted to the William and Flora Hewlett Founation," April 27, 2001.

⑥ Scott Carlson and Dan Carnevale, "Debating the Demise of NYU Online," *Chronicle of Higher Education*, December 14, 2001, p. A31.

⑦ Goldie Blumenstyk, "Temple U. Shuts Down For-Profit Distance-Education Company," June 30, 2002, p. A39.

的实力（包括 60 亿美元的捐赠、技术与工程领域的优势，以及与微软公司项目合作的成功经验），而且更重要的是它对在线课程项目的市场前景做了充分调研和评估。其实，不以营利为目的，提出"开放共享"的理念来发展网络课程的战略并没有违背麻省理工学院以及其他高校的意愿，因为如何最优先地抢占网络空间，实际上就为赢得市场份额创设了前提条件。只是部分大学看重的是眼前利益，而麻省理工学院却放眼于世界和未来。

　　麻省理工学院在美国高校网络课程发展的"局部探索"中理所当然是成功案例的典范，也因此美国高校的主流价值导向开始以开放课件项目来推动网络课程"自下而上"地发展。2001 年以后，美国高校网络课程按照"自下而上"发展的主旋律，一部分大学直接加入开放课件项目，与麻省理工学院共享优质课程资源，包括犹他州立大学、约翰霍普金斯大学、佛思尔社区学院、塔夫茨大学以及加利福尼亚大学尔湾分校等；另一部分大学响应"开放共享"的理念，发展符合本校特色的在线课程，包括赖斯大学、芝加哥大学、密歇根大学以及卡耐基梅隆大学等。① 当然，还包括斯坦福大学、哈佛大学以及耶鲁大学②等同样致力于"公开线上课程"计划。2002 年，麻省理工学院成为国际开放教育资源运动的先导者，不仅引领着整个美国高校网络课程的发展方向，而且还将"免费"、"开放"和"共享"的理念向全球高等教育事业传播。2003 年，中国开放教育资源协会（CORE）与开放课件项目建立合作关系，推进国内外优质教育资源的开放共享；越南胡志明市经贸大学应用开放课件项目资源，实施开放本校经济金融、工商管理等学科的在线课程；毛里求斯大学对麻省理工学院的开放课件项目测试、评估后，发布了多门开放课件项目在线课程。2005 年，法国巴黎高科 11 所顶尖学院联合发起实施开放课件项目，提供在线课程超过 130 门；日本京都大学、东京大学、大阪大学和庆应大学等 6 所高校联合开发在线课程 140 余门；越南胡志明国立大学等 14 所高校会员进一步扩大与开放课件项目的交流合作。③

　　以"知识共享"理念推进美国高校网络课程发展并未止步于此。紧紧抓住时代发展的脉搏，充分利用技术创新优势，继续通过"局部探索"的路径将在线课程发展为更大规模的知识共享平台以及具有更强交互性的在线学习系

---

① 俞树煜、朱欢乐：《从开放课件到视频公开课：开放教育资源的发展及研究综述》，《电化教育研究》2013 年第 5 期。
② 晏磊：《国内外开放教育资源的分布及特点分析》，《图书与情报》2012 年第 1 期。
③ 王龙、丁兴富：《开放课件运动的国际拓展》，《学术论坛》2006 年第 8 期。

统成为美国高校不懈的奋斗目标。为此，麻省理工学院于2011年12月，在开放课件项目的基础上推出"MITx"在线学习计划，不仅利用开源技术来改善在线课程服务质量，而且增强了在线学习系统的交互性。其实，以MITx开发的在线课程已经与MOOC平台的课程形态基本无异。2012年5月，麻省理工学院与哈佛大学各自投入3000万美元，将MITx在线学习计划与哈佛大学开放学习计划（Harvard Open Learning Initiative）进行资源整合，共同组建了非营利性MOOC发展平台edX。与此同时，斯坦福大学的塞巴斯蒂安·史朗、迈克·索科尔斯基（Mike Sokolsky）和戴维·斯塔文（David Stavens）在"人工智能导论"（Introduction to Artificial Intelligence）在线课程成功案例的基础上，联合创办营利性MOOC发展平台Udacity；另外两位斯坦福大学的计算机科学教授吴恩达和达芙妮·科勒，同样是因为他们所开发的"机器学习"和"数据库导论"两门在线课程获得了出人意料的社会反响，而合作创建了营利性MOOC发展平台Coursera。[1] 截至2014年2月，edX与全球12个国家，31所大学建立了合作关系，开设在线课程130门；Coursera在全球合作的大学和机构达到108个，共有621门在线课程；Udacity与全球合作的院校和机构甚少，目前仅与美国的圣荷西州立大学、佐治亚理工学院有合作关系，开设在线课程约39门。[2]

MOOC的兴起将美国高校网络课程发展带入一个新阶段，这个新阶段的到来同样沿袭"局部探索"之路的轨迹，通过不断的改革试点，达成"自下而上"的政策推进目标。只不过，较之开放课件项目而言，"局部探索"之路呈现出不一样的风采。主要表现为：开放课件项目以麻省理工学院为单元主体（即一元主体）推动，非营利性特征明显且因此在线课程必须遵循"免费"、"开放"与"共享"的原则；而MOOC平台的出现似乎打破了这一格局，由"一驾马车"驱动在线课程发展转变为"三驾马车"同时驱动在线课程发展，即在线课程推动主体由"一元"转向"多元"，并且推动主体本身的性质也发生了结构上的变化。开放课件项目毫无疑问是由作为高等教育机构的麻省理工学院创建推动的，而在MOOC项目发展中，既存在由麻省理工学院和哈佛大学联合创建edX推动的形式，又存在由三个教授或是两个教授分别创建

---

[1] 王庭槐：《MOOC——席卷全球教育的大规模开放在线课程》，人民卫生出版社，2014，第61~88页。

[2] 黄明、梁旭、谷晓琳：《大型开放式网络课程MOOC概论》，电子工业出版社，2015，第38~52页。

Udacity 和 Coursera 推动的形式。其他大学在选择加入哪种 MOOC 平台阵营时，有了更大的自由空间，网络课程发展路径中的民主意识更强。不仅非营利性 MOOC 项目仍具有良好的发展空间，而且也为营利性 MOOC 项目提供了生存发展的机会。虽然开放课件项目在其推广和影响力方面，已经实现了既与美国境内的多所大学建立良好的合作发展关系，又与全球其他国家或地区的大学和机构具有业务上的交流与合作，但是，对于 MOOC 项目而言，这种合作的区域、高校以及各类机构得到无限拓展，除了几乎涉及美国乃至全球最顶尖的所有高校的积极参与之外，还容纳了更加"多元化"的公司、企业以及个人的支持与资助，合作的领域和形式更加广泛而多样，在 MOOC 平台上开放在线课程的"包容性"更强。

相比而言，中国高校网络课程发展的道路与美国高校截然不同。既然中国高校网络课程发展的政策导向以国家教育部的宏观行为为主，那么在发展的基本路径上同样深受其影响，仍然是接受教育部相关政策文件的统筹指导，全面实施"自上而下"的高校网络课程发展之路。正是因为这种"自上而下"和"全面实施"的方式注定了中国高校网络课程发展在具体路径上较之美国存在诸多与众不同之处，主要表现为：由于受政府指令的统筹规划，中国高校网络课程发展较之美国高校而言，没有那么多的坎坷和挫折，几乎从网络课程政策文件颁布到执行实施，绝大部分高校没有过多的压力和承担风险的可能性，只要顺着这条"自上而下"的道路申报建设网络课程，就意味着网络课程发展具有足够的空间和平台。在这种全面实施的道路上，方向的统一性也十分明显，不像美国社会那样不同高校其选择"局部探索"的主题思路各异，中国高校网络课程发展几乎完全受到国家教育政策方向的指引，要么为了终身学习或终身教育，要么为了提高高等教育质量，而提倡网络课程资源共建共享只是实现上述目标的策略之一。当然，这种"自上而下"的全面实施之路要求"985"、"211"院校以及一般本科院校、高职高专院校都列入其中，网络课程的类型因此格外纷繁复杂，既包括网络教育类课程、教师教育类课程、军队院校类课程等，又包括本科教育类课程、高职高专类课程，还包括公共课程、专业系列课程和专业核心课程等。经费投入以政府财政拨款和高校经费自筹为主，网络课程发展的影响范围更多局限于国内高等教育领域，与全球其他高校和机构的交流合作机会甚少。

2000 年 5 月，《关于实施新世纪网络课程建设工程的通知》（教高司〔2000〕29 号）的颁布实施，标志着中国高校网络课程发展的正式启动。该通知虽然明确指出网络课程建设工程面向所有高等院校，但是支持重点却主要放在经教育部批准试点的网络教育学院的网络课程建设上，目的是服务于"现代远程教育"事业，促进网络化开放式的终身教育体系发展。截至 2003 年 11 月，新世纪网络课程建设工程第一、二批项目超额完成教育部规划的 200 门左右的课程建设任务，网络课程数量达到 277 门，待到第三批项目实施共计立项建设 321 门网络课程；参与高校达到 83 所，远远突破了教育部批准试点的 68 所网络教育学院的数量；先后从事网络课程开发与建设的教师和技术人员达到 3380 多人。[①] 与美国高校网络课程发展的"局部探索"之路相比，中国高校新世纪网络课程建设显而易见地遵守着"自上而下"的全面实施之路。不仅从网络课程建设的整体规划上由教育部统一步调，而且在具体建设实施规则上教育部也做出了明确指示。例如：教育部明确提出网络课程建设要充分吸收国家重点科技攻关计划中取得的软件研发成果的应用；要按照《现代远程教育资源建设规划（试行）》来统一网络课程建设的技术标准和规范；特别指出对资源管理系统和教学支撑环境的开发不列入网络课程建设的重点内容；根据各试点网络教育学院开设的专业来规划网络课程建设的科类及方向，避免同名或相似的网络课程重复建设；由教育部高等教育司来确定一个牵头学校来规划和协调专业系列课程或专业核心课程的发展；等等。

2003 年 4 月，教育部印发的《关于启动高等学校教学质量与教学改革工程精品课程建设工作的通知》（教高〔2003〕1 号）进一步拓展了网络课程发展的空间和平台，不仅将网络课程建设由"远程教育"领域转向大众化高等教育领域，而且发展的主题直指"提高高等教育质量"。当然，这期间中国高校网络课程的发展已经受到来自美国麻省理工学院开放课件项目的影响，作为网络课程新的形态——国家精品课程建设更加注重"知识共享"的理念，只是在实施路径上仍然采用"自上而下"的推进策略。与新世纪网络课程建设工程有所不同的是，国家精品课程建设采取以"校—省—国家"三级网络课程体系推进发展的模式。较之以往，这看似好像反映了网络课程在发展路径上呈现出"自下而上"的推进方式，但本质上国家精品课程建设依然是受教育部"自上而下"全面实施路线的左右。在国家精品课程实际推进发展过程中，可以说绝大部分一般本科院校和高职高专院校都是按照精品课程在校级立项建

---

① 教育部：《教育部办公厅关于公布"新世纪网络课程建设工程"第一、二批项目验收结果的通知》（教高厅函〔2003〕16 号），2003 年 11 月 3 日。

设的基础上，发展为省级精品课程，继而在省级精品课程立项建设的基础上，发展为国家级精品课程的三级梯度推进的规则执行。但是对于"985"、"211"工程重点院校而言，并没有完全按照精品课程三级梯度推进的规则执行，部分重点大学的精品课程直接立项为省级精品课程乃至国家级精品课程。[①] 教育部在政策文件中分别对第一批次和第二批次的国家精品课程建设数量做出了1500门和3000门网络课程的发展规划，而在具体的实施执行过程中教育部必须考虑到国家精品课程在不同层次高校中的合理分配情况。

　　虽然国家精品课程建设项目在面向全国所有高等院校时并没有像新世纪网络课程建设工程那样，明确提出对试点网络教育学院的重点支持和政策倾斜，但是在这种"自上而下"全面实施发展网络课程的过程中又会因为某些具体规则的约束，使"自上而下"的色彩表现在高校本身的层次和类型上，即是说，由重点大学到一般本科院校，从本科专业课程到高职高专课程。教育部毕竟是统领全国高校网络课程发展的政治中心，在推进国家精品课程发展时这种"全面实施"路线也意味着对网络课程发展类型的统筹兼顾。所以，国家精品课程申报建设的文件逐步满足不同办学层次的高校发展网络课程的需求，由最初的普通本科院校和高职高专院校精品课程项目拓展为本科院校、高职高专院校、军队院校以及网络教育等四大类型的精品课程资源共建共享的格局。同时，按照教育部的整体规划，国家精品课程建设的学科类型也日益全面而丰富，几乎包含了教育学、文学、理学、医学、管理学、工学、经济学、哲学、法学、农学等所有学科，以及"两课"精品课程和"文化素质类"精品课程。[②] 课程申报和建设更加注重教学团队的共同合作和参与，各成员彼此之间合理分配和承担课程建设任务。即使国家精品课程建设项目和新世纪网络课程建设工程一样，实现了教育部预定的网络课程建设目标，并使参与网络课程建设的高校遍及全国各地，开发建设网络课程的技术人员、管理人员以及教师或许不计其数，然而这种整齐划一的"全面实施"路径并没有像美国高校网络课程"局部探索"路径那样，给予每一所高校充分发挥"自由"的空间，也难以尊重和理解不同高校面对网络课程建设时的思路和创新的策略；对于具体课程建设负责人而言，除了物质上和名誉上的回报激励外，很难做出网络课程

① 蒋平：《精品课程三级梯度建设及其网络资源不均衡化发展探析》，《职业技术教育》2010年第16期。
② 蒋平：《网络资源不均衡发展：公平论视域下精品课程建设之难题》，《中国成人教育》2010年第21期。

建设背后"知识共享"理念对全人类发展的精神贡献。

教育部在推进网络课程"自上而下"全面实施的道路上，并不是全然无知其中存在的诸多问题。为了解放高校长期以来被束缚的"翅膀"，加强信息技术与高等教育的深度融合，进一步提高高等教育质量，最终实现网络课程资源的免费开放和普及共享，2011年10月，教育部印发的《关于国家精品开放课程建设的实施意见》（教高〔2011〕8号），明确提出以"提高高等教育质量"，"加强资源开发和普及共享"和"服务学习型社会"为主题的网络课程发展路线，并将网络课程形态由"国家精品课程"转变升级为"国家精品开放课程"，包括精品视频公开课和精品资源共享课两大建设内容。国家精品开放课程虽然也是按照"自上而下"全面实施的基本路径，由教育部"整体规划，择优遴选"，但是在建设发展思路上有了重大突破，最主要的表现为教育部对各个高校的"简政放权"，充分发挥各个高校及课程负责人的主观能动性，由高校结合本校特色自主开发建设，通过"建设一批，推出一批"的方式促进网络课程的发展。在国家精品开放课程的推广路径上，各高校决定与国内的教育网站及主流网站建立合作关系，以接入和镜像等方式实现优质课程资源的广泛传播和开放共享。这一时期发生的变化，除了与提高网络课程建设质量的要求有关以外，还与国际开放教育资源运动的影响息息相关。麻省理工学院的开放课件项目以及世界名校公开课等国际性优质课程资源借助国际网站和国内主流网站（如网易公司）广泛传播，对中国原本单一性的、具有垄断色彩的网络课程发展环境构成了竞争和压力，迫使中国政府不得不对高校网络课程的发展思路做出调整和改变。然而，即便如此，中国高校网络课程"自上而下"全面实施的道路还与美国高校网络课程发展的国际化、全球化道路相距甚远。

三　中美高校网络课程发展的运行机制：市场调节与政府主导

在知识转型理论中，吉本斯等人专门论述了知识的市场化和商业化。他们认为，知识生产、传播和应用之所以被紧密地整合在一起，并呈现如此大的规模，是因为其中存在这样一个重要的运行机制：知识的市场化和商业化迫使公司必须寻求与大学、政府及其他企业建立新型合作关系。在动态的商业竞争环境中，又不断地促进了知识市场的扩张以及科学的市场化。知识的市场化是因为知识的需求、供给和使用范围变得更加广阔和具有差异性；科学的市场化源于科学家或研究者自愿被召集在一起，以组建多学科临时研究团队的方式来共同研究和解决那些富有挑战性和难度的问题。吉本斯等人进而指出，"商业化长期以来被认为是对现有知识的应用和开发"，知识商业化的成功与否取决于如何利用全球化网络中非内部资源来生产知识的能力。为此，公司需要参与到上述过程中并发挥作用。对于公司在与政府、大学合作关系上的变化，吉本斯等人分别以麻省理工学院、伯克利和斯坦福的"军转民"项目和欧盟的科学园区建设为例，说明公司与大学从"疏于联系"到"不断合作"，并且这种合作关系之间减少了政府行为的参与，更多地表现为彼此私人关系的合作。当竞争变成一种力量时，知识不再局限于为市场而生，而且还为塑造知识本身的物质世界和技术而生。①

齐曼在吉本斯等人提出的知识市场化和商业化基础上，通过产业化和官僚化的视角来透析知识世界出现的变化。齐曼认为，在研究合同的规约和经费资助的诱惑下，学术与产业之间的联系越发密切，学术机构的科学家或研究者被期待生产出更具商业价值的知识；而上述"产业科学"知识生产过程中由于需要正式组织对大量资金、设施及其他资源进行系统安排和管理，无形中不可避免地染上"官样"特征，增强了产业研究的"等级性和官僚化"②，即便是商业组织也会采取犹如政府那样的组织和管理模式，并遵循一个中心原则："谁出资，就听谁的"③。由此可见，中美高校网络课程发展的运行机制也会形成如"知识生产模式2"中公司、大学与政府之间构建的新型的战略联盟关系。因为网络课程发展蕴含的本质不仅是"知识共享"理念下的知识传播，还包括知识的生产与应用，这就是所谓的知识市场化支撑条件，即知识的需求、供给与使用范围的广阔性和差异性。尽人皆知的是既然网络课程所承载的知识市场化了，网络课程也就脱不了成为商品的命运，而置于市场化和商业化的竞争环境。那么，如何选择正式组织来系统安排和管理或是采取怎样具体的运行机制显得尤为重要。无论是从中美高校网络课程发展的政策导向，还是实施的基本路径方面，都能够深刻感受到中美高校各自在发展网络课程的运行机制上存在的不同之处：美国高校网络课程的发展更多地采用以市场为导向的协调运行机制，而中国高校网络课程的发展则采取的是以政府为主导的调控运行

---

① 〔英〕迈克尔·吉本斯、卡米耶·利摩日、黑尔佳·诺沃提尼等：《知识生产的新模式——当代社会科学与研究的动力学》，陈洪捷、沈文钦等译，北京大学出版社，2011，第47~56页。

② 马来平：《科学的社会性和自主性：以默顿科学社会学为中心》，北京大学出版社，2012，第217页。

③ 〔英〕约翰·齐曼：《真科学——它是什么，它指什么》，曾国屏、匡辉、张成岗译，上海科技教育出版社，2002，第95~98页。

机制。当然，中美高校网络课程发展不同的运行机制还有必要以"大学、政府与市场"的关系理论进行具体区别。

自中世纪大学诞生以来，大学、政府与市场三者之间的关系就始终是一个全局性和普遍性的问题，同时也是各国高等教育改革发展的核心问题。由于不同的政治、经济和文化传统及发展状况，不同时期各个国家在建构高等教育制度体系时，也就形成了纷繁复杂的大学、政府与市场三者之间的关系。美国著名学者伯顿·克拉克认为，虽然大学、政府与市场不同时期各自所处的地位和作用不同，但是相对于特定国家或特定国家某一特定发展的历史时期而言，上述三者之间的关系又处于相对稳定的平衡状态。为此，伯顿·克拉克提出了著名的"三角协调模式"理论，用以解释大学（学术权威）、政府（政治权力）和市场（社会力量）之间的相互关系。早期的大学崇尚"学术自由"、"大学自治"和"教授治校"，学术权力决定着大学的办学定位及发展方向，以德国柏林洪堡大学为例，其注重"研究教学合一"和"探究维护真理性知识"，知识与学术成为大学发展的最终目的。到了现代，国家与大学之间关系增强，政府开始干预大学发展，大学成为国家意识形态的工具，高等教育国家化范式得到充分体现，由此而形成政治权力与学术权力并存的格局，以德国大学形成的"国家官僚—教授"管理模式为典型（见图 4-1）。[1] 二战后，脱胎于欧洲模式的美国大学，开始发展赠地学院[2]，将服务于地方经济建设的目标纳入大学发展战略规划，市场运行机制介入大学管理体系，并影响和制约大学的办学定位及发展方向。至此，三足鼎立的"政府、高校与市场"关系得以确立。这也正是 1983 年，伯顿·克拉克在《高等教育系统：学术组织的跨国研究》中所提出的"三角协调模式"理论形成的时代背景。

图 4-1　近代高等教育、政府权力与学术权力的关系

---

① 蔡宗模：《全球化挑战与高等教育范式转型》，《中国高等教育评论》2012 年第 3 期。

② 为了克服经费等物质条件的困难，1862 年美国国会通过了《莫雷尔法案》（亦称"赠地法案"），规定各州凡有国会议员一名，就拨联邦土地 3 万英亩，用这些土地的收益维持、资助至少一所学院，而这些学院主要开设有关农业和机械技艺方面的专业，培养工农业急需人才。1890 年美国国会又颁布《赠地法案》，继续向各州赠地学院提供资助，到 19 世纪末，赠地学院发展到 69 所。这些学院后来多半发展为州立大学，成为美国高等教育的一支重要力量，为美国的经济腾飞做出了重大贡献。

　　伯顿·克拉克认为，现代大学系统存在由国家权力和市场机制导致的"三角协调关系"。为此，他勾勒出以政府权力、学术权威和市场力量为三个端点的"整合的三角"模型。在该模型中，学术权威象征以资深教授、学者专家为知识和专业载体的本性力量，以诸如学术委员会等正式组织或非正式组织对大学施加影响；政府权力象征社会集体意志，以政策、法规以及财政拨款等形式对大学施加影响；市场力量象征教育消费者的意愿，以服务对象或产品承接者的要求为导向对大学施加影响。正如伯顿·克拉克对"整合的三角"描绘的那样，"三角形的每一个角代表其中一种模式的极端和另外两种模式的最低限度，三角形内部各个不同的位置代表三种力量不同程度的结合"。当大学以资深教授和专家学者为追求知识与学术理想而形成自治主体力量时，学术权威就居于"三足鼎立"的最佳位置，其影响力表现得最大；当国家为大学提供全部或大部分经费支持时，政府权力就居于"三足鼎立"的最佳位置，对大学的控制力最强；当市场力量成为影响大学发展的主体要素时，政府权力对大学的影响力减弱，市场权力居于"三足鼎立"的最佳位置（见图4-2）。①

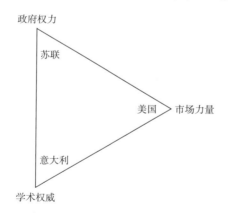

图 4-2　伯顿·克拉克的高等教育"三角协调模式"

　　在伯顿·克拉克看来，"整合的三角"模型关系中不同因素之间具有相互依存性和统一性，呈现出一种内在的"向心力"，否则，完全游离于模型之外的因素就没有建立三角关系的必要和协调的意义。伯顿·克拉克认为，"三角协调关系"的理想模型应该是学术权威、政府权力和市场力量同时处于"三足鼎立"的状态，彼此既相互排斥，又相互牵制。然而，在现实的高等教育

---

　　①　〔美〕伯顿·R.克拉克：《高等教育系统——学术组织的跨国研究》，王承绪等译，杭州大学出版社，1994，第159~184页。

发展战略路线中，这种理想状态是难以实现的，不同国家总是会根据对高等教育支持力度的不同而偏重于选择其中一种模式进行协调，要么以学术权威为主，要么以政治权力为主，要么以市场力量为主。为此，高等教育发展史上便出现了以学术权威为代表的"意大利模式"，以政府权力为代表的"苏联模式"和以市场力量为代表的"美国模式"。可见，伯顿·克拉克提出的"三角协调模式"理论揭示了高等教育发展的基本矛盾，对高等教育领域中的诸多变革起着内在的逻辑约束与指引，同时也为研究大学、政府与市场三者之间的关系奠定了方法论的基础。

随着时代的发展变迁，影响高等教育体制改革的因素更为复杂而多元，后续研究者根据变化中的新情势及高等教育发展的需求，对"三角协调模式"理论进行了细化、充实和完善。其中具有代表性的人物有英国学者加雷斯·威廉斯。1995 年，加雷斯·威廉斯在其著作《高等教育的市场化：高等教育财政的变革与潜在变化》中根据大学、政府与市场在高等教育领域扮演角色的重要性，提出大学控制、政府控制和市场控制三种典型的外部制约模式的客观存在。他认为，在"大学控制"模式下，大学享有高度的办学自主权和自治权，极少受到外界的影响和干扰，但可能因为过度化的自治和自由而导致大学的封闭性；在"政府控制"模式下，大学作为政府的下属机构，必然受制于政府，政府具有对大学的决策权，大学自主发展空间相当有限；在"市场控制"模式下，市场的"无形之手"影响着大学决策权，大学的生存和发展以利益驱使为导向，必须面向市场并适应市场需求，而政府干预的力量较弱。在加雷斯·威廉斯看来，政府是影响三角关系的"主导因子"，政府与大学、市场之间关系的密切程度决定着"三足鼎立"的位置变化。为此，他在伯顿·克拉克"三角协调模式"基础上细化出六种关系小模式（见图 4 - 3）。①

在模式 1 中，大学、政府与市场处于"三足鼎立"状态，三者之间的权力关系是平衡的，大学在享有高度自治和学术自由的同时，还能得到政府和社会的必要支持，呈现良性制衡和互动发展的理想态势；在模式 2 中，大学、政府与市场采取不同的发展方向，三者之间的平衡关系被打破，政府对大学与市场发挥有限的作用，扮演起监督大学与市场运作的角色；在模式 3 中，虽然大

① G. L. Williams, "The 'Marketization' of Higher Education: Reforms and Potential Reforms in Higher Education Finance," in D. D. Dill and B. Sporn (eds.), *Emerging Patterns of Social Demand and University Reform: Through a Glass Darkly* (Pergamon Press, 1995), pp. 172 – 173.

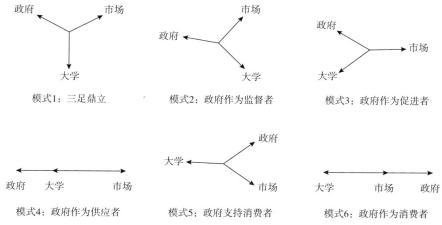

图4-3　加雷斯·威廉斯对"三角协调模式"的细化

学、政府与市场发展方向不同，但是政府与大学的发展方向却更为接近，反映出在市场力量急剧膨胀时，政府加强与大学合作的趋势明显，以此促进大学发展的同时对市场力量起到制衡作用；在模式4中，政府与大学发展方向一致，却与市场发展方向相反，表明政府对大学的全力支持，并作为供应者提供大学之所需，从而导致大学依赖、受制于政府而远离市场，大学自主性最弱；在模式5中，政府与市场发展方向更为接近，却与大学发展方向相反，表明政府充分考虑到消费者的选择权，支持市场运作规则，在放任大学自由发展的同时引导大学市场化；在模式6中，政府与市场发展方向一致，却与大学发展方向相反，反映出政府作为消费者完全站到市场一边，以国家政策引导市场发展，对大学提供的资助力度减弱，而对大学产品的消费能力提高。由此可见，加雷斯·威廉斯提出的大学与政府、市场"六种关系模式"理论更为详尽、生动地反映了上述三者权力关系"连续体"的演变过程。

如此看来，美国高校网络课程发展的运行机制确实更符合伯顿·克拉克和雷斯·威廉斯所提出的市场力量主导大学的发展，以"无形之手"影响大学决策权，政府对大学与市场发挥有限的作用，干预力量较弱，扮演着监督大学与市场运作的角色。具体到美国高校网络课程发展的历程，就会发现：大学并不习惯以"自掏腰包"的方式来开展教育合作，在网络课程运营中他们通常选择向市场推广自己的大学品牌。肯尼·墨里尔在推行桑诺基西斯在线课程计划时，就早已认识到学术市场的变化对利用互联网来改革高等教育组织和教学模式的重要性，因为这种变化背后的意义在于能为古典课程创造更多的市场需求。他对在线课程计划的宣传在很大程度上取决于企业的推动力，例如 2000 年 5 月美林公司承诺"互联网将会激起一个 20000 亿美元的教育市场"；风险投资家也计划为启动网络学习项目每季度投入 1 亿美元。① 然而，现实情况是南方大学联盟（ACS）没有任何学院具备独立发展在线课程的经济能力，为此，肯尼·墨里尔和同事们对市场力量做出了反应。哥伦比亚大学发展在线课程的计划同样是以市场力量为主导，不仅以运营在线课程获取可观的市场利润为驱动力，而且与费森公司合作，通过"晨边企业"对在线课程采取市场化操作方式。哥伦比亚大学网络课程的发展可谓"成也萧何，败也萧何"，由于知识过于市场化和商业化，而哥伦比亚大学对市场需求缺乏科学的判断，不知道哪些知识可以销售，哪些知识应该免费，最终网络课程发展的经营之道被市场力量所淘汰。

美国以市场力量来主宰网络课程发展显得如此残酷，市场的竞争环境严格遵守达尔文"适者生存，不适者被淘汰"的生物进化论的规律，致使这一时期对市场需求缺乏科学判断的诸多高校纷纷陷入困境。正如吉本斯等人谈及的那样，"知识不仅仅是为市场而生"，而且还具有塑造知识的物质世界以及技术的责任与使命。为此，麻省理工学院选择了另外一条道路，高举"知识共享"的旗帜，以"公开线上课程"的形式掀起了一场知识免费开放的运动。这场运动好像至今还未停止，从开放课件项目到 MITx 在线学习计划，以及 edX 平台支撑的 MOOC 发展，麻省理工学院依然坚持以非营利性为原则推进网络课程发展的理想。可能这种现象会被误认为麻省理工学院从市场中逃离了出来，但本质上它丝毫没有违背以市场为导向的网络课程发展路线，反而对市场运行机制而言却是一种很好的调整和适应。因为开放课件项目实施时，市场上已"无利可图"，唯独以"知识共享"的理念将网络课程发展由一个市场转向另一个市场，不仅开拓和抢占了网络市场空间，而且为获得象征资本市场中的收益奠定了坚实基础。例如，开放课件项目起初运行的 5 周内，已收到来自七大洲，177 个国家，361000 名访问者和 4650 万次的点击率，这不正是做到了向市场推广大学品牌，进一步扩张了知识的市场吗？当然，进入 MOOC 时代后，市场化的运作规则逐一打破了先前网络课程发展所提倡的"免费"梦想，要想获得在线课程"学分"、"学位"乃至共享资源，岂有"免费的午餐"，一

① Adam Newman, "Venture Dollars Get Smarter," *Eduventures*, November 2000, http://www.eduventuers.com/research/industry_research_resources/venture_dollars.cfm.

系列的收费计划纷至沓来，使知识的市场化和商业化味道变得十分浓郁。

与美国相比，中国高校网络课程发展的运行机制明显不同。其实，在政策导向上的宏观行为以及在实施路径上的"自上而下"已能充分反映出中国高校网络课程发展以政府为主导的运行机制。国家为高校网络课程发展提供全部或大部分经费支持，网络课程发展必然坚持一个中心原则："谁出资，就听谁的"。对大学控制力最强的是政府部门。当然，中国高校与美国高校的结构相比，一个是以私立院校为主体，另一个则是以公办院校为主体，这就决定了以绝大多数公办院校为主体的中国高等教育机构是政府的下属机构，政府具有对大学的决策权。为此，高校网络课程的发展必然受制于政府，大学自主发展的空间相当有限。虽然，自中国高校网络课程发展伊始，就已经具备了大学、政府与市场的战略合作环境，市场的需求也作为最初网络课程建设工程的重要参考指标，但是发展方向上的决策权和具体事务的管理权仍控制在政府手中。以新世纪网络课程建设工程为例，当时政府决定试办网络教育学院时正是考虑到高等教育大众化背景下的市场需求，以放开办学自主权的方式推动高校建立适应市场发展的办学机制，但是网络课程项目仍然由教育部统一规划和管理，教育部的经费投入方式包括全额经费资助、部分经费资助和政策支持。然而，湖南大学的办学违规行为却让这种市场机制受到严重阻碍，过于放开办学自主权，任其各试点高校自由发展，最终导致了市场办学机制的混乱状态。并且，诸如清华大学等一流高校纷纷认为以这种方式向市场推广大学品牌会影响人才培养的质量，降低大学的声望。继而，教育部又重新加强了政府的宏观调控，提高了对网络课程质量的要求。

国家精品课程项目实施时，中国高校网络课程发展以政府为主导的运行机制依然明显。为了保障精品课程建设的可持续发展，教育部相继颁布了国家精品课程建设的实施意见以及将国家精品课程项目纳入"质量工程"重点建设内容。在国家精品课程建设思路上，虽然改变了以往大一统的发展方向，将精品课程建设确定为"校—省—国家"三级梯度发展体系，管理权限也逐渐下放到各省级教育行政部门，并在经费保障机制上推行由教育部、省级政府和各高校按比例投入专项资金支持精品课程建设。但是无论从管理机构的性质，还是从建设经费的来源，精品课程建设项目都具有政府公办的特点，高校自主权空间有限，对市场机制的引入也较为缺乏，丝毫没有改变以政府为主导的发展路线。直到国家精品开放课程建设项目启动时，完全以政府为主导的网络课程运行机制才有所改观。政策文件中在"多级联动，共建共享"方面明确提出通过"探索引入市场机制",保障课程共享和持续发展;在"技术与系统保障"方面也特别指出国家精品课程不仅要面向高校师生,还要为社会学习者提供资源共享服务,以及与国内主流门户网站合作,借助各方优势来实现优质开放课程资源的广泛传播。而且,政策文件中明确提出高等院校是课程建设的主体,享有对国家精品开放课程自主建设的权利。然而,以政府主导的原则仍然清晰呈现在政策文件的字里行间。只是这种运行机制逐步增添了大学与市场的积极参与,为构建三者间的战略同盟关系创造了条件。与此同时,"外面的世界"更加精彩,在以政府为主导的国家精品开放课程建设之外,MOOC革命对中国在线课程的冲击十分巨大,不仅国内各高校以充分的独立权和自主权加入其中,而且各个公司企业以市场运营的方式来开发MOOC平台。

四 中美高校网络课程发展的价值立场:知识霸权与本土开发

如前所述,石中英论及知识性质转变时,认为现代知识性质确立的"客观性"、"中立性"和"普遍性",正在被后现代知识性质的"文化性"、"境域性"和"价值性"所取代。这其中,他特别指出由西方社会建立的现代科学体系,反映了"西方中心"主义的价值观原则,在知识"客观性"、"中立性"和"普遍性"的背后实际上构建了西方的知识标准,对世界知识的控制权体现了西方发达国家的"知识霸权"。西方国家长期忽视其他发展中国家或不发达国家的知识,认为别国的"本土知识"或"地方性知识"难登大雅之堂,甚至将其列在知识世界之外。后现代主义者越来越认识到现代知识型社会中西方国家的本质行为,用"文化性"、"境域性"和"价值性"重新审视知识的性质以及批判西方国家的"知识霸权"主义。虽然在趋同性方面,笔者以适应知识性质的转变作为分析中美高校网络课程发展的知识基础相似部分,但是在这种适应过程中,中美高校网络课程发展的权力地位却迥然不同:美国高校网络课程的发展始终立足于全球的视野,不仅以此抢占国内网络市场,而且很快以风起云涌之势席卷世界,这一战略性的发展策略确实在形式上表达了"知识共享"、"免费开放"的理念,但是如此发展的必然将是整个美国社会的知识体系对其他各国无形中的思想奴化,实际上仍然体现出一种"知识霸权"主义的存在;中国高校网络课程的发展则坚持着"独立发展、自力更生"之路,在受到美国高校网络课程的影响和冲击下,并没有选择归顺和依附,而是采取"本土开发"网络课程的姿态积极迎接挑战,这其实也是对美国"西方中心"主义的一种防范和抵制。

由"西方中心"主义导致的知识问题十分复杂而现实，有其自身产生的特定历史条件和时代背景。伴随西方殖民运动在全球的扩张，资本主义国家的政治家们将西方社会推崇为"文明的社会"，而把非西方社会或者殖民地国家蔑视为一种"未开化"，甚至是"野蛮性"的"不文明社会"，正是这种认识上的定位，资本主义国家将对他国"本土文化"的侵略，美其名曰为帮助或促进该国本土社会"文明化"、"文化化"的过程。长此以往，居然有西方社会的学者，甚至本土社会的学者将上述过程视为"总体现代化"的一部分，并逐渐演化形成一种"西方中心"主义的知识态度和信念，且认为发端于西方社会的科学知识才是真正的知识，而将其他非西方的知识（即他国的"本土知识"）当作"伪知识"，或不是合法的知识。这就是所谓的西方"知识霸权"主义将"本土知识"排斥在知识世界之外的根由所在。后现代主义者认为，西方社会所建立的知识标准及体系同样存在"境域性"的特征，即是说，对于西方国家的本土社会而言，它所生产的"西方知识"本身也属于"本土知识"或"地方性知识"的范畴。那么，为什么西方国家拒不承认自己的知识也是"本土知识"，甚至于将"西方知识"凌驾于"本土知识"或"地方知识"之上呢？塞玛力（L. M. Semali）揭示了其中的本质。他认为，西方资本主义国家之所以忽视知识生产的"本土性"或"地方性"的境域，其真实目的是想以"西方知识"来超越"本土知识"或"地方知识"，使"西方知识"成为一种"真理"的化身，构建以"西方知识"为中心的知识标准及体系，通过这种等级制度或线性形式达到统领整个知识世界，最终为实现"知识霸权"奠定认识论和知识论的基础。[1]

知识的多样性可谓存在于任何一个时代，但并不是任何一种知识都可以被那个时代冠以"知识"的资格，因为哪种知识才是真正的知识，哪种知识不是真正的知识，主要由那个时代占主导地位的知识型决定。西方资本主义国家以"西方知识"为中心建立起来的"现代知识型"或"科学知识型"社会，必然剥夺了其他非西方社会或者殖民地国家的"本土知识"或"地方知识"的合法性，使这些知识长期遭受"西方知识"的压迫。正如塞玛

---

[1]　L. M. Semali and J. L. Kincheloe, "Introduction: What is Indigenous Knowledge and Why Should We Study It?" in See L. M. Semali and J. L. Kincheloe（eds.）, *What is Indigenous Knowledge? Voices from the Academy*（Falmer Press, 1999）, p. 29.

力所认为的，实施这种"知识霸权"的原因，既包括认识论的因素，又具有政治上的原因，"前者"服务于"后者"，两者紧密相连。当然，还有一个重要因素，那就是商业或经济利益。以"西方知识"为中心构建的知识版图伴随着文化的侵入或颠覆，在全球各个国家及地区无限蔓延，不仅实现了政治上腐化的目标，而且还获得了经济上巨额利润的回报。以教育领域为例，自近代以来各类留学生就纷纷流入美国、英国和法国等西方发达资本主义国家，同时与教育相关的西方各类语言文化产业可谓应有尽有、不计其数，其在教育对外贸易交流中收获颇丰。这些年来，后现代主义者倡导的对"多元文化"的尊重以及对"本土知识"的开发，让西方社会逐渐开始接纳其他非西方社会或者殖民地国家的"本土知识"或"地方知识"，也为"本土知识"或"地方知识"成为真正的知识提供了空间和平台。但是，这其中仍然充斥着西方资本主义国家的别有用心。因为，这些"本土知识"或"地方知识"具有大量可供商业开发和利用的东西，将其列入标准化的知识体系，无疑可以方便其向全球市场以产品或服务的形式出售，从中可以带来大量的商业利润回报。

显而易见的是，美国高校网络课程的发展仍然延续着西方社会"知识霸权"的理想路线，美国试图通过发展网络课程的方式吸引全球师生的目光和积极参与，将美国社会建构的知识标准及体系传播四海，最终的目标不仅是抢占国际市场，获得巨额利润回报，还想实现对其他国家及地区"本土知识"或"地方知识"的统领，无形中实现政治和文化上的入侵与颠覆。具体而言，从开放课件项目和 MOOC 平台的发展特点就可见一斑。2001 年，麻省理工学院才刚刚决定启动开放课件项目，第二年联合国教科文组织就将该项目列为开放教育资源，并掀起了一场全球性的开放教育资源运动。为此，开放课件项目迅速地蔓延全球，世界各国及地区的高校、教育组织和其他机构纷纷加入其中，分享以麻省理工学院为主导的美国高校优质网络课程及知识资源，毫无疑问这时候以网络课程为载体的知识世界的统治权明显掌握在美国高校手中，就连起初所遵守的知识产权规范也是以美国法律为标准。虽然，随后其他国家及地区也陆续开发自己特色的在线课程，或又可以称之为"本土知识"或"地方知识"，但是，在线课程开发的理念及标准依然是以美国高校开放课件项目为蓝本来规范实施。绝大多数的在线课程语言和文字呈现方式以英语为主，课程文化表现出强烈的美国色彩；即便是部分课程被翻译成葡萄牙语、西班牙语和中文等外国语言文字，但在某种程度上其也是为了扩张在线课程的国际市场需求，为美国在线课程抢占更多的市场空间和发展平台。

美国高校网络课程发展提倡的"知识共享"理念，实然有些"醉翁之意不在酒"。正如民间所谓的"饭局"原理，并不重在"饭"，而重在"局"一样，假使世界各国及地区的在线学习者都相继加入美国高校网络课程的发展项目或计划，那不只是为美国社会创造一个巨大的国际生源市场和经济收益空间，长此以往还有可能形成对美国网络课程背后建立的知识标准及体系的崇拜和依赖，这会对本国或本地区的"地方知识"或"本土知识"带来较大的冲击。可想而知，美国高校网络课程的发展战略规划必然将上述目标纳入其中。等到 MOOC 兴起时，美国高校网络课程发展的向外扩张运动更是十分明显。原来的由麻省理工学院开放课件项目"一驾马车"驱动忽然之间变成由 Coursera、Udacity 和 edX "三驾马车"同时驱动，几乎代表知识生产最高学府的美国境内顶尖大学全部参与其中，真正构建了美国整个高等教育系统中共同的知识标准和价值规范，而且人文学科课程日益增多，美国高校在线课程的意识形态化也表现无遗。一时之间，全球其他国家及地区的顶尖高校也积极加入了这一世界性的运动之中，当然也包括中国的清华大学、北京大学和复旦大学等。那么，美国式的"西方知识"标准及内容体系必然渗入其中，分享美国三大 MOOC 平台，就意味着要遵守美国技术或模式的统一性，也注定会对美国 MOOC 平台在未来的时间里产生强烈的依附性和依赖性，从而失去"本土课程"或"地方课程"知识生存的空间。这也正是美国高校网络课程发展战略的重要谋略之一。不然的话，美国媒体或学界为何将原本在线学习效果不佳的 MOOC 夸张得如此神奇。

面对如此"西方知识"中心主义的影响，中国高校采取了"本土开发"网络课程的战略，这也体现了知识转型时期抵御"知识霸权"，提倡知识多样性的一种趋势。其实，后现代主义者早已发现西方"知识霸权"主义的危害以及"本土知识"或"地方知识"开发的重要意义。随着知识"普遍性"的被解构和知识"境域性"的被揭示，人们开始了对"西方知识"中心主义的批判。费耶阿本德认为，西方侵略者对非西方国家的镇压，不仅使被镇压者在肉体上成为奴隶，而且还导致它们失去了独立的理智，突出地表现为"本土知识"的消失。① 可见，这种西方"知识专制"的行为对人类的生存和文化多

---

① P. K. Feyerabend, *Against Method*：*Outline of an Anarchistic Theory of Knowledge*（Redwood Burn, 1975）, p. 299.

样性造成了严重威胁。正如雅各布（Francis Jacob）指出的，"工业文明模式导致了技术、语言和生活方式的单一性，我们必须警觉起来"。① 原本以为"西方知识"的传播是对那些非西方国家或殖民地国家"文明化"的过程，然而这时人们更相信，那是用"西方知识"的标准反对他国知识的标准，用"西方知识"的体系颠覆他国知识的体系，最终致使"本土知识"或"地方知识"逐渐被遗忘。20 世纪 80 年代以来，西方"知识霸权"主义的问题和"本土知识"开发的重要性引起了发展中国家和不发达国家的高度关注，联合国教科文组织也为此召开专题会议讨论"本土知识"的接纳和发展问题。泰斯戴尔（G. R. Teasdale）深刻描述了西方国家对殖民地国家"知识的控制"以及开发"本土知识"是本土人民为生存而斗争的一部分。②

对于非西方国家或殖民地国家来说，"西方知识"长期对"本土知识"的压制，不仅导致了本土人民严重的精神危机和依赖心理，而且在关系自己生活和命运的问题上很难发出"有力的声音"。为此，开发"本土知识"或"地方知识"，抵制西方"知识霸权"主义，首先需要解除对非西方国家或殖民地国家心灵的枷锁，重建"本土知识"的合法性地位，帮助本土人民加深对"本土知识"重要价值和意义的认识，使"本土知识"在本土人民心里具有真实存在的"力量感"。同时，"现代知识型"向"文化知识型"的转变，开始动摇了西方"知识霸权"和"认识论霸权"的根基，使人们更加深刻地认识到"西方知识"背后的政治权力和文化入侵，逐步消除了人们以往对"西方知识"的标准及体系的过度迷信；并且，本土人民也越来越发觉，那些曾被视为科学典范的"西方知识"并不见得在解决本土问题上具有多么明显的效果，甚至还可能会带来难以消除的负面影响。"本土知识"或"地方知识"的发掘，则更有助于分析和解决本土化问题，而且还能日益摆脱对"西方知识"长期的依赖。当然，发展"本土知识"或"地方知识"也并不是说要彻底摒弃"西方知识"，甚至与"西方知识"形成某种对立的局面。"文化知识型"社会在强调知识多样性的同时，也意味着肯定了知识的互补性。对于西方国家而言，"本土知识"的价值越来越被它们发现；对于非西方国家而言，"西方知识"与"本土知识"的互补性作用更明显。特别是在日益频繁的全球化知

---

① F. Jacob, *The Possible and the Actual* (Seattle and London, 1982), p. 67.
② G. R. Teasdle and Z. M. Rhea (eds.), *Local Knowledge and Wisdom in High Education* (Elsevier Science Ltd., 2000), p. 4.

识生产、传播和应用过程中，能够充分地倾听和接纳不同文化、不同知识的声音显得格外重要，更有利于避免"知识霸权"主义的出现。

那么，中国高校网络课程的发展是如何遵循上述原则，不仅通过开发本土知识防范美国"知识霸权"主义的入侵，而且充分利用与"西方知识"的互补性来提高并完善网络课程技术和质量的呢？具体而言，我们仍需要回到中国高校网络课程发展的历程中去加以考察分析。新世纪网络课程建设工程可谓开启了中国本土开发网络课程的先河，无论是在知识标准、课程体系以及知识内容上，还是在技术标准规范、软件开发应用和经费支持类型上都具有鲜明的中国本土特色，服务的对象也主要是中国本土的高校师生。当麻省理工学院倡导的开放教育资源运动进入中国境内时，中国高校并没有完全直接依赖于美国高校的网络课程，而是各个高校联合起来共同行动创建了中国开放教育资源协会（China Open Resources for Education，简称 CORE），积极应对美国"西方知识"中心主义带来的挑战。一方面，批判地吸收以美国为代表的国外高校先进的教学技术、手段和优秀的开放式课件；另一方面，将中国高校本土开发的优秀课件和文化知识推向世界。同时，还以独立自主、自力更生的姿态来开发和建设本土化的网络课程，即实施国家精品课程项目。在与美国高校网络课程发展合作中，必然涉及知识产权问题，中国高校也并没有直接认可美国法律或文化体系中构建的 CC 协议，而是根据美国不同阶段发布的 CC 协议版本，结合中国高校网络课程发展本土化的特色，不断调整、修改，研制出本土化的"知识共享"大陆版（CC China）2.5 协议以及"知识共享"大陆版（CC China）3.0 协议。

如前所述，美国"知识霸权"主义的扩张不只表现于知识世界，还涉及政治、经济、文化和科技等领域。可见，中国高校网络课程的发展需要防范美国"知识霸权"将会带来的诸多霸权主义，例如知识背后的西方政治势力的意识形态化，抢占知识市场上的网络空间以及避免对西方科学技术的过度依赖。2011 年 2 月，教育部高等教育司的工作要点中第一次出现了打造"文化素质教育网络大课堂"的任务，其目的是想促进科学教育与人文教育的融合，让长期以来形成的"科学知识型"课程体系增添"本土知识"的人文气息。这一时期的美国高校网络课程也在不断变化形态，吸引着中国社会大众，特别是高校师生的眼球，例如麻省理工学院的开放课件项目仍在继续，MITx 在线学习计划出现新的扩张，还有受到国内学子热捧的世界名校公开课。以美国为代表的"西方知识"无孔不入地穿梭于时空隧道，既对整个中国社会的"本土知识"造成巨大压力，更影响到"本土文化"的生存空间。为此，中国政府旗帜鲜明地提出以弘扬社会主义核心价值体系和主流文化、服务社会主义先进文化建设为方向的国家精品开放课程建设的实施意见。其目的就是想以推动精品开放课程建设来增强中华文化的国际影响力和文化软实力。当 MOOC 蔓延全球时，中国高校还是坚持以"本土知识"开发为原则，并没有直接顺从于美国的 MOOC 平台和技术，而是清华大学以技术创新的方式自主成功创建学堂在线，中国本土化高校在线课程与美国高校网络课程共同竞技于中美彼此的 MOOC 平台，在实现与"西方知识"互补的同时，彰显出中国"本土知识"的独特魅力。

第三节　中美高校网络课程发展案例比较：知识转型的制度化存在

中美高校网络课程发展受到知识转型衍生的内外在制度的影响是比较清晰而明显的，并且这种影响又在一定程度上反映出中美高校网络课程发展的趋同性特征和差异性特征。一般意义上而言，如前所述的分析视角，无论是中美高校网络课程发展中存在的异同，还是知识转型衍生的内外在制度对中美高校网络课程发展的影响，更多的是站在一种宏观立场上对研究对象的整体性考察。为使知识转型衍生的内外在制度能够以更加具体化的呈现方式在中美高校网络课程发展过程中折射出来，本研究很有必要对中美高校网络课程发展的"趋同存异"现象进行案例比较分析，以一种较为微观的视角考察知识转型衍生的制度逻辑对中美高校网络课程发展影响的具体化表征。不过，选取案例并不是十分容易的事情，因为中美高校网络课程发展项目或是平台正如在论及演变历程中所描述的，其并不是一种较为统一的单一性质的格局，而是呈现多元化的发展趋势，这种多元化的发展趋势不只是形式上的多元化，而且在性质上也存在某种本质上的区别。所以在案例选择上，如果只选择中美高校各自有影响力的一种网络课程项目或平台进行评析则很难具有公信力；要是兼具所有网络课程项目或平台，做到案例选择的全面性则难度不言而喻。为此，本研究力图选择以中美高校网络课程新近发展的项目或平台为案例，兼顾形式与性质上的多元化，并且相关案例又具有中美高校网络课程项目或平台的代表性。选择的案例分别为：美国境内的两大 MOOC 在线学习平台 Coursera 和 edX；中国境内的两大网络课程在线学习平台爱课程和学堂在线。美国高校网络课程两大在线学习平台各具特色，兼具"营利"与"非营利"性质，以及公司联营和高校自主运营；中国高校网络课程两大在线学习平台同样特色明显，兼具政府主导和高校自主发展。

一　美国高校网络课程两大在线学习平台分析

（一）Coursera 网络课程在线学习平台

Coursera 是由斯坦福大学计算机科学副教授吴恩达和他的同事达芙妮·科勒教授联合创建的一家在线教育科技公司。该公司坐落于美国加利福尼亚州硅谷中心"山景城"（Mountain View），旨在与世界一流大学合作，在线提供免费开放的网络课程。该公司起源于 2011 年 10 月，吴恩达和达芙妮·科勒分别开发的"机器学习"和"数据库导论"两门在线课程，受到上万名在线学习者的自愿注册学习，引起了不同凡响的社会效应。在此启发和触动下，两位教授开始着手 Coursera 网络课程在线学习平台的搭建，希望能够为在线学习者提供更多优质的免费开放在线课程。[①] 2012 年 4 月，该公司获得风投资金后正式成立。Coursera 既以营利性的在线教育科技公司存在，更是一种大规模在线开放课程学习平台。达芙妮·科勒在"TED"演讲中以动人的故事述说创立 Coursera 的初衷，她以"迫切的需求"和"重大的突破"来说明 Coursera 的诞生。无论是贫困地区的人们，还是发达地区的人们，都存在教育需求上的矛盾：对于贫困地区的人们而言，由于区域优质高等教育资源的匮乏，他们迫切需要发达地区更多更好的高等教育资源来促进发展；对于发达地区的人们而言，虽然区域优质高等教育资源如此丰富，但是十分昂贵，他们迫切希望优质高等教育资源能够便宜地获取，甚至免费共享。Coursera 的出现极大地降低了获取优质高等教育资源的门槛，并使优质高等教育资源的价格变得如此低廉，几乎免费。[②] 这无疑是高等教育发展史上"重大的突破"，也是它为什么宣称"在网上免费学习全世界最好的课程"的缘由。

Coursera 在线学习平台的发展景况可以用"疯狂扩张"和"持续创新"来形容。正式上线两个多月的时间就接受了 150 万次的在线注册学习申请，通过

---

①　黄明、梁旭、谷晓琳：《大型开放式网络课程 MOOC 概论》，电子工业出版社，2015，第 38 页。

②　吴剑平、赵可：《大学的革命——MOOC 时代的高等教育》，清华大学出版社，2014，第 43~44 页，http：//www. ted. com/talks/daphne_ koller_ what_ we_ re_ learning_ from_ online_ education。

注册的在线学习者的人数达到 64 万人，来自 190 多个国家及地区；不到一年的时间，就吸引了 130 万名在线学习者注册学习 124 门网络课程；2013 年 10 月 23 日，与 Coursera 建立合作伙伴关系的机构突破 100 个，在线学习平台的课程开放数量超过 500 门，在线学习者注册人数达到 500 万人[1]；2014 年 5 月，在线学习平台的课程开放数量达到 649 门，在线学习者注册人数超过 700 万人，成为当之无愧的"学科门类最齐全"、"多种语言"和"课程最多"的 MOOC"巨头"。[2] 为此，可将 Coursera 在线学习平台的扩张战略概括为三个"多样化"发展特色，主要表现如下。

第一，合作伙伴类型的多样化。截至 2014 年 2 月，Coursera 在线学习平台与 108 所大学和机构建立了合作伙伴关系。从大学合作伙伴类型的多样化来看，以美国境内高校为例，不但包括耶鲁大学、普林斯顿大学、宾夕法尼亚大学和哥伦比亚大学等顶尖高校，还包括俄亥俄州立大学、纽约州立大学等州立大学；以美国境外高校为例，不仅包括中国的北京大学、复旦大学、上海交通大学、台湾大学、香港中文大学和香港科技大学，还包括新加坡的南洋理工大学和新加坡国立大学、日本的东京大学、英国的伦敦大学和曼彻斯特大学，以及法国的巴黎高等师范学院、巴黎综合理工学院、巴黎中央理工大学和巴黎高等商学院等。从其他机构合作伙伴类型的多样化来看，以美国境内机构的多样化为例，不仅包括匹配教师培训机构、若雷教育学院和新教师中心等教育机构，还包括田纳西董事会、现代艺术博物馆、国家地理协会和美国自然历史博物馆等非教育机构；以美国境外机构的多样化为例，包括英联邦教育信托基金、韩国科学技术高级研究院和世界银行等。除了世界银行以外，Coursera 在线学习平台的合作伙伴来自 19 个国家，美国境内大学和机构数量占据绝大部分，其他国家的大学和机构数量极少，但分布相对较为均衡，没有超过 6 所（见图 4-4）。[3]

第二，在线课程语言的多样化。截至 2014 年 2 月，Coursera 在线学习平台上的在线课程数量达到 621 门，除了英语课程以外，还支持中文、法语、德

① Daphne Koller:《我们从在线教育学到了什么》，Posted Aug 2012, Rated Inspiring, Persuasive, http://www.ted.com/talks/daphne_koller_what_we_re_learning_from_online_education/transcript? language = zh - cn。
② 黄明、梁旭、谷晓琳:《大型开放式网络课程 MOOC 概论》，电子工业出版社，2015，第 38~39 页。
③ 王庭槐:《MOOC——席卷全球教育的大规模开放在线课程》，人民卫生出版社，2014，第 35 页。

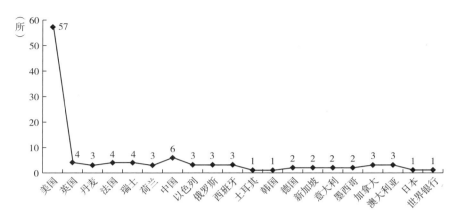

图 4 – 4　与 Coursera 在线学习平台合作的大学和机构分布情况

语、俄语、西班牙语、葡萄牙语、土耳其语、日语、乌克兰语、意大利语、阿拉伯语和希伯来语等 13 种语言的在线课程。[1] 其中，一部分在线课程的语言是不同国家各自开发和开放在线课程的原始语言，另一部分在线课程的语言是经翻译后的通用语言文字。Coursera 在线学习平台上的在线课程绝大部分还是以英语为主，其次是中文、法语、西班牙语、俄语和葡萄牙语，意大利语、阿拉伯语、希伯来语和日语在线课程数量最少（见表 4 – 1）。最主要的原因一方面可能在于各个国家参与 Coursera 在线学习平台的高校数量及课程数量，以及在线学习者群体通常熟悉和使用的语言文字所占人数的比例；另一方面在于翻译机构对不同语言文字的重视程度以及致力于该项翻译工作的努力。例如，为了消除中国在线学习者的语言障碍，Coursera 在线学习平台与中国网易公司、果壳网和译言网等机构合作，开展在线课程的中文翻译工作，网易公开课与Coursera 联合创建的 Coursera 官方中文学习社区已翻译并制作完成 92 门在线课程；译言网也搭建了"译言×Coursera 中文课堂"，进行在线课程的中文译制工作；果壳网与 Coursera 在线学习平台实现对接，建立了国内最大的 MOOC 学习社区。[2] Coursera 在线学习平台正在通过上述路径增强 Coursera 在线课程对中国在线学习者群体的接受度和影响力，斩获了大批中国在线学习者，进一步抢占了中国网络教育市场。

---

① 王庭槐：《MOOC——席卷全球教育的大规模开放在线课程》，人民卫生出版社，2014，第 38 页。

② 李曼丽、张羽：《解码 MOOC——大规模在线开放课程的教育学考察》，清华大学出版社，2013，第 60 页。

表 4 – 1　Coursera 在线学习平台上各种语言文字在线课程数量统计

语言文字	课程数（门）	所占百分比（%）	语言文字	课程数（门）	所占百分比（%）
英语	538	86.6	乌克兰语	4	0.6
中文	45	7.2	德语	2	0.3
法语	22	3.5	阿拉伯语	1	0.2
西班牙语	14	2.3	希伯来语	1	0.2
俄语	13	2.1	意大利语	1	0.2
葡萄牙语	7	1.1	日语	1	0.2
土耳其语	4	0.6			

注：虽然在线课程总数是 621 门，但是由于不同课程存在语言翻译上的重叠计算，所以图中根据语言分类的在线课程数量累计超过了 621 门，为此不同语言文字的在线课程所占比例之和也就自然超过 100%。

第三，在线课程学科的多样化。Coursera 在线学习平台上的在线课程号称具有"学科门类最齐全"的课程体系，课程学科涉及数学、物理、化学、计算机、生物、医学、法学、教育学和音乐等不同学科，其中人文学科、计算机科学、社会科学、生命科学、健康与社会、教育学、商业和管理学、经济和金融、医学以及信息、技术和设计等在线课程所占比例较高，分别达到了 18.4%、17.2%、14.8%、12.9%、12.9%、11.8%、11.1%、10.6%、10.5%、10.1%；法律、食物和营养学、化学、能源和地球科学等在线课程所占比例较低，分别只有 2.6%、2.7%、3.5%、3.9%。[①] 虽然 Coursera 在线学习平台上的在线课程学科门类最为齐全，但是各个学科在线课程的数量分布却呈现不均衡的发展态势。所占比例最大的人文学科在线课程是所占比例最小的法律学科在线课程数量的 7 倍多，即使是单一学科的计算机科学在线课程数量也是法律科学在线课程数量的 6 倍多。在线课程数量学科分布上的不均衡现象在一定程度上反映出参与 Coursera 在线学习平台上课程开发和开放的高校主要以哪些学科专业见长和特色明显。另外，在线课程的学科交叉性或跨学科性特征也十分显著，在线课程的交叉学科或跨学科分类几乎占到整个学科分类体系的一半，并且此类学科的课程数量所占比例优势突出。正因如此，部分课程在学科归类时具有一定的交叉性和重叠性，例如：医学在线课程有 65 门，生命科学在线课程有 80 门，而如果将医学与生命科学相关的在线课程并入归类，则此类在

---

① 王庭槐：《MOOC——席卷全球教育的大规模开放在线课程》，人民卫生出版社，2014，第 38 页。

线课程总数为 119 门。另外，Coursera 在线学习平台上还单独设有教师专业发展在线课程，这类在线课程数量具有相当比例（见表 4 - 2）。

表 4 - 2　Coursera 在线学习平台上各类学科在线课程数量统计

学科名称	课程数（门）	所占百分比（%）	学科名称	课程数（门）	所占百分比（%）
艺术	27	4.3	人文学科	114	18.4
生命科学	80	12.9	信息、技术和设计	63	10.1
商业和管理	69	11.1	法律	16	2.6
化学	22	3.5	数学	47	7.6
计算机科学	107	17.2	医学	65	10.5
经济和金融	66	10.6	音乐、电影和音频	27	4.3
教育学	73	11.8	物理和地球科学	25	4.0
能源和地球科学	24	3.9	物理	34	5.5
工程学	44	7.1	社会科学	92	14.8
食物和营养学	17	2.7	统计和数据分析	45	7.2
健康和社会	80	12.9	教师专业发展	44	7.1

注：虽然在线课程总数是 621 门，但是由于部分课程在学科归类时具有一定的交叉性和重叠性，所以图中根据学科分类的在线课程数量累计超过了 621 门，为此不同学科的在线课程所占比例之和也就自然超过 100%。

　　Coursera 在线学习平台的选课学习流程主要包括：①在线学习者根据自己的兴趣和学习的需求在 Coursera 在线学习平台上提交注册申请，通过后在该平台提供的各类在线课程群中选择出适合的在线课程进行学习；②在线学习者在学习过程中自行决定学习进度，通过观看教学视频录像，适时回答在线课程设置的交互性问题，完成在线学习者互评课程作业，并与在线学习伙伴或同学和在线教师一起交流和讨论；③完成选定的在线课程学习任务后可申请获得被认可的课程学习成绩。部分在线课程还可以获得相应的课程学习认证证书，以及课程学分认定。Coursera 在线学习平台主要坚持按照"在线学习的有效性"、"掌握学习"、"作业互评"和"混合式学习"的重要思路来实现在线课程教学预设的愿景。为了这一愿景的最终实现，Coursera 在线学习平台构建了以授课教师为主导，符合教学规律的在线课程虚拟教学环境，并且对在线教学环节进行创新性设计，主要表现为：一是注重教学环节的完备性。由在线教师与在线学习者共同构建一个完整的教学环节，包括在线教师根据教学大纲，定时发布开课信息及视频教学资料，根据学习步骤设计在线问题，布置在线课程作业以及组织网上学习讨论；在线学习者自主选择学习时间及学习进度，参与完成教学视频观看、在线问题回答、课程作业撰写以及参加学习讨论。二是设计适合在线自主学习的网络教学视频。不仅将在线课程教学视频分割成若干个主题鲜明的简短视频，运用碎片化的交互性学习，接近教与学之间的距离，而且将重要的知识点恰如其分地以交互问题方式呈现，以随时检测在线学习者的学习效果。三是创立"生生互评"的在线学习效果考核机制。因为在线课程注册学生规模巨大，每门课程由一名教师和几名助教很难实现对在线学习者的指导、互动教学以及作业批改。① 教师提前呈现课程作业评价指标体系，规定课程作业提交时间期限，在线学习者按照评价标准，通过"生生互评"考核机制，为其他同学进行作业评分，不仅解决了作业批改问题，而且还可以实现相互学习的目的。

2013 年 1 月，Coursera 在线学习平台推出"签名追踪体系"认证证书付费服务项目。对于其他在线学习者而言，即使不参加认证证书的付费服务项目，只要完成了在线课程学习任务，也能获得普通在线课程的证书，但是该证书无法证明在线学习者的真实身份与课程学习成绩之间的联系。而加入付费签名认证计划，不仅能够对整个在线学习过程进行有效的监控、管理与指导，而且还可以对其身份进行适时认证。当在线课程结束后，在线学习者完成学习任务就可以通过支付一定的签名认证费用，获得由 Coursera 和开课学校官方共同提供的认证证书，该证书上还有修读完成的在线课程教师的签名，以及印有可供查询的认证编码。② Coursera 在线学习平台除了开设普通选修在线课程之外，还为在线学习者学习掌握和提高专业化技能提供专项在线课程。专项在线课程是由不同学校和特定教师提供的系列相关课程模块组成。截至 2014 年 2 月，Coursera 在线学习平台共有 10 门专项在线课程，分别是约翰霍普金斯大学提供的"数据科学"、马里兰大学帕克分校和范德堡大学联合提供的"安卓系统移动云计算"、莱顿大学和日内瓦大学联合提供的"全球事务挑战"、英联邦教育信托基金提供的"教育的基础学习"、伯克利音乐学院提供的"现代音乐家"、西奈山伊坎医学院提供的"系统生物学"、马里兰大学帕克分校提供的"网络安全"、杜克大学提供的"推理，数据分析与写作"、莱斯大学提供的"基础计算"和加州大学尔湾分校提供的"虚拟教师计划"。③ 在线学习者按要求完成学习任务后，就可以获得由 Coursera 签章，印有大学标志和教师签名的专项课程认证证书。专项在线课程虽然没有特别的付费机制，但是如果要想获得专业认证，则必须支付选修专项在线课程相应的费用。例如："安卓系统移动云计算"需要花费 196 美元，2015 年 7 月上线的北京大学专项在线课程"程序设计与算法"获得 6 门课程认证证书的总费用是 203 美元。①

　　Coursera 在线学习平台推出的在线课程一方面受到社会各界的极力推崇，另一方面社会各界对在线课程的价值和学习效果的认同仍然存有疑虑。虽然 Coursera 在线学习平台提供的是大学课程，但是一直游离于正规大学体制之外，修读完成的课程能否被转化为其他大学认可的学分，或是依靠 Coursera 在线学习平台获得的证书是否能够具有长期的吸引力和效力仍未可知。Coursera 在线学习平台不断完善自己的运作模式，使之逐渐走向成熟。2013 年初，Coursera 在线学习平台上的 5 门在线课程的学分获得了美国教育委员会（ACE）的官方认证。这意味着在线学习者修读完成上述 5 门在线课程，获得的课程学分可能会被其他大学认可和接受，转换成其他大学相应的课程学分。② 同年 5 月，Coursera 在线学习平台进军美国公立大学系统，与纽约州立大学、田纳西州大学系统和佐治亚大学系统等公立大学系统签订合作协议，通过开发各自高等教育系统中的 MOOC，实现州内大学在校学生跨校选课。③ 遗憾的是，并非所有美国公立大学系统都对该项计划表示支持。Coursera 在线学习平台即使对在线学习行为与学术诚信做了明确规定，例如：只能注册一个账号，保证不作弊和不协助作弊，以及尊重知识产权。④ 然而，学术诚信问题一直是 Coursera 在线学习平台面临的重大挑战。在线学习的整个过程处于无人监督的网络环境中，如何保证在线学习者学习活动的真实性，是否完全是本身亲自参与在线讨论和问题回答，以及课程作业的完成和在线考试测评能否反映在线学习者的真实水平，这些问题一直成为困扰 Coursera 在线学习平台健康可持续发展的瓶颈。

（二）edX 网络课程在线学习平台

　　2012 年 5 月，麻省理工学院和哈佛大学各出资 3000 万美元联合创建了 edX 在线学习平台。该平台是麻省理工学院推出的 MITx 学习计划与哈佛大学的哈佛

---

① 参见 https：//www. coursera. org/specializations/biancheng – suanfa。
② Steve Kolowich，"Education Group Recommends 5 MOOCs for Credit," *Chronicle of Higher Education*，2013，59（23）：2.
③ 吴剑平、赵可：《大学的革命——MOOC 时代的高等教育》，清华大学出版社，2014，第 45 页。
④ 参见 https：//www. coursera. org/about/terms/honorcode。

大学开放学习计划（Harvard Open Learning Initiative）的技术联姻。edX 在线学习平台的诞生并非偶然，早在 10 年前，麻省理工学院就掀起了在线教育发展的热潮，实施"公开线上课程"的开放课件项目，将大部分本科课程陆续投放在网上开放共享，供在线学习者免费使用。2011 年 12 月，麻省理工学院在开放课件项目的基础上推出 MITx 在线学习计划，改进了原有开放课件项目存在的不足，发展了在线学习的交互性，使在线学习者能够自定学习进度以及获得 MITx 颁发的课程认证证书。[①] MITx 在线学习计划作为一个开源平台，为世界各国的大学和教育机构开发在线平台和在线课程提供了技术上的支持，也为搭建网络学习社区创造了得天独厚的先决条件。虽然推行了 MITx 学习计划，并归入了 edX 在线学习平台，但是麻省理工学院的开放课件项目仍坚持独立运行，除了体现在线课程项目的多元化以外，也是为了满足不同学习者的学习兴趣和学习需求。[②] edX 在线学习平台的合作创意最早源于当时任职麻省理工学院教务长、现任校长的拉斐尔·莱夫（L. Rafael Reif）和哈佛大学教务长阿兰·加伯（Alan Garber）的倡导和推动，目前 edX 在线学习平台由麻省理工学院教授阿南特·阿加瓦尔（Anant Agarwal）领衔，他曾担任过麻省理工学院计算机科学与人工智能实验室主任，开发了首门 edX 在线课程"电路与电子学"，吸引了来自 162 个国家的 15 万余名在线学习者。[③] edX 在线学习平台继承了开放课件项目的"知识共享"理念，该平台被定位于一个独立运作的非营利性机构。

edX 在线学习平台力求通过与大学的合作，为全球学习者的成长发展与自我实现提供最优质的高等教育资源。为此，edX 在线学习平台宣扬的口号是"来自世界上最优秀大学的网络课程"。edX 在线学习平台作为非营利性机构，坐落于美国顶尖高校云集的东北部，沿袭了精英主义的传统。在与大学合作方面，edX 在线学习平台与 Coursera 在线学习平台的不同之处在于：精英情绪十分浓厚，更加注重大学的质量而不是数量。所以，截至 2014 年 2 月，当 Coursera 在线学习平台与全球上百个合作伙伴建立关系的时候，通过在线高等教育精英联盟 xConsortium 方式与 edX 在线学习平台建立合作伙伴的高校仅有 31 所，来自美国、

---

① MIT News Office, "What is edX," 2012 – 05 – 02, http：//news. mit. edu/2012/edx – faq – 050212.

② Philip DiSalvio, "Will MITx Change How We Think About Higher Education?" *New England Journal of Higher Education*, 2012（1）：1.

③ 吴剑平、赵可：《大学的革命——MOOC 时代的高等教育》，清华大学出版社，2014，第 47 页。

中国、澳大利亚等 12 个国家，总共推出了 130 门在线课程。从高校数量结构来看，主要以美国境内大学为主，其他各国大学数量仅在 4 所以内；从高校质量结构来看，参与 edX 在线学习平台在线课程开发的大学都是各国顶尖高校，例如：中国的清华大学、北京大学、香港科技大学、香港大学，日本的京都大学，韩国的首尔大学，德国的慕尼黑工业大学，加拿大的多伦多大学和麦吉尔大学，印度的印度理工学院孟买分校，等等；从各国高校推出的在线课程数量来看，美国境内大学的在线课程数量达到 89 门，所占比例具有绝对优势，中国的大学名列第二，在线课程数量为 12 门，澳大利亚的大学在线课程数量也达到了 7 门，绝大部分国家的在线课程均为 1 门，德国和瑞典虽然成了 edX 在线学习平台合作伙伴，但是还没有推出在线课程。① 可见，edX 在线学习平台在大学参与数量和在线课程数量结构分布上与 Coursera 在线学习平台极为相似，美国境内大学与境外大学存在的极化现象明显，并且也反映出部分国家在网络课程开发与共享方面，重点还是以本土化发展为主（见图 4－5）。

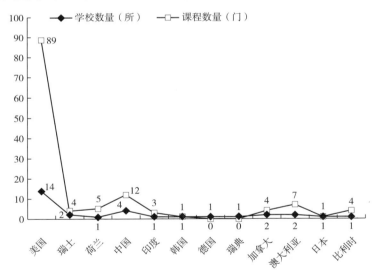

图 4－5　与 edX 在线学习平台合作的各国大学数量和在线课程数量统计

edX 在线学习平台推出的在线课程截至 2014 年 2 月，已达到 130 门。与 Coursera 在线学习平台上的网络课程相比，edX 在线学习平台上的网络课程语言较为单一，绝大部分在线课程以英语为主，只有少量在线课程是中文或法

①　王庭槐：《MOOC——席卷全球教育的大规模开放在线课程》，人民卫生出版社，2014，第 90～91 页。

语，一些中文在线课程具有英文字幕。edX 在线学习平台上的网络课程同样是按照不同学科进行整理归类，涉及的学科门类也是十分齐全，包括历史、化学、数学、文学、医学、法律、计算机科学、工程学和物理学等。其中，科学、工程学、人文学科、社会科学、计算机科学和物理学等在线课程所占比例较高，分别达到了 35.4%、28.5%、26.2%、24.6%、21.5%、16.9%；食品与营养学、音乐、通信、化学、能源与地球科学和法律所占比例较低，分别只有 2.3%、2.3%、3.8%、5.4%、6.2%、6.9%。上述在线课程在学科分类上的数量结构分布状况与 Coursera 在线学习平台相似，同样呈现学科课程发展的不均衡现象，并且在线课程数量比例较高的学科都集中在人文学科、计算机科学、社会科学，比例偏低的学科几乎一致，涉及法律、食品和营养学、化学、能源和地球科学。[①] 在线课程在学科分类上的数量结构分布同样反映出参与 edX 在线学习平台上课程开发和开放的高校主要以哪些学科专业见长和特色明显。例如，麻省理工学院的计算机科学和工程学无可厚非地成为专业见长的佼佼者。因为部分在线课程的内容与多个学科相关，为了方便在线学习者可以从不同路径获取该在线课程资源，edX 在线学习平台将其并入多个学科。并且，由于大部分在线课程存在重复开设的情况，所以在统计时将再次开课的在线课程视为不同的课程列入总门数进行考察分析（见表 4 - 3）。

表 4 - 3　edX 在线学习平台上各类学科在线课程数量统计

课程	门数（门）	所占百分比（%）	课程	门数（门）	所占百分比（%）
生物与生命科学	16	12.3	历史	19	14.6
商业和管理	15	11.5	人文学科	34	26.2
化学	7	5.4	法律	9	6.9
通信	5	3.8	文学	11	8.5
计算机科学	28	21.5	数学	18	13.8
金融与经济	14	10.8	医学	11	8.5
电子学	11	8.5	音乐	3	2.3
能源和地球科学	8	6.2	哲学与伦理学	12	9.2
工程学	37	28.5	物理学	22	16.9
环境研究	10	7.7	科学	46	35.4
食物和营养学	3	2.3	社会科学	32	24.6
健康和社会	15	11.5	统计和数据分析	16	12.3

---

① 王庭槐：《MOOC——席卷全球教育的大规模开放在线课程》，人民卫生出版社，2014，第 92～108 页。

edX 在线学习平台不仅与高校建立了合作伙伴关系，而且还积极与企业、政府搭建合作平台，实施多元化合作扩张之路。edX 在线学习平台的合作伙伴分为 edX 宪章成员和 edX 成员。一般意义上，edX 宪章成员为全球的顶尖高校，包括麻省理工学院和哈佛大学，以及在线高等教育精英联盟 xConsortium 的其他大学。其中作为创始成员的麻省理工学院和哈佛大学驱动着 edX 在线学习平台的愿景与使命，其他宪章成员包括美国境内的康奈尔大学、加州大学、波士顿大学、芝加哥大学，澳大利亚国立大学和昆士兰大学，以及中国的北京大学、清华大学和香港科技大学等，由 26 所院校发展到如今的 48 所。edX 成员由全球领先的高校、企业和国际组织等构成，包括科尔盖特大学、查尔姆斯理工大学、大阪大学、早稻田大学、香港理工大学、电气和电子工程师协会、微软公司和国际货币基金组织等 58 个机构。[①] 可见，在线高等教育精英联盟 xConsortium 仅是 edX 在线学习平台商业运作模式的一部分，在发展在线教育精英化道路上，edX 在线学习平台也向各类机构、政府、企业以及个人敞开了大门。

edX 在线学习平台除了向在线学习者提供普通证书课程之外，还与得州公立大学系统合作，开发"线上"与"线下"相结合的学分课程，这样既方便得州公立大学系统内的学生选修通识课程学分，又使课程学分在大学系统内得到充分认可，将在线教育正式纳入正统学位教育。2013 年 8 月，edX 在线学习平台与印度"成功人士"（Aspiring Minds）人力资源公司合作，不仅可以为该公司提供已经证明具有一定能力的在线课程学习者作为人力资源，而且通过课程认证增加了在线学习者求职的机会；edX 在线学习平台与波士顿市政府合作，创立 BostonX，为城市居民免费提供大学课程。2013 年 9 月，edX 在线学习平台联合 Google 公司共同开发出新的在线课程平台 MOOC.org，该平台致力于为所有非联盟高校、政府、公司、机构以及教师个人提供开发 MOOC 的机会。[②] 由此，edX 在线学习平台呈现出两条独立而清晰的发展路线：通过 xConsortium 专注开发顶尖大学的精品在线课程；以 MOOC.org 在线课程平台来实现合作对象广度的快速扩张。

edX 在线学习平台的选课学习流程和课程基本构成元素与 Coursera 在线学

---

① 参见 https：//www.edx.org/schools－partners。
② 吴剑平、赵可：《大学的革命——MOOC 时代的高等教育》，清华大学出版社，2014，第 49～50 页。

习平台相似，都要经过申请注册，在线学习者根据学习兴趣和学习需求自主选课，按照在线课程规定的时间自定学习步调，参与完成各项在线课程学习任务和各种考核后，就可获得成绩和学分认证。在线课程主要由教学视频、交互式问题、图片指示型问题、特殊信息输入、交互式工具、在线实验工具和在线评价方式等七大基本元素组成，每个基本元素在学习过程中扮演着各自重要的角色。如果教学视频在线观看存在问题，可以下载到电脑上再继续学习；交互式问题一般规定了完成的期限；特殊信息输入需要提前熟悉文本、符号及公式等输入方式；在线实验工具拥有较强的模拟性和可操作性；在线评价方式主要包括自我评价、自动反馈与智能评分、同伴评分和综合性评分。除此以外，edX在线学习平台还为方便课程交流与共享提供了课程论坛和社交网站。edX在线学习平台上的在线课程学习方式分为"旁听"和"证书"两种类型。对于绝大部分在线课程来说，都允许在线学习者以"旁听"的学习方式注册学习，特别是课程教学过程已结束的在线课程只能以"旁听"的形式进行学习。

edX在线学习平台更加鼓励在线学习者采用"证书"的学习方式完成课程。目前，edX在线学习平台提供三种证书课程认证方式：一是荣誉守则证书。此证书无法证明在线学习者真实身份，只提供完成某门在线课程学习的证明，通常是免费认证。二是身份认证证书。当在线学习者顺利完成特定在线课程学习任务后，edX在线学习平台通过在线学习者提供的有效身份证件与网络摄像获得的照片来证明学生的身份及学习情况。[①]此证书因课程不同而需要收取不同的费用，一般在100美元左右。三是X系列证书。此类证书由麻省理工学院提供，发源于MITx项目。在线学习者完成了某一特定学科系列相关课程，并获得了身份认证证书以后，才能申请X系列证书。X系列证书同样是收费项目，其收费标准为系列相关课程中每门在线课程身份认证证书的费用总和，再加上颁发X系列证书的费用（此费用为75美元）。假设X系列课程中包含3门在线课程，每门课程身份认证证书的费用是100美元，那么获得X系列证书的总费用为375美元。[②]

为了保障在线课程的教学活动正常开展，edX在线学习平台在教学管理上制定了如下一些规则：一是课程资料版权管理。edX在线学习平台在知识

---

① 董晓静、洪明：《美国Edx平台的运作方式、特点和面临的问题》，《中国远程教育》2015年第7期。

② 参见 https：//www.edx.org/xseries。

产权法和知识共享协议框架内制定了在线课程资料的使用权限，对于绝大部分课程学习资源仅限于学习期间浏览使用，严禁对在线课程资源的下载，并明文规定在线学习者无权使用课程之外的大学资源，也不享有被大学正式录取的权利。二是成绩与学分的认定。在线课程学习成绩的认证需要 edX 在线学习平台与开课大学共同认定，由于不能证明在线学习者能否达到实体大学在校学生的课程学习标准，所以还没有任何大学提供正式的学分认证。三是学生行为的自我约束。edX 在线学习平台通过荣誉守则来规范在线学习者的行为。edX 荣誉守则主要内容包括保证独立完成期中和期末考试，不协助或替代其他人的工作；仅持有一个账号并不允许他人使用；在提高自己或他人成绩时，要以诚信原则为行动指南；等等。四是事务性环节的规定。edX 在线学习平台推行"选退课"自由原则，对于收费在线课程的退课退款问题，规定开课两周内退课全额退款，两周后退课不再退款。对于特定在线课程的身份认证问题，实行身份证件提供类型多样化和灵活性，可以任意选择身份证、护照、市民卡和驾照等其中一种。五是学习进度控制。[①] edX 在线学习平台上的在线课程状态一般分为"未开始"、"进行中"和"已完成"三种类型。如前所述，对处于"已完成"状态的在线课程只能采取旁听形式。对处于"进行中"状态的在线课程，在线学习者还可以注册，只要没有错过问题和作业完成期限，以及各项考核内容，都还有机会获取在线课程的考试和认证。上述条款和规约同样与 Coursera 在线学习平台存在相似之处。

二　中国高校网络课程两大在线学习平台考察

（一）爱课程网络课程在线学习平台

爱课程（icourses）在线学习平台的创建工作得益于教育部、财政部联合印发的教高〔2011〕6 号文件和教育部颁布的教高〔2011〕8 号文件。"6 号文件"提出"实施'本科教学工程'的意见"，将"国家精品开放课程建设与共享"作为"本科教学工程"的重点建设内容，明确指出通过建设国家精品视频公开课程和国家资源共享课程，充分发挥高等院校人才优势和知识文化的传承与创新功能，实现国内外先进科技文化最新成果的广泛传播。然而，如何完成上述目标任务，"6 号文件"又提出，首先要"完善和优化课程共享系统"，

---

① 参见 https：//www.edx.org/edx－privacy－policy。

"大幅度提高资源共享服务能力"。可以说，"本科教学工程"的主题思想表明了国家对建立国家精品开放课程网络共享平台的支持。"8号文件"以"提高高等教育质量"和建设"服务学习型社会"为导向，公布建设国家精品开放课程的实施意见，将国家精品视频公开课和精品资源共享课作为开放课程的两大核心内容，其目的要体现优质课程资源的普及共享和服务于学习者的自主学习。对于如何实现上述目的，除了充分运用现代信息技术和先进的教学理念方法外，更重要的是以网络传播为主渠道。所以，"8号文件"在"技术与系统保障"方面明确提出要与中国境内的"教育网站和主流门户网站合作"，凭借"各方优势"，以"接入和镜像等方式"，广泛传播优质在线课程资源。为保障优质在线课程资源的广泛传播，还明确指出要充分利用先进的"信息技术"和"网络技术"来构建具有"教与学"兼备和"互动交流"等功能的"国家精品开放课程共享系统"。可见，上述指导思想和具体措施为爱课程在线学习平台的创建奠定了坚实基础。

2012年4月26日，教育部印发了《关于公布首批"精品视频公开课"名单的通知》（教高函〔2012〕10号）。该通知公布了首批43门国家精品视频公开课在爱课程网站、中国网络电视台和网易网站免费开放的情况，并明确提出"鼓励教育行政部门和高校与'爱课程'等视频公开课网站建立链接关系，进一步加大在线课程的推广力度"。2013年12月，教育部高等教育司颁布《关于印发〈国家级精品资源共享课项目管理办法〉的通知》（教高司函〔2013〕129号）。《国家级精品资源共享课项目管理办法》明确提出爱课程网要配备在线课程联络员，协助对在线课程的技术和内容进行审读；要为在线课程提供技术支持和相关服务，向在线课程团队及时反馈在线学习者涉及的问题；要适时公布在线课程的"访问人数"、"公众评价"和"具体排名"，更新完善在线课程状态。同时，对在线课程团队做出每学年在线课程更新次数不少于1次，在爱课程网上更新的课程资源比例不能低于10%的规定。爱课程在线学习平台在中国政府的推动下，成为国家精品开放课程资源开放与共享的核心网络平台。最初的爱课程在线学习平台推出的在线课程主要包括国家精品开放课程的两大类型，即国家精品视频公开课和国家精品资源共享课。国家精品视频公开课和国家精品资源共享课程虽然都属于开放课程性质，实行以政府为主导，高校自主建设，专家、高校师生以及社会力量参与评价和推广的模式，服务对象同样是以高校师生为主体，并面向社会学习者，但是两者在具体的发展方向、建设步骤和主要内容等方面的风格迥然不同。

国家精品视频公开课着力推动"高等教育开放",弘扬"社会主义核心价值"和主流科学、文化理论,广泛传播"优秀文明成果"和科学技术前沿知识,以增强中国文化的"软实力"和国际影响力。为此,国家精品视频公开课以"名师名课"为基础,兼容科学文化素质教育网络视频课程和学术讲座。国家精品视频公开课由教育部制订建设标准,进行"整体规划"和"择优遴选",高校结合本校特色进行自主建设,以师生对课程评价情况为参考,择优申报;坚持"分批建设"、"同步上网"原则,采用"建设一批、推出一批"的方式发展精品视频公开课。教育部计划"十二五"期间,总共要建设国家精品视频公开课1000门。截至2016年8月,国家精品视频公开课上线1038门,视频集数达到7047集。国家精品视频公开课以中国高等教育学科分类体系进行归类,方便在线学习者按学科门类选课学习。国家精品视频公开课的学科门类十分齐全,涵盖了2011年教育部修订颁布的《学位授予和人才培养学科目录(2011年)》中设置的13大学科门类的12大学科,涉及哲学、经济学、法学、教育学、文学、历史学、理学、工学、农学、医学、管理学和艺术学。国家精品视频公开课程数量在各学科分布上呈现不均衡发展现象,其中工学课程数量最多,达到1578门;文学、理学和医学数量也具有相对优势,分别为828门、754门和748门。课程数量偏少的学科为农学、教育学、哲学和经济学,分别为231门、266门、353门和359门。[①] 国家精品视频公开课程的视频集数在各学科分布上相对比较均衡,不过仍然以工学课程视频集数最多,其次是文学、医学和理学(见图4-6)。

国家精品资源共享课旨在推动高校优质课程资源共建共享,以课程资源系统化和完整性为基本要求,以发展各专业核心课程为主要目标,着力转变"教学观念",改革"教学方法"和更新"教学内容",促进人才培养质量的提升和更好地服务于学习型社会。为此,国家精品资源共享课主要包括基础课程和专业课程。国家精品资源共享课程同样由教育部"统筹设计"和"优化课程布局"。只是说,国家精品资源共享课继承和发展了原有国家精品课程的某些传统和优势。例如,将原有国家精品课程转型升级,并补充新的国家精品资源共享课程;按照"校—省—国家"多级体系和"本科、高职与网络教育"多类型、多层次的主要思路来发展国家精品资源共享课程。同时,也对原有国

---

① 参见 http://www.icourses.cn/cuoc/。

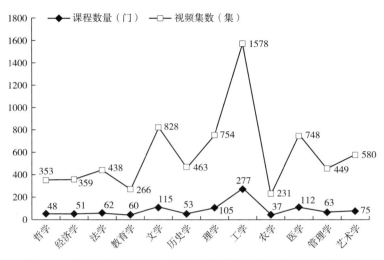

图 4 - 6   国家精品视频公开课各类学科课程数量及视频集数统计

家精品课程存在的不足及问题进行了改进和完善。例如，拓展了课程服务对象的范围，由服务"教师"转向既服务"师生"，又服务"社会学习者"；网络课程资源由"有限开放"转向"充分开放"；探索"市场机制"的引入来保障国家精品资源共享课程的可持续发展。教育部计划"十二五"期间，总共要建设国家精品资源共享课 5000 门。截至 2016 年 8 月，国家精品资源共享课上线 2886 门，远没有实现教育部预定的发展目标。不过，在课程类型和层次上却有所创新和突破。不仅按照"本科、高职与网络教育"多类型思路发展精品资源共享课，而且特别设有教师教育类课程。开课单位除了"985"、"211"高校，还兼顾了其他一般本科院校国家精品资源共享课的发展。在整个国家精品资源共享课程中，本科课程占据绝对优势，课程数量达到 1767 门，所占百分比为 61.2%，教师教育课程和网络教育课程数量偏低，分别为 200 门和 160 门。各类型课程数量结构呈现"坡度"分布状态（见图 4 - 7）。①

国家精品资源共享课程类型中本科在线课程的学科分类标准和学科涵盖面与国家精品视频公开课完全一样，涉及 12 大学科包括哲学、经济学、法学、教育学、文学、历史学、理学、工学、农学、医学、管理学和艺术学。其中，工学课程数量最多，达到 643 门；理学、医学、管理学和文学课程数量具有相

---

① 参见 http：//www. icourses. cn/mooc/。

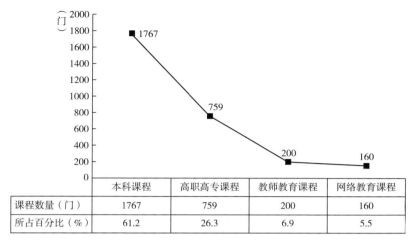

	本科课程	高职高专课程	教师教育课程	网络教育课程
课程数量（门）	1767	759	200	160
所占百分比（%）	61.2	26.3	6.9	5.5

图 4 - 7　国家精品资源共享课程各种类型课程数量统计

对优势，分别为 278 门、241 门、124 门和 109 门；哲学、历史学和艺术学课程数量偏少，分别为 15 门、23 门和 36 门（见图 4 - 8）。网络教育在线课程学科类别也较为齐全，与本科在线课程相比，少了哲学类在线课程。网络教育在线课程学科分布情况与本科课程较为相似，首先，课程数量占有绝对优势的学科是工学、管理学和文学，分别为 42 门、38 门和 21 门；其次，理学、教育学、经济学、法学和医学课程数量相当；艺术学、历史学和农学课程数量偏少，分别为 2 门、4 门和 5 门（见图 4 - 9）。高职高专在线课程学科分类标准则是按照《普通高等学校高等职业教育（专科）专业目录》中设置学科大类来归类课程体系的，学科门类也是十分齐全，涵盖农林牧渔、交通运输、生化与药品、资源开发与测绘、材料与能源、土建、制造、电子信息等 18 大学科。其中，制造、电子信息和财经三大学科在线课程数量占有绝对优势，分别为 149 门、100 门和 73 门。在线课程数量偏少的学科是法律，环保、气象与安全，水利，公共事业和旅游，分别为 5 门、9 门、11 门、11 门和 15 门（见图 4 - 10）。教师教育在线课程并不是按学科门类划分，而是按受教育阶段的教师培养方向来设置在线课程类型的。其中，中学教师培养在线课程数量最多，达到 77 门，中等职业学校教师培养在线课程最少，只有 23 门（见图 4 - 11）。① 可见，各种类型精品资源共享课程内部不论是按学科分布的课程数量，还是按教师培养方向分布的课程数量，都呈现不均衡化的发展趋势。

---

① 参见 http：//www.icourses.cn/mooc/。

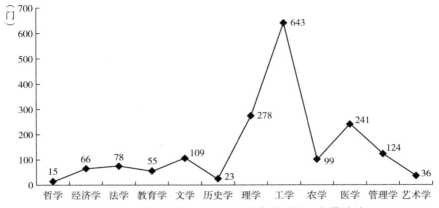

图4-8　本科精品资源共享课程各类学科课程数量统计

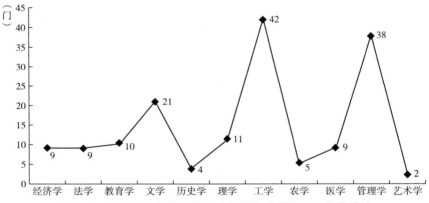

图4-9　网络教育精品资源共享课程各类学科课程数量统计

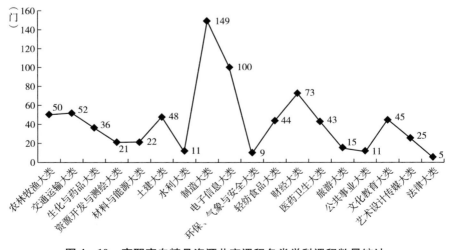

图4-10　高职高专精品资源共享课程各类学科课程数量统计

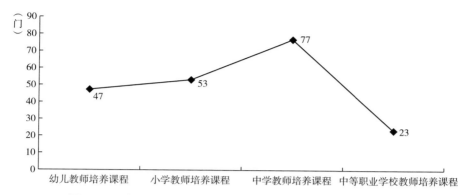

图 4 - 11　教师教育精品资源共享课程各教育阶段课程数量统计

　　爱课程在线学习平台并不满足于精品视频公开课和精品资源共享课的开发建设，在受到全球 MOOC 浪潮的影响下，该平台不断完善平台功能和系统设计，结合中国高等教育教学改革新的需求，将开放课程建设进一步推向 MOOC 模式。2014 年 5 月 8 日，爱课程网中国大学 MOOC 平台正式开通，新的平台由爱课程网和网易公司联合创建，充分吸收了国外主流 MOOC 平台的优点。中国大学 MOOC 平台为在线学习者同时提供爱课程网和网易云课堂两个官方入口，并以爱课程网为主导。爱课程网中国大学 MOOC 平台开通时就与中国境内 16 所高水平大学建立了合作关系，2015 年 5 月 20 日，首批 10 门在线课程正式开课①；同年 9 月 17 日，在线学习者人数突破 100 万人②，成为中国境内第一大 MOOC 平台；2015 年 6 月，爱课程网中国大学 MOOC 平台与中国境内 "985"、"211" 高校合作数量超过 40 所，MOOC 数量达到 265 门次，推出的 SPOC 数量达到 204 门次，总访问量超过 1 亿人次，在线选课人数接近 220 万人。③ 截至 2016 年 8 月，与爱课程网中国大学 MOOC 平台建立合作伙伴关系的大学、公司和其他机构达到 88 个，包括北京大学、中国人民大学、浙江大学、复旦大学、新竹交通大学、台湾云林科技大学、高等教育出版社有限公司、网易公司和全国高等学校学生信息咨询与就业指导中心等。④

　　爱课程网中国大学 MOOC 平台上的在线课程并没有严格按照中国高等教

---

①　王友富：《从 "3 号文件" 看我国在线开放课程发展趋势》，《中国大学教学》2015 年第 7 期。

②　参见 http：//www. icourse163. org/activities/custom/100w. htm。

③　蓝有林、李丽萍：《在线教育：蓝海正变红海》，大佳网，http：//www. dajianet. com/digital/2015/0701/212230. shtml，2015 年 7 月 1 日。

④　参见 http：//www. icourse163. org/university/view/all. htm#/。

育学科分类体系归类，而是采用跨学科联合的方式分为文学艺术、哲学历史、经管法学、基础科学、工程技术和农林医药等六类课程体系。其中，基础科学类在线课程数量所占比例最高，达到38.7%；其次是工程技术类在线课程，所占比例为25.2%；其他类在线课程数量结构分布比较均衡（见表4-4）。在线课程状态类似于美国MOOC平台在线课程发布方式，分为"在授课程"、"即将上线"和"结束课程"三种状态。[①] 每一种在线课程状态中的课程数量结构分布几乎跟整个在线课程跨学科联合分布情况一致，呈现较为规则的"山"形分布状态（见图4-12）。中国大学MOOC平台由爱课程网来负责整体设计；与高校、公司企业和其他机构签订合作协议，由其负责在线课程审核和全程跟踪服务指导，并根据课程学习情况制作和颁发课程证书；网易公司主要负责平台开发和技术支持，其利用丰富的互联网运营经验对在线课程进行对外宣传、推广和营销。中国大学MOOC平台将根据在线学习者的课程成绩情况，将认证证书分为"合格"与"证书"两类，由在线学习平台和任课教师联合颁发，提供可供查询的唯一编码，也将推行证书收费项目。网易公司未来还将在中国大学MOOC平台的基础上，探索更加符合中国教师和学生习惯的教学模式和学习模式，将线上教学与线下课堂、课程学分和就业相结合，通过身份识别和权威认证增强中国大学MOOC平台上在线课程证书的含金量，并将认证证书与求职就业紧密联系，为在线学习者提供全方位的培训服务与就业指导。[②]

表4-4　中国大学MOOC平台上各类在线课程数量统计

	文学艺术	哲学历史	经管法学	基础科学	工程技术	农林医药
课程数（门）	129	116	99	509	331	131
所占百分比（%）	9.8	8.8	7.5	38.7	25.2	10.0

注：在统计时，存在同门课程重复开课和同门课程同时存在于多个分类体系的情况。

（二）学堂在线网络课程在线学习平台

2013年10月10日，清华大学在学校主楼举行新闻发布会，公开宣告学堂在线MOOC中文学习平台的正式成立，该平台的研发离不开美国MOOC平台

---

① 参见 http://www.icourses.cn/imooc/。
② 黄明、梁旭、谷晓琳：《大型开放式网络课程MOOC概论》，电子工业出版社，2015，第69~71页。

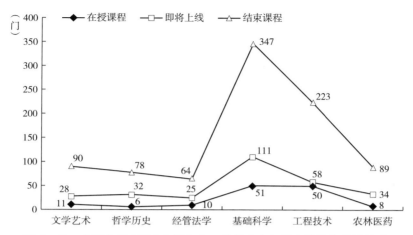

图 4 – 12　中国大学 MOOC 平台上三种状态中各类在线课程数量统计
说明：在统计时，存在同门课程重复开课和同门课程同时存在于多个分类体系的情况。

对中国高等教育的冲击和影响。早在 2013 年 5 月，清华大学为了迎合全球
MOOC 热潮的发展趋势，率先加入由麻省理工学院和哈佛大学联合创建的
MOOC 平台 edX，以积极的姿态和行动参与到高校网络课程发展的国际化阵
线。同年 6 月 1 日，edX 在线学习平台发布 Open edX 开源项目。6 月 6 日，清
华大学随即创立学堂在线研发团队，开始启动基于 edX 开放源代码的中文
MOOC 在线学习平台的研发工作。为支持和配合该项工作顺利开展，清华大学
专门成立由计算机科学与技术系、交叉信息研究院、社会科学学院和教育研究
院联合组建的"在线教育研究中心"；7 月，又成立"在线教育领导小组"，
领导小组组长由时任校长陈吉宁担任，时任副校长袁驷为副组长，领导小组主
要成员包括在线教育研究中心、信息化技术中心、教务处、人事处、研究生
院、科研院、校办等部门负责人；9 月，再成立"在线教育办公室"，对全校
各部门进行统筹协调，共同推进在线教育工作。① 清华大学在线教育研发团队
充分借助美国 MOOC 平台 edX 技术上的优势和可供借鉴的经验来实现中国高
校在 MOOC 平台本土化开发的技术自主创新。历经短短 4 个月的时间，清华
大学终于圆满完成基于 TsinghuaX 在线教育技术的研发任务，成功创建学堂
在线 MOOC 中文学习平台，为全球在线学习者提供优质的在线课程资源。

学堂在线 MOOC 中文学习平台的上线运行，已打通传统电脑、平板电脑、

---

① 李密珍：《清华大学：以全球 MOOC 方式办好人民满意的教育》，《中国远程教育》2014
年第 10 期。

智能手机、网络电视和 iWatch 五大终端，不仅为中国境内外高校搭建起了优质在线课程资源共建共享平台，而且也为在线学习者的自主学习与相互交流营造了良好的网络学习空间，体现了清华大学履行社会服务职责、实践高等教育公平的理想。edX 在线学习平台主席阿南特·阿加瓦尔（Anant Agarwal）对学堂在线给予了高度评价，认为该平台的诞生必将成为中国高等教育的强大力量，未来将在教育领域创造一批新型创新者。教育部高等教育司张大良司长充分肯定了清华大学在创建学堂在线过程中所做出的巨大贡献，特别指出学堂在线学习平台的隆重推出为中国大规模在线教育的发展奠定了坚实基础。① 那么较之于 edX 在线学习平台和中国境内现有的网络课程在线学习平台，学堂在线 MOOC 中文学习平台进行了哪些改进、突破和创新呢？如前所述，学堂在线研发团队充分发挥了清华大学信息技术学科群的独特优势，在借助 edX 在线学习平台 Open edX 开源项目先进技术的基础上对其进行了修改，增加了 6 万余行的代码，将学堂在线打造成更加符合中国本土化 MOOC 发展需求的学习平台。具体而言，学堂在线 MOOC 中文学习平台的改进与创新工作具体表现在如下几个方面。

一是在国际化与本土化方面，学堂在线研发团队不仅在 Open edX 开源平台上发挥着重要作用，并且 edX 在线学习平台能够实现多种语言支持功能，促进了 edX 在线学习平台的国际化发展，而且在完成 edX 在线学习平台 3 万余个单词的翻译和校对工作基础上，为学堂在线引进 edX 在线学习平台上的热门线上课程，制作翻译字幕的中文 MOOC 本土化平台积累了丰富经验。二是在视频播放器的研发方面，为了实现在线课程视频文件的本地化储存、上传和播放，学堂在线研发团队有效解决了 edX 在线学习平台对 YouTube 视频播放器长期依赖所带来的诸多困扰，成功开发了 HTML5/Flash 的视频播放器，不仅支持多视频源、edX 在线课程视频在学堂在线平台上的中国镜像、课程视频播放的中英文字幕选择、视频播放清晰度和速度调节等功能，而且还为在线课程提供一站式的视频上传和制作功能。三是在内容搜索和公式编辑方面，学堂在线学习平台可实现对在线课程内容精准定位的中英文字幕检索，为在线学习者能够快速找到需求的课程内容提供方便；还为在线学习者提供了即见即得的可视化公式编辑，不仅含有丰富而方便的复杂数学符号和公式输入支持功能，而且

---

① 《清华大学发布"学堂在线"大规模开放在线课程平台》，《现代教育技术》2013 年第 11 期。

还与"Rich Text"（富文本）编辑器无缝对接，支持跨平台和浏览器的纯网页公式输入。四是在课程评分和考试系统方面，学堂在线学习平台提供自动化操作系统，既能够支持在线课程编程作业的自动评分，又可以为在线学习者提供一个限定考试时间和独立真实的在线考试的环境，最后自动化地批改考试课程分数和导入在线学习者总评成绩系统。①

2013 年 12 月，清华大学获得教育部高等教育司批准，在学校"在线教育研究中心"的基础上升级成立"教育部在线教育研究中心"，同时成立慕华教育科技有限公司，以"国际与国内统筹"、"平台与课程一体"和"行政与市场协力"的原则为指导，充分发挥行政体制和市场机制的力量，构建由教育部在线教育研究中心和慕华教育科技有限公司联合支撑学堂在线可持续发展的"一体两翼"模式。学堂在线学习平台上的在线课程与传统意义上的精品课程和资源共享课程不同，其是运用人工智能技术和大数据来建设的 MOOC 模式的交互学习在线课程，不仅围绕各单元知识来组织课程内容，为在线学习者提供知识单元教学小视频的学习，而且还设置有交互式问题、课程作业、社区交流、仿真实验以及在线考试。学堂在线学习平台上的在线课程具备了较为完整的教学过程和学习过程，并且学习行为在测评后能够得到及时的反馈。所以，教育部希望能通过学堂在线的应用、交流和推广，来汇集中国境内其他高校或机构的"百家之长"，共同致力于国家在线教育发展的战略规划、政策制定和实践探索。学堂在线学习平台的扩张速度也可谓十分迅猛，在成立之际便为在线学习者提供了第一批线上课程资源，包括清华大学的"电路原理"和"中国建筑史"等 5 门课程，北京大学的"计算机辅助翻译原理与实践"和麻省理工学院的"电路与电子学"等课程。2013 年 10 月 9 日，学堂在线学习平台的在线学习者总人数就已超过 13000 人，80% 以上的为海外学习者。②

2014 年，清华大学学堂在线学习平台推出第二批 25 门在线课程，同年 4 月 29 日，在线学习者选课人数超过 18 万人，正式注册人数超过 12 万人。③ 2015 年 11 月，学堂在线学习平台在线注册人数突破 150 万人，在线学习者来自 126 个国

---

① 清华大学在线教育研究中心：《学堂在线的现在和未来》，《中国教育网络》2014 年第 4 期。

② 网易科技：《清华大学发布大规模开放在线课程平台学堂在线》，网易网，http：//tech. 163. com/13/1010/17/9AREFDPN0009A05B. html，2013 年 10 月 10 日。

③ 新浪教育：《教育部在线教育研究中心在清华大学成立》，新浪网，http：//edu. sina. cn/l/2014 – 04 – 29/1718242644. shtml，2013 年 4 月 29 日。

家，学堂在线学习平台汇集和制作的在线课程数量超过 500 门，与 90 多所高等院校建立了合作关系，与上百所大学实现了在线优质课程资源开放共享。[1] 学堂在线学习平台合作伙伴分为"合作院校"与"edX 合作院校和伙伴"两类。截至 2016 年 9 月，"合作院校"有 29 所，绝大部分为中国大陆顶尖院校，还包括台湾交通大学、台湾云林科技大学、台湾静宜大学、台湾正修科技大学和台北艺术大学等 6 所高校，境外院校有美国的斯坦福大学；"edX 合作院校和伙伴"有 44 个，主要为中国境外的顶尖高校、企业和国际组织。例如，美国的麻省理工学院、哈佛大学、加州大学伯克利分校、康奈尔大学、芝加哥大学、哥伦比亚大学等，加拿大的麦吉尔大学和多伦多大学，澳大利亚的昆士兰大学和澳大利亚国立大学，日本的东京大学和京都大学，德国的慕尼黑工业大学，印度的印度理工学院孟买分校，韩国的首尔大学，瑞士的洛桑联邦理工学院，等等。除此以外，还包括国际货币基金组织、泛美开发银行、Linux 基金会、赠予的智慧基金会和开放教育协会等其他组织和机构。上述合作院校和伙伴也仅是学堂在线平台上的"冰山一角"，为打造专属的学堂在线学习平台而创立的"学堂云"[2] 一站式"MOOC 教育云服务"项目还分别与其他高校、公司、机构、中小学以及联盟建立了合作伙伴关系。[3]

学堂在线学习平台上的在线课程分门别类，除了提供中英文字段的课程搜索栏，还按学科、学校、模式、权威和状态分为五大类。在线课程学科分类涵盖面十分广泛，涉及计算机、经管·会计、电子、工程、环境·地球、医学·健康、生命科学、数学、物理、化学、社科·法律、文学、历史、哲学、艺术·设计、外语、教育和建筑等 18 大学科门类，还包括创业、大学先修课和其他课程。部分在线课程具有跨学科性质。在线课程数量较为突出的学科是工程、计算机和经管·会计，分别达到 73 门、64 门和 41 门；在线课程数量偏低的学科是建筑、环境·地球和电子，分别只有 3 门、4 门和 8 门（见图 4 – 13）。在线课程学习模式分为"随堂模式"和"自主模式"两种，"随堂模式"学习的在线课程数量远高于"自主模式"学习的在线课程。在线课程的权威性分为三种，即签字认证、认证开放和无认证。"签字认证"在线课程数

---

① 刘艳玲：《清华大学背景的学堂在线获启迪 1760 万美元 A + 轮融资》，亿欧网，http：//www.iyiou.com/p/22052，2015 年 11 月 5 日。

② "学堂云"是清华大学 2014 年 7 月 14 日在学堂在线学习平台上推出的新项目，该项目为合作的高校、公司、机构、中小学以及联盟提供定制化的"MOOC 教育云服务"。

③ 参见 https：//www.xuetangx.com/partners。

量占据全部在线课程的大部分，可以从中看出"签字认证"是学堂在线学习平台发展的主要方向；"认证开放"在线课程数量具有相当比例，一般而论，是对"签字认证"在线课程的"认证开放"。[1]

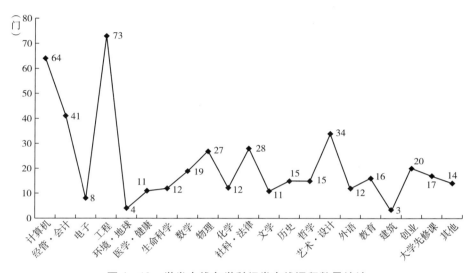

图4-13　学堂在线各学科门类在线课程数量统计

在"签字认证"在线课程中，虽然部分学科在线课程数量偏少，但是在线课程"签字认证"的比例非常高，例如：建筑和大学先修课的"签字认证"达到100%；哲学、历史、文学和数学等学科的在线课程"签字认证"比例也颇高，分别为93.3%、93.3%、90.9%和89.5%；"签字认证"比例较低的在线课程学科集中在环境·地球、社科·法律、外语和教育等，环境·地球在线课程"签字认证"只有25%，其他3个学科在线课程"签字认证"比例都为50%（见表4-5）。在"认证开放"在线课程中，哲学、建筑、创业和艺术·设计等学科在线课程数量所占比例较高，分别为73.3%、66.7%、60.0%和50.0%；医学·健康、物理、教育、工程和电子等学科在线课程数量所占比例偏低，分别为18.2%、18.5%、18.8%、24.7%和25.0%（见表4-6）。[2]

表4-5　学堂在线各学科门类"签字认证"在线课程数量统计

① 参见 http：//www.xuetangx.com/courses? page_type=0&cid=0&process=0&org=0&course_mode=0。
② 参见 http：//www.xuetangx.com/courses? credential=1&page_type=0&cid=0&process=0&org=0&course_mode=0。

	"签字认证"课程数量（门）	"签字认证"课程比例（%）
计 算 机	43	67.2
经 管 会 计	29	70.7
电 子	5	62.5
工 程	49	67.1
环 境 地 球	1	25
医 学 健 康	6	54.5
生 命 科 学	8	66.7
数 学	17	89.5
物 理	22	81.5
化 学	7	58.3
社 科 法 律	14	50.0
文 学	10	90.9
历 史	14	93.3
哲 学	14	93.3
艺 术 设 计	28	82.4
外 语	6	50.0
教 育	8	50.0
建 筑	3	100
创 业	17	85.0
大学先修课	17	100
其 他	6	42.9

表4-6 学堂在线各学科门类"认证开放"在线课程数量统计

	"认证开放"课程数量（门）	"认证开放"课程比例（%）
计 算 机	19	29.7
经 管 会 计	16	39.0
电 子	2	25.0
工 程	18	24.7
医 学 健 康	2	18.2
生 命 科 学	4	33.3
数 学	8	42.1
物 理	5	18.5

续表

	"认证开放"课程数量（门）	"认证开放"课程比例（%）
化　　学	3	25.0
社科法律	9	32.1
文　　学	5	45.5
历　　史	7	46.7
哲　　学	11	73.3
艺术设计	17	50.0
外　　语	4	33.3
教　　育	3	18.8
建　　筑	2	66.7
创　　业	12	60.0
大学先修课	8	47.1
其　　他	1	7.1

　　学堂在线学习平台上的在线课程状态同样分为"即将开课"、"已开课"和"已结课"三种。这三种在线课程状态中各类在线课程数量分布图形比较相似。在"已开课"的在线课程中，计算机和工程两门学科在线课程数量均为36门，占有绝对优势；其次是物理和创业两类在线课程数量较多，分别为16门和12门；其他学科5门以内的在线课程不在少数。在"即将开课"的在线课程中，工程、社科·法律、经管·会计、艺术·设计和计算机等学科在线课程数量具有相对优势，分别为29门、19门、19门、18门和17门；其他学科在线课程数量均在10门以内。在"已结束"的在线课程中，各学科门类在线课程所占比例较为均衡，超过10门以上的在线课程数量的学科仅有两个，分别是经管·会计和计算机（见表4-7）。①

表4-7　学堂在线三种状态中各类在线课程数量统计

单位：门

	即将开课	已开课	已结课
计　算　机	17	36	11
经管会计	19	9	13
电　　子	1	5	2

---

①　参见 http://www.xuetangx.com/courses? credential = 1&page _ type = 0&cid = 0&process = 0&org = 0&course_ mode = 0。

续表

	即将开课	已开课	已结课
工　　　程	29	36	8
医 学 健 康	4	3	4
生 命 科 学	7	4	1
数　　　学	7	7	5
物　　　理	4	16	7
化　　　学	7	4	1
社 科 法 律	19	5	4
文　　　学	2	4	5
历　　　史	6	3	6
哲　　　学	10	2	3
艺 术 设 计	18	7	9
外　　　语	7	1	4
教　　　育	2	8	6
建　　　筑	2	0	1
创　　　业	4	12	4
大 学 先 修 课	8	8	7
其　　　他	4	7	3

清华大学学堂在线的积极行为，同时也带动了北京大学、上海交通大学、复旦大学和其他中国境内高校联盟在线教育的实践探索。然而，究竟怎样加强在线教育的顶层设计，系统谋划战略格局，把握好教与学关系的演变，以及推动课程证书和学分互认还有待进一步深入研究和发展。美国三大 MOOC 平台 Cousera、edX 和 Udacity 快速扩张，其他西方发达国家的 MOOC 平台应运而生，以学堂在线为先导的中文 MOOC 平台除了实现"知识共享"理念之外，还肩负维护国家教育主权的使命。通过学堂在线中文 MOOC 平台和在线课程传播逐步让中国文化走向世界，促进中西方文化彼此间的理解和交融，并且能够在无形中增强国家的文化软实力。但是，中国在线学习平台不能一味地做"搭便车"的"随行者"，而应该以创新的精神形塑"领跑者"的角色。为此，学堂在线发展模式更为多元化。继"学堂云"服务项目推出后，2015 年 3 月 24 日，学堂在线又开通"中国创业学院"，向在线学习者提供创业在线开放课程；5 月 7 日，启动了国内首个基于"混合式"教学的专业硕士学位项目"数据科学与工程"；11 月 28 日，清华大学成立了"中国慕课大学先修课"

（MOOCAP）理事会，并在学堂在线学习平台上首批上线"大学先修课"；2016 年 4 月 1 日，学堂在线推出新型在线教学工具"雨课堂"，将信息技术手段全面融入 PPT 和 WeChat（微信），通过连接教师与学生的智能终端，建立课外预习与课堂教学沟通桥梁，教师借助手机平台将教学视频、语音和习题等课程资料提前推送给学生，学生提前预习和反馈学习中的问题，教师及时给予解答和指导，使课堂教学互动"永不下线"。这种"课前—课上—课后"每个环节全覆盖的个性化报表、立体化数据支持和自动任务提醒能够最大限度地释放"线上课堂"和"线下课堂"相结合的教与学的能量。

　　如前所述，学堂在线学习平台从一开始就渗入了市场运行机制，按照"政府扶持"、"大学主导"、"企业参与"和"开放共赢"的原则，实施多主体广泛合作，共同参与发展和运营在线课程项目。教育部对学堂在线学习平台的政策支持不言而喻，清华大学主导开展的学堂在线学习平台的研发工作功不可没，慕华教育科技有限公司的成立为学堂在线学习平台的发展提供了"一翼之力"，与其他高校、机构、公司和企业等的合作体现了"开放共赢"的良好关系。然而，如果继续推行"免费开放"的理念，学堂在线将难以为继，毕竟大学自身的财力有限，无法长期支撑对学堂在线的经费投入。2014 年 12 月，学堂在线学习平台在 A 轮融资中获得红点创投 1500 万美元的经费支持；2015 年 11 月，学堂在线学习平台再次获得启迪控股投入的 1760 万美元的 A＋轮融资，启迪控股由此成为学堂在线学习平台的第二大股东。[①] 学堂在线学习平台负责人聂风华明确指出，启迪控股提供的融资经费除了投入在线平台的基础开发之外，还将用于在线课程的商业化和国际化。现如今，学堂在线学习平台正在推动跨校际选修课、专业系列课和认证课程的探索与实践。

　　跨校际选修课的学分互认基本达成共识，专业系列课的认证工作现已开启，"签字认证"和"开放认证"课程并驾齐驱，而在线课程认证收费也成为学堂在线学习平台发展的必然趋势。以"初级财务和管理会计"在线课程为例，若要申请认证证书，则需要 499 元人民币；若要申请"界面设计导论"在线课程认证证书，则可以在原价 299 元人民币的基础上打六折，折后收费标准为 179.40 元人民币。也就是说，学堂在线学习平台已经正在实施"申请认证证书"的在线课程收费项目，对于部分认证证书在线课程实行全额收费，而对于部分其他认证证书在线课程推行不同标准的优惠打折收费。学堂在线学习

---

①　参见 http://www.xuetangx.com/about#history。

平台同时也对认证证书的收费在线课程做出了明确说明，即能够获得授课教师亲笔签名，以身份认证的实名制学习真实可信，能够获得由学堂在线和合作机构联合颁发的课程证书，还会免费赠送给在线学习者 150 元的纸质证书，如此等等。当然，这种收费认证的方式更具商业化的气息，但不可否认其对在线学习者又具有一定约束力。因为，学堂在线与国内外其他 MOOC 平台一样，在线课程的完成率或通过率都略显惨淡，聂风华指出学堂在线课程完成率仅在 1% ~ 10% 。

三　中美高校网络课程在线学习平台比较研究

（一）中美高校网络课程在线学习平台的趋同性

知识转型衍生的内在制度会不自觉地延伸到高等教育领域，使高等教育发展沿着知识转型的路线适时做出调整或改革，以此来迎合知识转型内在制度的要求。中美高校网络课程在线学习平台作为高等教育的子系统必然渗入知识转型带来的诸多影响，如何应对这些影响成为中美高校网络课程在线学习平台发展的方向。也正因如此，中美高校网络课程在线学习平台同样受到了知识转型内在制度的指引，呈现彼此之间趋同性的特征。当然，这种趋同性的特征不在少数。为此，笔者选取中美高校网络课程在线学习平台较为明显的趋同性特征进行简要概述。

1. 研究型大学对在线学习平台知识权力的控制

虽然西方学者提出的"小科学"向"大科学"、"学院科学"向"后学院科学"以及"模式 1"向"模式 2"的知识生产模式转型理论认为，知识转型时期大学知识生产的垄断地位发生了动摇，更多的研究机构和企业参与到知识生产活动中，但是，他们也十分肯定的是大学仍然是知识生产的主要阵地，甚至是举足轻重的知识生产阵地。不论在哪种知识生产模式下，研究型大学都表现出对知识权力的控制。即使对于中美高校网络课程在线学习平台来说，其已经渗入市场机制的要素，形成了所谓的大学、政府与市场相互作用的运营模式，然而唯有调和三者权力分歧才能促进三方"互惠共赢"。如何来协调"三权之歧"呢？无可厚非的是，各方主宰的权力性质明显不同，政府以政治权力为中心，市场以市场力量为动力，大学以学术权威为主导。大学学术权威的最高体现也毋庸置疑地落在顶尖高校，或称之为"研究型大学"的肩上，或许，也只有研究型大学才能以极具历史的重要地位和权威性质的"砝码"来拨动这个容易失去协调力的"天平"。为此，无论是美国高校网络课程在线学习平台 Coursera 和 edX，还是中国高校网络课程在线学习平台爱课程和学堂在线，都首先以研究型大学为先导，来探索和实践在线课程项目的开发与运营。

　　例如，Coursera 在线学习平台的创立者本身就来自美国顶尖级高校——斯坦福大学，并且其合作伙伴数量众多，跨越国别，绝大多数都是世界名校；edX 在线学习平台由美国名校麻省理工学院和哈佛大学联合创建，沿袭着精英化的传统，更看重与高质量的顶尖大学建立良好的合作关系，所以高校合作伙伴全部来自世界顶尖大学；爱课程网络课程在线学习平台也是以中国境内一流大学为主导，教育部通知文件中也明确指出优先考虑"名校、名师、名课"，并在在线课程的经费拨款机制上完全偏向研究型大学，为其提供课程建设经费支持，而其他高校则采取地方支持和高校自筹，即便是爱课程网中国大学MOOC 平台的合作伙伴也都是来自中国境内的一流大学，包括北京大学、中国人民大学、浙江大学、台湾云林科技大学、新竹交通大学；学堂在线网络课程在线学习平台是由清华大学组建的研发团队创立的，其主要合作高校既来自中国境内的顶尖院校，又来自中国境外"edX 合作院校"。可见，研究型大学无一例外地成为中美高校网络课程在线学习平台上的"主导者"和"活跃者"，它们根据本校的学科专业优势，积极开发和建设在线课程，并分批次地向在线学习平台推送开放，实现着对知识标准、知识信念、知识生产、知识传播和知识使用等方面知识权力的控制。

2. 大规模在线课程开放共享引发知识形态转变

　　"知识形态"的转变是知识转型的重要组成部分。从中美高校网络课程在线学习平台创建的经验背景来看，先前个别在线课程在试点探索阶段，引起了用户群体巨大的社会反响，在线学习者以数以万计的规模纷纷注册申请，加入了在线学习的"知识共享"浪潮。这种由实体课程转向虚拟课程的试点本身又反映出实体知识向虚拟知识的形态转变。然而，如何让知识形态的转变更具辐射性和影响力，一方面取决于在线课程平台对虚拟课程的不断开发，另一方面取决于在线学习者的发展规模。从美国境内的两大 MOOC 在线学习平台Coursera、edX 和中国境内两大网络课程在线学习平台爱课程、学堂在线上的在线课程发展趋势来看，课程数量急剧增长，不但学科齐全，而且在教师专业发展、创业和大学先修课等在线课程种类方面开展创新和突破。这种多元化的在线课程类型以及在线学习平台上多元化在线课程项目的启动，正是为了满足在线学习者的不同学习兴趣和学习需求。由此，实体课程知识形态向虚拟课程知识形态转变不再局限于个别课程、个别高校和个别国家，而是在全球化道路上影响越发深远，形成了一股新兴力量为知识形态的转变提供了全方位的技术支撑、政策支持和经费资助。

但是我们也应该看到，大规模在线课程引发知识形态的转变不那么得心应手。因为，这种知识形态的转变不是直接将实体课程知识搬家或移植到在线学习平台上，而是要经过更为复杂的技术处理和适宜的教学理论指导，根据网络教学和网络学习环境设置相应的在线课程模式，逐步完善各个教学环节，设计交互性问题和课堂作业，引发师生对教学过程的反思和及时反馈，以及对语言、文字和文化等的相互理解和融合。为此，中美高校网络课程在线学习平台在继承传统实体课程优势的基础上又加以创新。例如，在教学视频录像的推送方面，尽量照顾到在线学习者的注意力和接受度，将单元内容分拆成若干个知识点，以短小教学视频的方式呈现给在线学习者，便于他们对在线课程知识进行理解和掌握；在学习方式上，根据在线学习者自身情况推出自定步调的在线课程，这些课程有的是"随堂模式"课程，有的是"自主模式"课程，还有的是SPOC；为了提高教学效果和学习质量，中美高校网络课程学习平台还将在线虚拟课程与线下实体课堂相结合，采用"混合式"教学和学习方式，改善虚拟课程知识形态存在的缺点与不足。当然，还涉及课程认证和学分互认等某些改革尝试。上述创新和突破逐步使在线课程这种虚拟知识形态呈现更具实质性的意义和价值，特别是探索部分学分课程和学位课程，推动虚拟知识形态构筑的虚拟大学更加接近实体大学的功能和使命。

3. 知识协议框架中在线课程开发、传播和使用

知识转型过程中知识生产"项目"制度应运而生，改变了以往"为知识而知识"、"为科学而科学"的传统知识生产方式。"项目"制度的广泛推行，不仅为知识生产的大规模性提供已经整合和优化过的资源、资金、人才和技术，而且还使知识生产活动方向性更强，并且"项目"制度下各种知识协议框架中各项条款的监督和约束，更能够保证知识生产按质按量地完成。中美高校网络课程在线学习平台同样采用这种"项目"制度来推动在线课程的开发与应用。如前所述，无论是中美高校网络课程在线学习平台的创始高校和机构，还是合作单位和伙伴，都需要遵守知识协议框架中的各项条款要求来开发、传播和使用在线课程。然而，并不是任何在线学习平台有且只有一个知识协议框架来支撑，针对不同的合作对象和服务范围，中美高校网络课程在线学习平台颁布实施了相应的各类知识协议框架条款。

　　以中国境内的爱课程在线学习平台为例，在网站主页上的最下方一栏设有"知识产权声明"，声明中以较为清晰简洁的方式阐述了国家精品开放课程唯一指定的官方网站为爱课程网，并对高等教育出版社或相关内容提供者的作品拥有权和使用权做出了明确规定，未经授权的任何单位和个人不得使用和传播"国家精品开放课程"。除了爱课程网以外，高等教育出版社还将"国家精品视频公开课"的传播权授予央视国际网络有限公司和网易公司。爱课程网的这种知识产权和授权方式只是知识协议框架中的一种。该学习平台还要依据各个高校和教师对在线课程资源的开发和应用签订《中国大学资源共享课知识产权保障协议》和《精品视频公开课知识产权协议》，申请立项的"国家精品开放课程"还要按照项目合同的相关知识协议，完善内容更新和提供各种技术、经费和资源保障。学堂在线和 Coursera、edX 在线学习平台同样如此，对各个加盟高校或机构进行了项目知识协议条款的相关约定，一旦加入上述三个在线学习平台，就意味着默认遵循其中的知识产权相关要求，若有违反可能要承担法律责任。

　　当然，随着近年来"知识共享协议"的创建与普及，各个在线学习平台也会根据自身的实际情况和特色，对知识产权或隐私保护的内容做出适时调整和完善，这就使得各个在线学习平台在发布知识协议时，相关条款和相应内容可能略有差异，但主题的思想都是为了保障作品拥有者的合法权益以及在线课程健康可持续发展。除了对加盟高校或机构、在线课程开发单位或负责人的约束外，知识协议还以诚信条款或荣誉原则的方式对在线学习者的学习品质和行为进行规约。例如，中美高校网络课程在线学习平台上的部分认证课程，开课单位或在线平台明确规定在线学习者不能采取任何作弊或帮助同伴作弊的行为，以及对知识产权的尊重。

4. 在线课程知识体系中后现代知识性质的凸显

　　后现代知识观将知识的性质从以科学知识为标准的桎梏中解放出来，在知识转型过程中实现现代知识性质向后现代知识性质的转变。这种转变具体表现为知识的"客观性"转向"文化性"、"普遍性"转向"境域性"以及"中立性"转向"价值性"。那么，在线课程知识体系，同样受到"知识性质"转变的影响，后现代知识性质的在线课程日益凸显。

　　首先，是中美高校网络课程在线学习平台上知识体系的"文化性"。中国政府及高校在开发在线课程平台时，特别强调以在线课程传播的方式来推广中国传统文化和增强文化软实力，其实，美国高校网络课程在线学习平台的发展也含有如此战略。中美高校在线课程体系中无可置疑地会体现出各自课程知识背后的文化色彩，不论是在线课程分类，还是平台功能打造，美国境内的Coursera、edX在线学习平台和中国境内的爱课程、学堂在线都饱含中西方不同的文化内涵，即便是美国高校网络课程在线学习平台力图通过在线课程语言多样化的途径来打破文化屏障，消除语言文字隔阂带来的学习困扰，但是最终也无法消除知识性质在文化上的客观差异。为此，中国高校或是依靠政府力量，或是通过自主研发，创建了适合中国文化的MOOC在线学习平台。

其次，是中美高校网络课程在线学习平台上知识体系的"境域性"。从美国境内的Coursera、edX在线学习平台和中国境内的爱课程、学堂在线学习平台的课程数量结构来看，无可非议的是，同一在线学习平台上的在线课程数量结构分布普遍存在本国高校开发和推出的在线课程数量占据绝对优势，而他国高校开发和推出的在线课程数量寥寥无几的现象，反观中美各自国内高校开发建设的在线课程数量并不在少数。由此推知，中美高校在开发和推送在线课程时将重心放在本国在线学习平台上，更加体现出本国在线课程知识的"境域性"特征。

最后，是中美高校网络课程在线学习平台上知识体系的"价值性"。传统的科学知识观认为知识性质是"价值中立"或"文化无涉"的，而后现代知识观认为知识性质存在"价值趣味"或"文化偏好"。在"知识共享"理念下，美国高校网络课程在线学习平台力图以"价值中立"为原则来统领整个在线教育市场，但没有想到的是其他国家及地区跟中国一样，开始质疑和反抗这种传统的科学知识原则，纷纷研发本国高校自主在线学习平台，宣传、推广和营销本国在线课程优质资源，在"竞相争艳"中获得对"本土知识"的价值认可。当然，中美高校网络课程在线学习平台上知识体系的"价值性"还具体表现为知识的商品化和市场化。原本以"知识共享"、"免费开放"来发展在线课程的思路被现实性的因素冲破，美国高校不得不开始试探以课程认证收费项目的方式来维系和支撑在线学习平台的发展，或是为了从中获得部分利润作为各方投资者和投入者的回报，即便美国部分MOOC在线平台并不认同，甚至回避利益驱使这一问题。① 紧随其后，中国高校网络课程在线学习平台也开始仿效美国高校网络课程商业化的运营模式，以收费认证课程的推送为发展

---

① 陈文竹、王婷、郑旭东：《MOOC运营模式创新成功之道：以Coursera为例》，《现代远程教育研究》2015年第3期。

方向。上述网络课程在线学习平台呈现的新变化和新趋势无不说明知识性质的"价值中立"原则已站不稳脚，知识的"价值趣味"正在网络课程商品化和市场化趋势下变得越发重要。

5. 跨界合作成为在线学习平台发展的组织形态

知识转型引发的"异质性"和"组织多样性"打破了由一个"中心主体"协调和管理知识生产过程的格局，知识生产活动也不再局限于个别化或小团队式的合作，大规模知识生产驱动下的研究团队的合力显得十分重要，而团队合作方式因研究问题的需要而处于短暂易变的组织形态中，这种组织形态突破了学科、机构和地域的疆界，形成了所谓的"三边网络"和"混合组织"的结构。如前所述，中美高校网络课程在线学习平台上的跨界合作首先体现在跨学科领域。无论是美国境内的 Coursera、edX 在线学习平台，还是中国境内的爱课程网的中国大学 MOOC 平台、学堂在线，在学科分类中都出现了交叉学科或跨学科性质的课程，部分在线课程之所以形成如此的格局，是因为同一门课程涉及两个或两个以上不同学科专业的知识点，由此需要跨学科专业的大学教师相互合作，共同完成。而即便是另外部分在线课程也会因为在线教学的需要而实行跨学科的合作，或是寻求电脑技术人员辅助在线课程软件的开发和应用，或是与在线平台管理员和联络员保持密切联系，或是聘请部分助教参与在线课堂管理指导，或是联合其他专家教授根据知识点组建教学团队，分配教学任务。

其次，中美高校网络课程在线学习平台上的跨界合作体现在跨机构领域。如前所述，美国境内的 Coursera 和 edX 在线学习平台不仅与各大高校之间建立跨校际合作关系，而且还跟其他机构、政府组织、公司企业和国际组织等"异质性"机构建立合作关系，使在线学习平台呈现"组织多样性"的特征。例如，Coursera 在线学习平台与美国境内的耶鲁大学、普林斯顿大学和宾夕法尼亚大学等顶尖高校，以及纽约州立大学、科罗拉多大学系统和佐治亚大学系统等州立大学体系建立合作关系，还与匹配教师培训机构、若雷教育学院和新教师中心等教育机构和田纳西董事会、现代艺术博物馆、国家地理协会和美国自然历史博物馆等非教育机构成了合作伙伴。edX 在线学习平台同样与美国境内诸多顶尖高校、政府组织和公司企业等搭建合作平台，开展多元化发展扩张之路。中国境内的爱课程网和学堂在线在线学习平台同样如此，既保持着与国内各大高校之间良好的合作关系，又与其他组织、机构、政府及公司企业构建战略同盟关系，共同致力于在线教育发展事业。例如，爱课程网的中国大学

MOOC 平台就积极与高校、公司企业及其他机构建立合作关系，提供在线课程和服务指导。学堂在线学习平台更是受到政府的支持和企业的融资，与其他高校、机构和公司等实施多主体广泛合作，共同参与发展和运营在线课程项目。

最后，中美高校网络课程在线学习平台上的跨界合作体现在跨国别领域。也即是说，在上述跨学科和跨机构的合作中介入了横跨中美的国际性合作平台及合作伙伴关系。例如，edX 在线学习平台和学堂在线学习平台就是"跨国别"性质的国际性合作平台伙伴关系，2014 年 4 月 29 日，edX 在线学习平台授权学堂在线学习平台为中国大陆共享其在线课程的唯一平台。另外，就是部分高校、政府、公司、企业及非政府组织等机构同时跨越中美两国，以重叠交叉的身份同时与美国境内的 Coursera、edX 在线学习平台和中国境内的爱课程、学堂在线学习平台成为合作院校和伙伴关系。例如：中国的北京大学和清华大学不仅加入了 edX 在线学习平台，而且又是学堂在线学习平台的战略同盟，北京大学还成为 Coursera 在线学习平台和爱课程网中国大学MOOC 平台的合作院校；中国网易公司不仅与 Coursera 在线学习平台达成合作关系，而且与爱课程在线学习平台关系密切；中国香港科技大学同时是Coursera 和 edX 在线学习平台的合作院校。美国境内的部分名校和公司、企业以及非政府组织等也同时是中国境内在线学习平台的合作伙伴。可见，这种跨国别的在线学习平台上的合作关系涉及高校、政府和市场等三方力量的共同推动，而且合作关系还会因为阶段性任务的完成而其中的成员又会被重新组织到其他新的平台和机构中。

（二）中美高校网络课程在线学习平台的差异性

如前所述，知识转型衍生的内在制度以知识规范的方式发挥指引作用，促使中美高校网络课程在线学习平台沿着知识转型的方向做出调整和适应，由此在知识权力控制、知识形态转变、后现代知识性质凸显、知识协议框架遵守和组织形态建构等方面表现出诸多趋同性特征。然而，内在制度只是知识转型对中美高校网络课程在线学习平台产生影响的因素之一，另一方面的制约作用还来自知识转型衍生的外在制度。这种外在制度是对内在制度有益经验的吸收，将其纳入外在制度的规则系统，可以克服或避免外在制度的局限性，有助于完善和提高外在制度的运行效率。一般而言，作为权威机构的政府通常是外在制度的守护者，其通过设计、实施、监督和强制执行等方式来推动外在制度的落实。可见，知识转型衍生的外在制度增添了几分政治色彩，涉及了中美两国具有本质区别的某些体制机制，这也势必造成中美高校网络课程在线学习平台的差异性。

1. 中美高校网络课程在线学习平台发展路径不同

中美高校网络课程在线学习平台发展的背景差异明显，例如，美国境内的两大在线学习平台，Coursera 在线学习平台是在斯坦福大学计算机科学两位教授吴恩达和达芙妮·科勒先前开设的两门在线课程试点的基础上发展而来的，可以说，两位教授的个人行为发挥了主导作用；edX 在线学习平台也是基于麻省理工学院先前推行的开放课件项目发展而来的 MITx 在线学习计划和哈佛大学先前就已经试点的哈佛大学开放学习计划的技术联姻，这属于两大高校的自主联合创建。而中国境内的两类在线学习平台，爱课程在线学习平台的创建工作是由中国政府极力主导和推动完成的；学堂在线学习平台借助了 edX 在线学习平台发布的 Open edX 开源项目及其在线课程开设经验，由清华大学组建的在线学习平台研发团队自主完成，不过该学习平台受到教育部的密切关注，并在清华大学设立"教育部在线教育研究中心"，作为支撑学堂在线学习平台发展"一体两翼"中的"一翼"。为此，总体而言，美国高校网络课程在线学习平台发展路径属于"自下而上"的局部探索试点，而中国高校网络课程在线学习平台发展路径则属于"自上而下"的全面推行实施。

美国高校网络课程在线学习平台发展的这种"自下而上"的局部探索在课程数量上的体现也是十分明显，无论是主导在线平台发展的创始院校，还是加入在线平台发展的合作院校，在推出在线课程时尽量做到了"游刃有余"，就像 Coursera、edX 在线学习平台宣称的那样，为全世界在线学习者提供最好大学的最好的课程，注重质量而不是数量，让这种"自下而上"局部探索的在线学习平台发展模式具有更坚实的基础和更强大的动力。中国高校网络课程在线学习平台发展的这种"自上而下"的全面实施路径在课程数量上的反映也是特别突出。以爱课程在线学习平台为例，教育部文件通知中做出了在线课程数量上的明确规定，即在"十二五"期间要完成国家精品视频公开课 1000门，国家精品资源共享课 5000 门的目标，虽然截至 2016 年 8 月，国家精品视频公开课上线 1038 门，国家精品资源共享课上线 2886 门，国家精品资源共享课并没有达到教育部预定的目标，但是两种在线课程的数量以绝对优势压倒了美国 Coursera、edX 两大在线学习平台上的在线课程数量。当然，爱课程在线学习平台由于在线课程数量发展迅猛，而且遵循的是"建设一批，推出一批"的原则，有些在线课程还存在部分的缺陷，甚至有些资源共享课注重了名师效应，但实际上课程内容还是相当粗糙，不仅在资源结构上缺乏系统性，而且教学团队也存在临时拼凑现象。

2. 中美高校网络课程在线学习平台运行机制不同

在线学习平台的运行机制一定程度上受制于中美两国各自不同的教育行政管理体制，而呈现出较为明显的差异。美国高校一般具有非常强的发展自主权，绝大多数事务都由高校独立决定，联邦政府教育部有限行使协调和服务教育的权力。而中国高校自主发展的权力相对比较有限，高等教育事业的发展绝大部分时候都由教育部负责统筹领导和协调管理。当然，这其中又跟中美高校各自的性质结构以及发展经费支持密切相关，美国高校结构中具有绝对数量的私立院校，并且这类私立院校教育质量和社会声望颇高，常青藤院校中的比例占有绝对优势，院校发展经费主要依靠各种基金会、公司企业以及个人募捐等多渠道筹措方式来支持；中国高校结构中占绝对数量的高校是公立院校，这类院校由教育部或地方政府主管，教育质量和社会声望最高的也就自然是公立院校中的一流大学，经费投入基本上完全依靠政府财政拨款。正因如此，美国高校网络课程在线学习平台的运行机制也就无可非议地渗入了更多的市场要素，除了发挥高校自主权以外，在线学习平台市场化的运营机制特征明显。不然的话，Coursera、edX 两大在线学习平台为什么在官方行文和媒体报道中又被称为在线教育科技公司呢？而且，Coursera 在线学习平台成立之时，就已经表明了其身份性质为"营利性"机构。虽然 edX 在线学习平台继承了麻省理工学院"知识开放"的理念，力图推行免费开放的在线课程，但是仅仅依靠麻省理工学院和哈佛大学各自投入的 3000 万美元是难以维系在线平台的发展的。这种"非营利性"机构的市场定位也将因为市场资本越来越介入其中，而不得不尝试着在推行免费开放在线课程的同时，开始探索一些专项收费课程项目和社会培训服务课程项目。

中国高校网络课程在线学习平台由于参与高校的公立性质以及政府经费投入机制，也就在运行机制上表现为政府主导。以爱课程在线学习平台为例，如前所述，爱课程网是教育部在实施国家精品开放课程建设项目时明确指定的在线课程推送和传播的官方网站，而且还赋予该网站对在线课程实行审核、监督和管理等行政权限，这些都充分反映出中国高校网络课程在线学习平台的运行机制由政府主导。这种政府主导在线学习平台的运行机制同时也决定了在经费支持和投入力度上政府责任不容忽视。从精品开放课程实施伊始，教育部文件中就特别指出，对于"985"、"211"高校推送立项的开放课程，教育部进行全额或部分资助，而其他一般院校的开放课程经费来源为地方财政支持和高校自主筹措。所以，这种政府主导的在线学习平台运行机制也不可避免地染上了"官样"特征。在线课程体系中各个不同层次的院校等级制度明显，并且在线课程学科分类也严格按照教育部出台的学科专业目录来规划设置，在线课程建设思想以"名校、名师、名课"为指导。当然，学堂在线学习平台的创建为这种以政府为主导的运行机制增添了新的元素，那就是高校自主研发和介入市场机制。正如学堂在线学习平台在概括其发展经验时，提出"一体两翼"的模式，在慕华教育科技有限公司和教育部在线教育研究中心为"两翼"的力量支撑下，清华大学充分发挥自主办学权，推动学堂在线可持续发展。可以说，学堂在线这种市场化运行机制很好地兼顾了"大学、政府与市场"三方利益。

3. 中美高校网络课程在线学习平台权力地位不同

与美国高校网络课程在线学习平台相比，中国高校网络课程在线学习平台不仅是在技术支撑上处于弱势地位，在知识地位和文化影响力方面也不及美国。长期以来，以美国为代表的"西方知识"在知识世界行使着"知识霸权主义"，虽然其打着"知识共享"的旗号，但是真正的野心是想抢占知识市场，获得知识世界绝对"领导者"的地位。为此，美国高校网络课程在线学习平台一开始发展的方向就明确指向国际化、全球化扩张路线，热心向世界范围内的顶尖大学递送利益互惠的"橄榄枝"。从某种程度上来看，中国境内的上述高校代表了中国最具权威的学术或知识影响力，若是这类高校完全加入并依赖于美国高校网络课程在线学习平台，那么就必须按照其在线学习平台的项目知识协议条款来开发、传播、使用和运营在线课程。而这些知识协议条款背后潜藏的本质规则却是美国式的"知识体系"以及美国式的"知识标准"。例如，在线课程的学科分类就得按照美国高校学科分类体系来设置，在线课程的语言类型也会主要以英语为主，即使 Coursera 在线学习平台已推出了多语言结构类型的在线课程，但也无可避免地带有很大的"文化扩张"意图，希望更多其他国家的在线学习者能够融入对美国文化的理解与美国高校知识的学习，可想而知，一旦习惯了美国式的教育及其知识的熏陶，那么对本国教育和本土知识的接受程度有可能大打折扣，长此以往将会缺乏对本土知识的接纳性和认同感。

其实，在媒体报道美国高校网络课程在线学习平台上的学习者数量结构分布时，很多时候都谈到了在线学习者群体中的美国境外在线学习者占据了绝大多数。① 特别是在线教育的成功案例都来自美国境外的在线学习者，例如 edX 在线学习平台在宣传自己的成绩时，就引用了蒙古国天才少年巴图诗蒙·延甘巴亚为例，大谈他是如何从一位 MOOC 学习者到 edX 研究员的励志故事。② 当然，对于美国高校网络课程在线学习平台占据的这种"知识霸权主义"权力地位，其他国家及高校并没有完全认同和依附，而更多的是采取"独立自主、自力更生"的姿态来开发"本土知识"的在线平台及在线课程，力争自己"本土知识"的合法性地位，并且期望在全球在线教育市场上与美国高校在线学习平台及在线课程公平竞争。所以，中国高校网络课程在线学习平台正是坚持如此的信念和原则，不畏美国 MOOC 三大平台的强势冲击，以"本土开发"的思想来赢得"本土知识"在知识世界中的合法地位。这也是前文所提到的美国高校网络课程在线学习平台上由国外高校开发和推送的在线课程较少的原因。为此，中国政府主导了爱课程在线学习平台上的国家精品开放课程建设项目，并在该平台上推出中国大学 MOOC 学习平台；清华大学也通过组建科研团队自主研发学堂在线学习平台；还包括中国境内其他的高校及高校联盟、教育科技公司等相继开发了颇具特色的在线课程学习平台。在"异彩纷呈"的在线教育格局中整合中国最优质的在线课程资源，将中国精品文化和"本土知识"推向世界，不断提升中国文化的软实力。

4. 中美高校网络课程在线学习平台角色功能不同

美国高校网络课程在线学习平台不仅在技术上领先于中国，而且在发展时间节点上也要比中国提前一些，特别是 MOOC 在线学习平台及在线课程的创建。可以说，美国高校网络课程在线平台的发展发挥了"领跑者"的角色功能。如前所述，美国高校网络课程在线学习平台试图通过与世界范围内的顶尖高校合作，让美国境外更多的在线学习者加深对美国文化和美国知识的理解，或者说其是想借助在线学习平台来继续推行"西方知识中心"的霸权主义。然而，没想到的是，"知识霸权主义"并未完全实现预定的目标。不过，其在高等教育发展领域却更多地起到了示范和表率作用。MOOC 技术的运用促使世

---

① Coursera 在线学习平台联合创建人达芙妮·科勒在接受采访中谈到 Coursera 在线学习者中 60% 来自美国本土以外。转引自马晓澄《专访 Coursera 联合创始人达芙妮·科勒》，新华网，http://news.xinhuanet.com/world/2013－06/07/c_116079952.htm，2013 年 6 月 7 日。

② Jeffrey R. Young, "The Student Becomes the Teacher," *Slate*, *New America*, *and ASU*, April 23, 2014, http://www.slate.com/articles/technology/future_tense/2014/04/battushig_my-anganbayar_aced_an_edx_mooc_then_gave_lessons_to_mit.html.

界更多的国家及高校认识到在线学习平台和在线课程创建的重要意义和重要价值，特别是对于在网络环境或新媒体时代中生活的人们而言，随时随地、无限时空并且能够自定步调的学习方式给新的学习生活带来了极度的方便，而且还能够有机会分享到世界一流高校的大学文化和精英教育。当然，美国高校这种"领跑者"的角色功能让更多的高等院校和其他组织机构相继加入其中，或是以联盟高校的身份平分市场，或是以合作院校和合作伙伴的关系来共享在线课程优质资源，积极吸收和借鉴美国高校网络课程在线学习平台创建与发展中的先进技术和有益经验。并且，美国高校网络课程在线学习平台为了继续发挥"领跑者"的角色功能，不断推出在线课程项目新的改革和尝试，例如：与整个大学系统内部的合作，为公司企业提供培训咨询服务，与政府部门合作致力于公益教育事业；为了维系在线学习平台发展以及提升在线学习质量和权威，开始有步骤地推行专项在线课程、系列在线课程以及 SPOC 在线学习方案，尝试在线课程收费认证和学分互认的改革探索。

如果说美国高校网络课程在线学习平台具有开拓创新"领跑者"的角色功能，那么中国高校网络课程在线学习平台的发展在一定程度上更像是"搭便车"的"随行者"。先以学堂在线的创建为例，清华大学与北京大学提前加入 edX 在线学习平台，除了分享美国顶尖高校的优质在线课程资源以外，还将本校开发的"本土化"在线课程向 edX 在线学习平台推送与开放试点，随后在 edX 推出的 Open edX 开源软件支持下，利用自身计算机学科团队优势自主创建独立的 MOOC 中文学习平台学堂在线。虽说学堂在线维护了中国的教育主权，也因为自主创新赢得了社会荣誉，但其仍无法摆脱 edX 在线学习平台的影子。在线课程的分类体系除了具有中国高等教育体制特征外，更多的结构布局还是沿袭了 edX 在线学习平台的模式，例如，在线课程"未开始"、"进行中"和"已完成"的三种状态，在线课程的跨学科或交叉学科分类标准，课程认证的证书颁发和学分互认机制，在线课程收费项目的推行以及退选课、退费时效性限制都与 edX 在线学习平台十分一致。又如，在爱课程在线学习平台上发展起来的中国大学 MOOC 平台，其诞生的背景就源自美国 MOOC 平台的冲击和影响，同样有着学堂在线类似的发展模式。例如，在学科分类上，并没有继续按照国家精品开放课程的学科分类标准来划分在线课程体系，而是采取对中国高等教育学科体系与美国高等教育学科专业的一种折中方式，来对在线课程进行跨学科或学科交叉的分类；在线课程状态同样采用了美国在线学习平台的呈现方式，分为"正在进行"、"即将开始"和"已结束"三种状态。当然，"学堂在线"和"爱课程"在线学习平台还在运行机制上借鉴了美国在线学习平台的先进经验，介入了更多市场化的操作手段和方法。不过，正如爱课程在线学习平台的合作伙伴网易云课堂负责人谈到的，模仿美国在线学习平台发展模式，成为"搭便车"的"随行者"并不是中国高校网络课程在线学习平台发展的最终方向①，中国高校网络课程在线学习平台正在结合中国高校"本土化"知识的特色以及中国高校教育习惯化的教学模式，还包括中国高等教育发展独特的体制机制，来创新发展在线学习平台及在线课程，使之更加符合中国国情和中国在线学习者的学习模式。

---

① 黄明、梁旭、谷晓琳：《大型开放式网络课程 MOOC 概论》，电子工业出版社，2015，第 70~71 页。

第五章　知识转型视域下中美高校网络课程发展的未来方向

回顾中美高校网络课程发展的心路历程，不是一帆风顺，而是充满了坎坷与曲折。毕竟网络课程的发展是高等教育改革领域的一件新生事物，既满怀希望和梦想，又包含不确定，甚至失败。计算机网络和信息技术总是按照"摩尔定律"在发展，更新换代速度之快，功能之强大，让人望尘莫及，但又不得不主动去靠近、选择和使用。当然，这种选择或是使用对于人类而言，肯定是一种进步，特别是应用于高等教育事业，确切地说其促进了网络课程的发展。技术始终以一种独立的姿态试图描绘网络课程发展承载的知识图景。然而，由"技术辅助论"到"技术中心论"，再至"技术人本论"，技术的地位及功能上的变化似乎显示网络课程不只是"技术决定论"想象得那么容易而单纯，见得到"树木"的是技术确实对网络课程发展起着无可估量的牵引作用，以至于像知识转型理论所论及的那样，为网络课程背后知识的生产、传播和应用提供了某种交通或交往上的便利，推动了网络课程全球化的发展趋势，在开放教育资源运动中搭建了网络课程发展的国际性合作和交流平台；看不见的"森林"却在于知识转型这一社会背景和深刻动力，无论是普赖斯的"小科学"到"大科学"、齐曼的"学院科学"到"后学院科学"以及吉本斯等人的"知识生产模式1"到"知识生产模式2"的转变，还是石中英提出的"现代知识型"到"后现代知识型"的转型，几乎同时发生于20世纪五六十年代的"知识生产模式"转型或"知识型"的转变让随后而生的网络课程发展寓意深远。

中美高校网络课程发展同样置身于如此的知识转型时期，其必然受到知识转型理论或思想的影响。这种影响的方式较为明显地反映为知识转型衍生的内在制度和外在制度的规约。就知识转型的内在制度而言，知识世界发生变化形成新的科学规范或知识规范，指引中美高校网络课程发展的方向，中美高校网络课程为此积极进行调整以适应知识转型的必然要求，具体表现在网络课程发展中的知识形态、知识协议、知识性质和知识生产等方面对知识转型内在制度逻辑的遵循，同时上述方面的调整和适应也成为中美高校网络课程发展的趋同性特征。就知识转型的外在制度而言，由于外在制度受制于不同的政治权力机构，这也致使知识转型衍生的外在制度设计难以摆脱"境域性"、"文化性"和"价值性"的束缚，在中美高校网络课程的发展中呈现较大的差异性。尽人皆知，知识转型是中美高校网络课程发展的深刻动力和社会背景，其引导和促进了中美高校网络课程不断发展和完善。但是，中美高校网络课程的发展又会反作用于知识转型，将知识转型时期新旧"知识生产模式"或"知识型"交替过程中存在的冲突与分歧纳入网络课程的开发、建设和运营等相关利益方之间的关系处理中，强化和推动新的"知识生产模式"或"知识型"在高等教育领域得到认同、接纳和传播。其实，这注定了实践探索中的路程还很漫长，中美高校网络课程发展必然面临共同的挑战，而如何应对这些挑战也成为中美高校网络课程发展的未来方向。

第一节　中美高校网络课程发展面临的挑战：知识转型引发的冲突

何谓"知识转型"？如前所述，对于普赖斯而言，就是"小科学"向"大科学"的转变；对于齐曼而言，就是"学院科学"向"后学院科学"的转变；对于吉本斯等人而言，就是"知识生产模式1"向"知识生产模式2"的转变；对于石中英而言，就是旧"知识型"向新"知识型"的转变，结合本研究的时代范围，亦即为"现代知识型"（科学知识型）向"后现代知识型"（文化知识型）的转变。可见，知识转型始终包括两个方面的重要内容，一方面是原有的"知识生产模式"或"知识型"，另一方面是新的"知识生产模式"或"知识型"，新旧两种"知识生产模式"或"知识型"并存于知识转型时期。普赖斯和齐曼一致认为，无论是"小科学"时代进入"大科学"时代，还是"学院科学"向"后学院科学"转变，并不会发生"富有戏剧性"的突然变化，亦即是说对原来的"知识生产模式"没有完全逆转或批判。因为"小科学"或"学院科学"也会分别蕴含"大科学"或"后学院科学"所倡导的"富有宏大意义的因素"，而"大科学"或"后学院科学"的知识生产同样需要"小科学"或"学院科学"那样的"小本经营"。普赖斯指出，"小科学"向"大科学"转型是一个渐变的过程，在这个渐变的过渡时期，科学知识生产的相应机制会发生改变，从而致使"小科学"知识生产处于"危机状态"，但是有可能同一位或同一批科学家同时处于"小科学"和"大科学"中。齐曼认为，虽然"学院科学"正让位于"后学院科学"，但是"后学院科学"依然保持了许多"学院科学"的相似特征和功能，显示出一定的"连贯性"。

吉本斯等人在"知识生产模式1"和"知识生产模式2"的关系认识上，与普赖斯和齐曼的观点类似。虽然他们指出了"知识生产模式1"和"知识生产模式2"之间存在的明显差异，但是又承认彼此之间的互动联系。他们同样认为，对于科学家或研究者而言，可能游离于两种不同的组织形态，在认知语境和应用情境之间徘徊，既可以在跨学科知识生产中硕果累累，有时又需要回归到特定学科领域。石中英在接受上述西方学者提出的"共存现象"和"相互作用"关系时，更深层次地揭示出"现代知识型"向"后现代知识型"转变过程中的混乱状态和冲突问题。他认为，倘若"现代知识型"和"后现代知识型"共存于知识转型社会，那么以哪种科学规范或知识规范为标准可能难以抉择，这必然引起知识世界的混乱状态；而且，"现代知识型"建构的社会不可能对"后现代知识型"逐渐确立的科学规范或知识规范表示接受和愿意做出改变，更有可能的是对"后现代知识型"的抵制和反抗，力图夺回"现代知识型"的主导权，由此导致知识生产、传播和应用过程中诸多矛盾和冲突的出现。为此，石中英指出，只有等到"后现代知识型"完全取代"现代知识型"，并为人们所接受时，这种知识王国的混乱状态和冲突现象才会自然消失。既然中美高校网络课程发展置身于知识转型时期，那么由这种"共存现象"和"相互作用"造成的混乱状态和矛盾冲突必然渗入中美高校网络课程的开发、建设和运营过程中，以连锁反应的形式导致中美高校网络课程发展面临共同的挑战。

一　令人担忧的通过率：学习效果不佳背后的"证据"

齐曼和吉本斯等人都比较重视新知识生产模式中"编码知识"的生产与传播。吉本斯等人认为，技术知识是"编码知识"和"默会知识"的混合，"编码知识"依靠技术工具或载体进行存放，"默会知识"则存在于知识转化者的头脑或特定的组织环境中。石中英认为，知识转型还包括知识存在形态的转变，用波普尔的理论来说，就是知识世界存在形态的变化。网络课程所承载的知识也谓技术知识，包含有"编码知识"和"默会知识"，"编码知识"的存放之处很容易获得，但对"默会知识"的发现、理解与掌握则具有一定难度；同时，这种技术知识又表明了知识存在形态的转变，即由实体世界转移到虚拟世界，课程知识传播中的精神或是思想交流也变成了虚拟的互动。正是如此突如其来的变化，导致知识在实体世界、精神世界和虚拟世界的同时存在，并表现为三种不同的存在状态，如何做出选择或是哪种选择更为有效，还难以下定结论。不过可以肯定的是，这种"共存现象"的发生，必然会给中美高校网络课程的发展带来一定的阻力。随着计算机网络及网络媒介（诸如电脑、智能手机等）的普及化，人们已经形成了对网络环境的依赖，而网络课程这种新生事物的出现更是迎合了生活于网络环境中的在线学习者的需求。为此，他们对网络课程表达出浓厚的学习激情和学习动机，积极注册参与其中。然而，网络课程只是改变了知识存在的形态，本质上并没有改变知识的难度，也并不表明知识可以通过非努力的方式就能获得。最终，在线学习效果令人担忧。

据斯隆联盟报告显示，2002～2011 年美国网络高等教育发展迅速，网络课程注册人数呈现直线上涨趋势，由 2002 年占高等教育学生总人数的 9.6% 增长到 2011 年的 32.0%，十年间增长了 2 倍多（见图 5 - 1）。越来越多的美国高校将发展网络教育列为长期战略规划，能够同时提供网络项目和网络课程的高校比例由 2002 年的 34.5% 增长到 2012 年的 62.4%。2003～2013 年美国网络课程注册学生人数的年增长率呈高低起伏状态，2003～2006 年网络课程注册学生人数的年增长率不太稳定，起伏变化较大，2006～2013 年呈现规律性变化，其中 2006～2009 年网络课程注册学生人数的年增长率直线上升，2009～2013 年网络课程注册学生人数的年增长率又呈现下降趋势，直到 2013 年达到最低点 3.7%（见图 5 - 2）。斯隆联盟认为，美国高校网络课程注册学生人数已进入平衡增长期，而且在未来的 5 年时间里甚至会出现"高原现象"，主要原因是美国已经普及网络高等教育。[①] 然而，斯隆联盟对网络教育过程中学生保留率的调研发现，认为"与面授高等教育相比，网络教育更难保留学生"的高校比例由 2004 年的 27.2% 增长到 2014 年的 44.6%（见图 5 - 3）。美国哥伦比亚大学的调查报告同样显示，"与面授教育相比，注册网络高等教育的学习者辍学率几乎多了一倍"。[②] 教育技术专家 Phil Hill 教授对 MOOC 平台在线学习者的

[①] Elaine Allen, Jeff Seaman and Changing Course, *Ten Years of Tracking Online Education in the United States*（Babson Survey Research Group and Quahog Research Group, LLC, 2013）, pp. 3 - 33.

[②] Elaine Allen, Jeff Seaman and Grade Change, *Tracking Online Education in the United States*（Babson Survey Research Group and Quahog Research Group, LLC, 2014）, pp. 11 - 16.

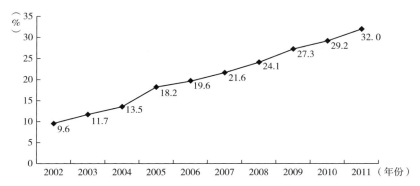

图 5 - 1　2002～2011 年美国网络课程注册人数占高等教育学生总人数的比例

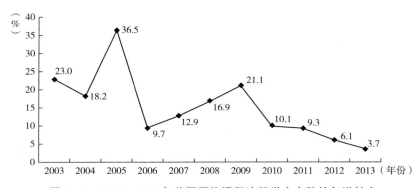

图 5 - 2　2003～2013 年美国网络课程注册学生人数的年增长率

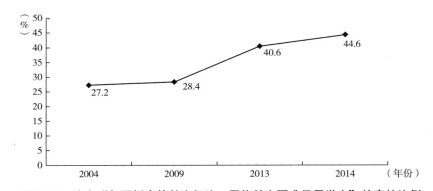

图 5 - 3　认为"与面授高等教育相比，网络教育更难保留学生"的高校比例

参与情况分析发现，能够完成课程学习任务的在线学习者仅为 15%。① Coursera

———————

① Phil Hill, "Combining MOOC Student Patterns Graphic with StanfordAnalysis," October 1, 2013, http://mfeldstein.com/combining - mooc - student - patterns - graphic - stanford - analysis/.

平台统计显示，"人工智能"课程在线学习者人数多达 16 万人，完成课程任务的在线学习者只占 14%；"软件工程"课程在线学习者人数有 5 万人，仅有 7% 的在线学习者通过了考试。① 麻省理工学院在 edX 平台上的"电子和电路"课程，在线学习者注册人数达 15.5 万人，最终通过课程考核的只有 7157 人，而取得较好成绩的甚少，仅为 340 人。②

对于中国高校来说，虽然国家精品课程和国家精品开放课程还没有实施课程结业认证，但是从点击率和访问量来看，在线学习者人数也呈现持续增长趋势。近年来，中国高校自主参与或研发的 MOOC 平台上的"本土"网络课程陆续上线，在线学习状况依然不尽如人意。以上海交通大学首批上线的在线课程"数学之旅"为例，课程完成率仅为 3%。③ 相比美国高校网络课程在线学习者而言，中国高校网络课程在线学习者的课程完成率更低。可见，课程结业率偏低成为中美高校网络课程发展的共有问题。斯隆联盟报告将上述问题的原因归于教学效果的下滑、缺乏训练和指导以及学习纪律的约束。报告显示：2012～2014 年，认为"面授高等教育比网络高等教育的教学效果好"的高校比例分别为 23.1%、25.9% 和 25.9%；与 2007 年相比，2012 年认为"学生在网络课程学习中需要更多的训练和指导"的公立高校和私立非营利高校的比例增长幅度较大，越来越多的高校重视对在线学习的训练和指导（见图 5 - 4）；2005 年和 2013 年，大部分高校都认为"与面授学习相比，网络学习需要更多的纪律约束"，与 2005 年相比，2013 年对学习纪律约束重要性认识的高校比例增长明显（见图 5 - 5）。④

二　当课程成为一种商品：知识市场化引发的学术危机

中美高校网络课程的发展无可厚非地适应了市场对知识的需求，这也正是吉本斯等人提出的知识市场化的前提条件。⑤ 当网络课程成为一种商品时，不

---

① 汪基德、冯莹莹、汪滢：《MOOC 热背后的冷思考》，《教育研究》2014 年第 9 期。
② 〔英〕约翰·丹尼尔：《让 MOOCs 更有意义：在谎言、悖论和可能性的迷宫中沉思》，《现代远程教育研究》2013 年第 3 期。
③ 刘昕璐：《慕课交大首期完课率 3%》，《中国青年报》2014 年 3 月 21 日。
④ 熊华军、褚旭：《等级改变：2013—2014 年美国网络高等教育发展的显著特征》，《现代教育技术》2015 年第 6 期。
⑤ 〔英〕迈克尔·吉本斯、卡米耶·利摩日、黑尔佳·诺沃提尼等：《知识生产的新模式——当代社会科学与研究的动力学》，陈洪捷、沈文钦等译，北京大学出版社，2011，第 47～56 页。

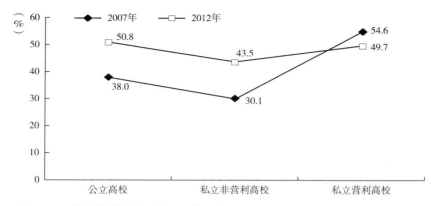

图 5 - 4　认为"学生在网络课程学习中需要更多的训练和指导"的高校比例

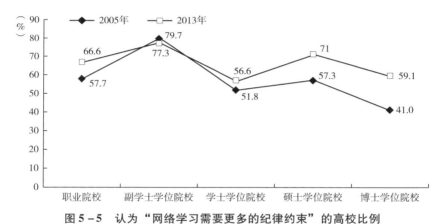

图 5 - 5　认为"网络学习需要更多的纪律约束"的高校比例

仅意味着这种特殊商品需要通过商业化运作方式进行开发、供给、销售和应用，而且还预示着知识市场化引发的学术危机。其实，齐曼描述了一个既定的事实，那就是在知识商业化模式中必然遵循一个中心原则："谁出资，就听谁的。"① 一旦市场要素介入中美高校网络课程的开发和运营过程，就无法避免知识市场化对大学学术自由、学术权威和知识产权等方面的挑战。美国南方大学联盟（ACS）计划实施桑诺基西斯项目时，其成员高校的管理者们就表示了不安和害怕，他们非常担心网络课程这种形式的知识市场化是"一门不受约束的大炮"，"不经审核，不受控制"，即使得到了风险投资家的经费资助，却不清楚他们到底要干什么。当然，对于戴维森学院而言，领导者除了担心自己

---

① 〔英〕约翰·齐曼：《真科学——它是什么，它指什么》，曾国屏、匡辉、张成岗译，上海科技教育出版社，2002，第95～98页。

管理上的威信问题之外，他们更担心网络课程市场化对学院的学术声望和学术特色的不利影响。罗兹学院的教授彼得·克伦茨（Peter Krentz）的观点颇具代表性，他认为桑诺基西斯项目对那些小的系科有利，而对于那些大的系科来说则会造成威胁。同样的问题也一直困扰着密歇根大学和多伦多大学。密歇根大学校长顾问加里·D. 克伦茨（Gary D. Krenz）担心教师不会完全投入以及无法对该学术项目的质量进行有效控制，多伦多大学则害怕该项目最后颁发的学位证书印有自己大学的标志和徽章而削弱其大学学术品牌。[1]

　　阿瑟·米勒以出售自己开设的在线课程"米勒的法庭"而遭到哈佛大学的谴责，哈佛大学认为这种知识市场化的运作方式严重影响到了哈佛大学的学术声誉，并侵犯了"知识产权"。可见，阿瑟·米勒与哈佛大学的纠葛，本质上反映的正是知识市场化带给学术自由、学术声誉和知识产权的严峻挑战。纽约大学在线项目负责人大卫·范尼（David Finney）认为，避免网络课程市场化再犯阿瑟·米勒的错误最重要的就是事先剥夺教授们的知识所有权，同时他也指出这可能会给陈腐的学术机构造成致命的威胁。[2] 自哥伦比亚大学计划采用商业化手段来运营网络课程时，知识市场化与学术权威、学术自由的争论就一直没有停歇过。哥伦比亚大学的教授艾利·诺姆（Eli Noam）觉得"学术价值变成心理呓语"也许"会让一个人感到非常好"。[3] 其实，他就是表明以学术价值和学术自由交换为原则的网络课程市场化能使教授们收益更大。甚至于哥伦比亚大学教育学院的院长阿瑟·莱文（Arthur Levine）将主持网络课程的教授们比为体育和摇滚明星，可以聘请私人经纪为他们打理生意，开展宣传促销。[4] 但是，莱文也表示大学将不得不放弃自己的学术权威，文凭会被"教育护照"代替。[5] 哥伦比亚大学的老教师们十分担心学术权威问题，他们认为倘若受到优待的教授通过网络课程的市场化成为商人或是媒体明星，那么如何将学术权威继续维系下

① Geoffrey Maslen, "Leery about Use of Their Names, Michigan and Toronto Opt of Universitas 21," *Chronicle of Higher Education*, May 25, 2001, p. A38.

② Michael Lewis, *The New New Thing* (Norton, 1999).

③ Eli Noam, "Electronics and the Dim Future of the University," *Bulletin of the American Society for Information Science*, June-July, 1996: 9.

④ Dan Carnevale and Jeffrey Young, "Who Owns On-Line Courses: Colleges and Professors Start to Sort It Out," *Chronicle of Higher Education*, December 11, 1999, p. A45.

⑤ Arthur Levine, "The Future of Colleges: Nine Inevitable Changes," *Chronicle of Higher Education*, October 27, 2000, p. B10.

去。① 支持网络课程市场运营计划的管理者和教授们将上述老教师视为怀疑者和老古板。

2001年，当麻省理工学院倡导"知识共享"理念，提出"公开线上课程"计划时，其遭到了参与营利性网络课程项目的高校和网络公司的抵制。因为，麻省理工学院的开放课件项目以反对知识商品化和知识市场化为原则性立场，校长查尔斯·M. 维斯特（Charles M. Vest）认为，对于当前受市场驱动的在线课程项目来说，它是不符合常理的，甚至与看重物质价值的风习背道而驰。哥伦比亚大学的教务长乔纳森·科尔（Jonathan Cole）对此表示非常愤怒，根本原因在于麻省理工学院严重违反了市场竞争规则。麻省理工学院实施开放课件项目时，哥伦比亚大学以营利性为目的的网络课程数量已达到900门，远远超过麻省理工学院。显而易见，麻省理工学院反对学术商业化的"公开线上课程"计划给以知识市场化运营网络课程的哥伦比亚大学致命一击。不过，"去商业化"的发展思路却受到梅隆基金会主席威廉·伯温（William Bowen）和惠列特基金会的保罗·布莱斯特（Paul Brest）的赞赏，他们认为大学本就不应该像商业那样出售自己的课程，而要真正履行好为公众服务的学术义务和使命。2011年，正值开放课件项目十周年之际，麻省理工学院提出了未来十年"惠及10亿人"计划，推出MITx在线学习项目；第二年，麻省理工学院与哈佛大学合作，组建了非营利性MOOC发展平台edX。可见，麻省理工学院在发展网络课程的道路上一直延续"知识共享"、"免费开放"的学术理想。

然而，这一学术理想终究还是逐步陷入了知识市场化的泥潭。支撑MOOC发展的另外两大平台Coursera和Udacity为营利性机构，因为唯有采取市场化的运作手段才能维系MOOC的可持续发展。虽然，美国MOOC发展初期，三大平台都大力宣扬和试图坚持在线课程"免费"、"开放"的原则，但是越来越多的市场要素介入其中，迫使它们不得不改变原来的学术理想。Coursera明确规定对于签名认证的课程需要支付相应的费用；Udacity已有12门收费课程，并按课程类型每个月支付每门课程150～200美元，收费内容除了课程提供的教学视频、练习和管理等资料外，还包括个性化的服务与指导；甚至非营利性MOOC发展平台edX对身份认证证书和X系列证书的在线课程也要收费。② 中

① Teresa L. Ebert and Mas'ud Zavarzadeh，"E-Education，the Opposite of Equality Internet，"*Los Angeles Times*，March 23，2000，p. 9.
② 王庭槐：《MOOC——席卷全球教育的大规模开放在线课程》，人民卫生出版社，2014，第50～113页。

国高校网络课程的发展虽然不及美国高等教育市场化那么明显，但是知识市场化引发的学术危机依然存在。例如，网络教育学院试点时期，湖南大学就在知识市场化中失去了方向，不仅网络课程质量令人担忧，而且更是影响到大学的学术品牌。诸如清华大学等高校都曾担心过这种知识市场化的推广可能会降低大学的学术声望。当然，如今的中国高校网络课程发展可谓"百花齐放"、"百家争艳"，各种市场要素纷纷参与进来，都希望从中分得一勺美羹。商业化利益的驱使是否还能让中国的教授们安身立命于科学研究的创新工作，或是成为知识制造的工具，还有待考究。不言而喻，网络课程市场化构建的虚拟大学城堡对实体大学的学术化气息造成了巨大的威胁。又特别是，未来与知识市场化合作机制运营的网络课程最后颁发的电子文凭是来自商业公司，还是以联合大学的名义，或是由具体的某所大学颁发也成为折射学术危机的一种必然现象。①

三 积极的参与者或懈怠的旁观者：教师如何选择

中美高校网络课程的发展不仅是在线学习者的需求、学校管理者的推动以及网络科技公司或基金会的资助，而且更重要的因素在于能否获得教师的积极参与和支持。可以说，面对网络课程这样一种新生事物，并不是对于所有教师都是机会，或是获利。因为它直接影响到教师业已形成的教学观念和教学行为，甚至会给教师带来巨大的压力和挑战，例如：专业发展要求更高，时间和精力消耗更大，学术思想不再单纯，角色功能发生转变，如此等等。在知识转型理论中，普赖斯、齐曼和吉本斯等人分别考察了科学家或研究者角色功能的变化。其实，置身于知识转型社会的中美高校网络课程的大学教师又何尝不是面临"科学家"或"研究者"所要面临的问题呢？大学教师可能游离于不同的组织形态，在认知和应用情境之间徘徊，一方面，在特定学科领域从事科学研究或知识生产活动，另一方面，将生产出的知识以网络课程形式向外传播。然而，看似正常不过的工作状态却看不出大学教师会有怎样的烦恼和困惑。但是，普赖斯告诉我们可能同一位或同一批科学家会同时处于"小科学"和"大科学"中，也即是说，如果大学教师处于"小科学"状态，"为知识而知识"、"为科学而科学"的"纯研究"特别看重个人的好奇心和志趣，那么在

---

① Eli Noam, "Electronics and the Dim Future of the University," *Bulletin of the American Society for Information Science*, June-July, 1996: 6 – 11.

面对"大科学"的挑战或诱惑时，他们是难以主动弯下身躯"出卖"或"出售"自己的知识生产成果的；要是大学教师处于"大科学"状态，在项目合同或经费资助的协议下，他们获得了利益却失去了一定的学术自由，并且某些时候他们仍需要回归特定学科开展"纯研究"活动。如此往返，来去角色转换，必然给大学教师带来功能上的冲突。

齐曼认为从"学院科学"向"后学院科学"转变，科学家或研究者的知识生产活动已不仅是受好奇心的驱使，更是对现金的竞争与追求以及受"马太效应"的影响，引导科学家或研究者由"业余爱好者"身份向"社会演员"的角色转换，研究工作的"职业化"和"应用性"色彩日益凸显。① 特别是受到"产业科学"的影响，部分科学家研究团队转型为小型商业"公司"或"企业"，科学家或研究者要么成为技术顾问和专家顾问，要么就蜕变为"商人"或"企业家"。② 这种现象在吉本斯等人提出的知识市场化和商业化情境中频繁出现。考察中美高校网络课程发展中的教师角色变化，也大致经历了如此的过程。还记得阿瑟·米勒出售自己开设的在线课程"米勒的法庭"，一时之间他成为媒体明星和令人羡慕的个体户"商人"。哥伦比亚大学在实施营利性在线课程计划时，阿瑟·莱文曾给予了广大教师美好的愿景，他认为：只要教授们积极参与在线课程的研发和运营，就有希望成为诸如摇滚或体育明星之类的人物，不仅会受到优待，而且还能够聘请私人经纪帮助打理生意。③ 2012年4月，美国斯坦福大学的吴恩达教授和达芙妮·科勒教授看到了他们开设的免费在线课程"机器学习"和"数据库导论"的广阔市场前景，于是合作创建营利性在线教育科技公司 Coursera，截至 2013 年 7 月，其已获得 6500 万美元的融资。大学教师正在通过网络课程运营的方式实现着向"商人"或"企业家"的角色转型。

同样典型的案例莫过于 Udacity 的创立。斯坦福大学的两位教授塞巴斯蒂安·史朗和彼得·诺维格主讲的"人工智能导论"（Introduction to Artificial Intelligence）免费在线课程受到 190 多个国家，超过 16 万名在线学习者的青睐，

---

① 〔英〕约翰·齐曼：《真科学——它是什么，它指什么》，曾国屏、匡辉、张成岗译，上海科技教育出版社，2002，第 25～30 页。

② 马来平：《科学的社会性和自主性：以默顿科学社会学为中心》，北京大学出版社，2012，第 217 页。

③ Dan Carnevale and Jeffrey Young, "Who Owns On-Line Courses: Colleges and Professors Start to Sort It Out," *Chronicle of Higher Education*, December 11, 1999, p. A45.

这让他们看到了巨大的知识市场需求。为此，他们毅然辞去斯坦福大学终身教授职务，全身心投入创建在线教育科技公司 Udacity 的事业中。毫无疑问，营利性在线教育公司 Udacity 正是塞巴斯蒂安·史朗、迈克·索科尔斯基（Mike Sokolsky）和戴维·斯塔文课程团队或研究团队集体智慧的结晶，也是如前所述的研究团队转型为"公司"或"企业"案例的真实写照。经过几轮融资计划的实施，营利性在线教育公司 Udacity 可谓财力雄厚，塞巴斯蒂安·史朗不但身兼在线课程教师职务，还摇身一变成了 Udacity 营利性在线教育公司的 CEO，其他创始人也自然地实现了向"商人"或"企业家"的成功转型。

在中国，因为起主流引导作用的网络课程项目是由政府发起的，所以高校教师群体中很难发生转型为"公司"或"企业"，"商人"或"企业家"的案例。倒是非主流的一些私有化或私人化的网络科技公司正在搭建让部分教授有机会发生商业转型的平台。不过，从国家精品课程项目开始，主持网络课程的教授们作为技术顾问或专家顾问已是既定的事实。他们有机会借助网络课程平台研发公司或网络课程建设培训机构定期或不定期地出现在各种商业化场合，以技术顾问或专家顾问的身份变相出售自己的"专业知识"和"专业技能"，这也有种类似于教师角色向"商人"转变的特征。

石中英认为，知识转型除了表现为知识分子的角色转变之外，还伴随其他一些征候，例如：知识分子内部针对"知识标准"问题展开的争论，提出了发现知识、证明知识、表述知识和传播知识的新方法、新程序，以及知识分子获得权威方式的改变等。网络课程受到如此大规模的在线学习者的追捧，已表明大学教师提出这种发现知识、表述知识和传播知识的新方法的重要价值。甚至如部分在线课程的明星教授那样，大学教师们还可能通过运营网络课程来实现向"商人"或"企业家"角色的转变。从开放课件运动的兴起到 MOOC 的发展，成千上万门在线课程投放到网络空间，以收费或免费的方式供所有在线学习者分享，其背后有数以万计的大学教师的参与，或是积极，或是消极，或是主动，或是被动。然而，并非所有的大学教师都会怀揣如此的梦想，对这种知识生产、传播和应用的新方法表示接受，或是愿意积极参与实施。因为，这场革命的对象不只是传统课程本身，最为关键的因素还是大学教师群体。由数字化技术转化而来的影像、文字和数据等网络课程资源，是否其全部都可称为知识，或是叫作信息更为恰当，这不得不引起大学教师的异见。毕竟某些网络课程的知识传授或传播还表现得如此随性，或是教授们的研究假想，或是未经论证的主观性臆断。"知识标准"问题自然成为大学教师群体是否接受网络课程争论的焦点。角色转换可能会削弱大学教师传统课堂中的权威性，这也是大学教师群体不愿接纳网络课程的原因之一。虚拟世界中网络教学的师生关系，远不如实体课堂中教师对学生的监督性和约束力，还包括学习指导与训练的有效性。

　　尽人皆知，在线选课人数多，教学反响强烈，能够成为热门课程和明星教授的情况甚少，即便是 MOOC 兴盛的今天，有成千上万门在线课程、成千上万名在线教师，那也只是传统实体课程和全部大学教师群体中的"冰山一角"。其实，考察国内外网络课程平台的运行状况，就会发现各类在线课程选课情况和课程结业率参差不齐，有的在线课程学习人数多达十万余人，课程通过率也具有相当比例；有的在线课程注册人数寥寥无几，课程完成率甚至为零。更何况那些明星教授们开设的在线课程倘若课程质量如此高，教学效果如此好，是否可能会对其他高校相同课程形成威胁和排斥，或者说如果其他高校通过购买此类明星教授们开设的在线课程，以节约开发校本课程的成本，则意味着大部分教师将会面临职业生存危机。即使是对于那些热门课程和明星教授自身来说，也未见得是永远"坐享其成"的好事，长此以往或许会造成巨大的压力和挑战，例如：选课人数的急剧增长，必然相应的要付出成倍的时间和精力，给予在线学习者充分的关注、指导与互动。但是，如此大规模的在线学习者数量决定了这项工作是异常艰难而无法实现的，最终在线课程总体质量和效果也势必会不尽如人意。当然，对于已经习惯传统授课观念和授课技能的绝大部分教师而言，接受和实施网络课程教学就必须要增强计算机网络和信息化技术方面的知识与技能，无形中会加重大学教师专业发展的负担，又特别是网络课程的开设并没有实质性减少实体课程的教学工作量，反而是大学教师格外花去太多时间和精力，而收效甚微，毫无成就感。斯隆联盟报告专门调研了大学教师对在线课程的支持情况，数据显示：学术负责人认为网络课程教学会消耗大学教师更多的时间和精力的比例由 2006 年的 39.3% 上升为 2012 年的 44.6%；而大学教师认同网络课程教学的合理性和价值的比例由 2006 年的 32.9% 下降为 2012 年的 30.2%。① 可见，大学教师在面对高校网络课程的发展时显而易见地更容易成为懈怠的旁观者，而不是积极的参与者，为此斯隆联

---

① The Sloan Consortium, "Changing Course: Ten Years of Tracking Online Education in the United States," 2012, http://www. sloan - c. org/publica - tions/survey/index. asp.

盟报告将大学教师视为网络课程发展的重要阻碍因素。

四 学分互认与质量评价：一个漫长的完善过程

中美高校网络课程的发展已经打破了传统实体大学的高墙深院，充分借助网络虚拟空间平台，努力创建跨越边界的"无形学院"，这样的"无形学院"在虚拟世界中生根发芽，不但积极接纳各类高等院校的纷纷加入，而且还与政府组织、网络公司、研究院所和基金会等构筑战略同盟，乃至于越来越具有虚拟大学的结构与功能。虽然在如此的"无形学院"中，教师与学生以虚拟化形态存在，教学交互活动也以虚拟化的组织方式呈现，但是在线学习者对知识永无止境的向往和追求却与传统实体大学并无二致。原本以为通过"一厢情愿"的"公开线上课程"就能够完全满足在线学习者对诸如"常青藤大学"或其他一流大学的优质课程的知识需求，然而随着知识市场化趋势愈演愈烈，在线学习者不只是拥有获得知识这样单纯的想法，还包括如何去证明接受过该类课程的学习以及怎样体现接受过该类课程学习后的应用价值。其实，商业利益化的行为动机越是明显，市场主导事物发展的力量就越会随之增强。在线教育科技公司或是风险投资者早已预料到在线学习者的上述需求，它们之所以如此慷慨地为网络课程发展提供经费支持，就是因为它们寻找到了这样的商机：为在线学习者提供课程认证，首先是课程学分，而后是课程学位，以及结合课程的职业评估。那么，矛盾油然而生。因为"无形学院"在知识生产、传播和应用过程中的"异质性和组织多样性"色彩浓厚，所以由怎样的机构来提供课程认证，授予课程学分，颁发课程学位，并且能够在不同的大学或机构之间实现学分互认，这将是十分复杂而又困难的事情，需要一个不断磋商、协调和完善的过程。

以美国 Coursera、edX 和 Udacity 三大平台为例，其之所以在网络课程市场上获得如此大的名气，就是因为它们借助了一流大学的品牌效应，承诺提供那些名牌大学相同质量标准的"同质性"课程。那么，如何实现 MOOC 具有商业价值的推广活动呢？第一，MOOC 平台会将在线课程与开课的母体大学及知名教授捆绑在一起，贴上母体大学品牌的"标签"，推出的在线课程也基本符合母体大学的学科专业特色，无形中树立了在线课程的公信力，引导在线学习者积极选课。第二，在线课程的信息发布以及学分认证不会由母体大学提供，而是通过 Coursera、edX 和 Udacity 等 MOOC 平台以非官方和非正式的途径给予认证。母体大学是不可能以官方形式授予外校学生选修本校在线课程获得的课程学分的，目前较为流行的做法是：在线学习者修读完成课程后，申请获得课程学分，该门课程的教授提供自己签名的证书并加盖 MOOC 平台的签章。而由麻省理工学院和哈佛大学联合创办的 edX 平台，假若在线学习者选修了麻省理工学院的在线课程，课程结业后就会加上 MITx 的"标签"；选修了哈佛大学的在线课程，课程结业后则会加上 HarvardX 的"标签"。这种非正式的课程学分认证方式表明 MOOC 平台的任何课程都不能与加盟的任何大学直接画上等号，即使在线学习者选修完成了所有麻省理工学院或哈佛大学的在线学士学位课程，也不可能获得母体大学颁发的同等学士学位证书。上述操作策略既保障了 MOOC 平台加盟大学各自的独立性，又让母体大学在校注册学生数不受 MOOC 平台课程选修人数影响。当然，其中的本质目的还是将非正式的教育形态排斥在外，通过在校优质教育和在校优质生源在课程学分认证上加以明显区别，以凸显一流母体大学的尊贵地位。

2013 年，美国教育委员会（ACE）给予 Coursera 平台上 5 门在线课程学分官方认可，包括 4 门本科在线课程和 1 门职业学院在线课程，其中加利福尼亚大学和杜克大学各有 2 门在线课程，其他 1 门在线课程来自宾夕法尼亚大学。这意味着上述 5 门在线课程获得的学分可以转换为其他大学相应课程的学分。① 同时，Udacity 平台也与圣何塞州立大学（San Jose State University，简称 SJSU）合作，提供 5 门在线课程的学分认证，只要在线学习者完成了课程学习任务，并且通过 ProctorU 在线考试，就能获得由圣何塞州立大学认可的课程学分，上述 5 门在线课程获得的学分不仅可以在加利福尼亚州公立高等教育系统中通用，而且还适用于美国其他大部分高校。然而，并不是所有 MOOC 平台都享有在线课程学分官方认证和学分互认的机会与权利，这种方式也不可能得到美国境内全部高校的认同。虽然在线学习者获得了在线课程学分，但是仍然无法获得大学的认可，最主要原因在于大学对 MOOC 学分背后质量和可信度的怀疑。2013 年 3 月，加利福尼亚州参议院提出一项 SB520 的议案，决定对 MOOC 学分给予认可。同年 8 月，这项议案最终遭到否决而未能获得通过。几乎全体教师代表一致反对为在线课程授予学分，加利福尼亚州教师协会主席莉莲·泰泽（Lillian Taiz）认为，"在线课程完全可以替代面授课程的结论为时过早，网络上的教育资源没有经过非常仔细的审核，未有证据表明对所有在线

---

① Jeffrey R. Young, "MOOC's Take a Major Step Toward Qualifying for College Credit," *Chronicle of Higher Education*, 2012, 59（13）：A23 - A23.

学习者受益匪浅"。[1] 杜克大学的教务长彼得·兰格（Peter Lange）也对授予网络课程学分表示不赞同。他认为，在线课程与实体课程授课情况截然不同，为此不支持杜克大学为 Coursera 平台上的两门在线课程授予学分。[2]

可见，学分互认成为美国高校网络课程发展中跨越难度较大的门槛，最为关键的因素还在于对网络课程教学质量的怀疑和不认可。目前，关于网络课程的教学质量到底由什么机构来评价，如何评价，以及评价后怎么办等一系列问题仍然存在比较大的争议。虽然美国有专门的教育技术指导委员会，并制定了较为系统化的网络教育质量标准，但是这种监管机构及质量标准多是从宏观上确立的网络教育或网络课程发展所要达到的基本标准，而对于网络课程的教学质量并没有具体化的操作评价规程。包括麻省理工学院 2004 年、2005 年和 2009 年开放课件项目三次评估报告，以及 2002 年以来的斯隆联盟报告，都是从宏观层面评价美国网络高等教育发展的成就与存在的不足。具体评价网络课程的教学质量或学习效果还没有较为统一的机构和标准。通常情况下，网络课程平台要么采用教授评价方式，要么采取学习同伴互评方式，要么使用在线考试系统软件测评，要么利用学习分析技术考核在线学习者的学习情况，甚至还有部分专家学者指出在线学习情况的考查仅能作用于网络课程评价中的一部分，另一部分还要重点以线下学习质量的考核为准。之所以网络课程教学质量的评价如此困难，是因为在线学习者的背景和经历异常复杂而难以控制，他们不可能像正规大学录取的学生那样呈现群体规律性的特征，而且加之网络教学的随时随地和无限时空特征，这种超大规模的在线学习者数量岂能完成高效率和精准化的教学评价工作任务。2012 年，曾有报道宣称"Coursera 平台上一些课程在线学习者抄袭成风，教授被迫恳请在线学习者停止抄袭"。[3] 如何防止在线学习者"作弊"和"替学"现象的发生也成为制约网络课程教学质量评价有效性的阻碍因素。

中国高校网络课程发展中的学分互认同样也不是一件轻而易举之事。教育部依托 68 所高校试办网络教育学院时期，具有现代远程教育性质的网络课程通常是由网络教育学院母体大学各自进行课程学分认证工作，选修完成相应专业的网络课程学分，即可申请获得网络教育学院颁发的相应毕业证书。但对于

---

① Paul Fain and RyRivard, *California Bill to Encourage MOOC Credit at Public Higher College* (Outsourcing Public Ed., March 13, 2013).

② 曾晓洁：《从学分到学位：MOOC 与大学的融合》，《比较教育研究》2015 年第 8 期。

③ 曾晓洁：《从学分到学位：MOOC 与大学的融合》，《比较教育研究》2015 年第 8 期。

后来实施的国家精品课程项目和国家开放课程项目，教育部并没有做出统一的学分认证办法。也即是说，以上两大网络课程项目并没有国家正式文件规定授予其课程学分。只是近年来，随着美国 MOOC 对中国高校网络课程发展的影响，国内各大高校或地方教育行政部门自主创办 MOOC 联盟及课程平台，推动了在线课程的学分认证和学分互认工作。从目前在线课程的学分认定情况来看，大体可以分为如下三类模式：一是大学主导的校内学分认定模式。例如，清华大学将部分线下课程公布在本校开发的 MOOC 平台学堂在线上，学生可以在该平台上选修该门课程并获得学校认定的同门课程的同等学分；又如，杭州师范大学则借助上海交通大学的 MOOC 平台，本校学生可以选修其他大学 MOOC 平台上的课程，获得同门课程的同等学分，实现学分互认。二是大学联盟建立的校际学分互认模式。例如，C9 大学联盟、E9 卓越大学联盟、好大学在线 MOOC 平台以及西南交通大学在线课程 Ewant 平台等都可以实现各加盟大学的在校学生选修网络课程的学分互认。三是教育行政部门协调的区域大学学分互认模式。例如，上海市委协调成立的"上海高校课程中心"，辽宁省教育厅下发的《关于开展跨校修读学分试点工作的通知》，都明确指出在区域范围内的大学可以实现联盟高校网络课程的学分互认。但上述学分认定和学分互认工作尚处于局部试点的阶段，存在的问题和矛盾也是不言而喻的。例如，服务的在线学习者仅限于本校在校大学生或加盟高校在校大学生，这明显违背了 MOOC 的大规模性、开放性的原则。当然，网络课程并没有一个严格的课程标准和评价机制，这也势必会影响到网络课程的教学质量和在线学习者的学习效果。

第二节　中美高校网络课程发展的未来方向：迎接知识转型的变革

如前所述，中美高校网络课程的发展置身于知识转型社会，即是说，这样的社会正处在新旧"知识生产模式"或"知识型"的交替时期，既包含对原有"知识生产模式"或"知识型"的解构，又包含对新的"知识生产模式"或"知识型"的建构。作为对原有的"知识生产模式"或"知识型"的解构来说，新出现的"知识生产模式"或"知识型"必然给现有的知识生活和其他社会生活方面带来一些合法性的丧失、话语的转换与秩序的混乱状态。上述矛盾冲突和混乱状态无形中渗入了中美高校网络课程发展过程中，导致中美高校网络课程的发展面临诸多困境与挑战。这些困境与挑战同时也反映出原有的"知识生产模式"或"知识型"不可能那么容易臣服于新的"知识生产模式"或"知识型"，它们必然会奋力抗争和抵制新的"知识生产模式"或"知识型"对自己的威胁和解构。如此奋力抗争和抵制的过程又反过来给中美高校网络课程的发展以"雪上加霜"的冲击和影响。可见，中美高校网络课程的发展不可能一帆风顺，总会充满风雨和艰难曲折。但毋庸置疑的是，历史的车轮总是朝向前进的方向。既然中美高校网络课程的发展能够千辛万苦走过无数次艰难历程，就足以证明其具有存在的价值和重要意义。目前，无论是认为以网络课程构筑的虚拟大学不可能替代实体大学，还是认为网络课程遭遇如此巨大的困境和挑战可能会陷入万丈深渊，不可自拔，这样的结论都略显得为时过早，难以说服怀揣梦想一代对网络课程的执着与坚守。作为对新的"知识生产模式"或"知识型"的构建来说，最终目的不是造成知识世界的矛盾冲突和混乱状态，而是带来新的合法性规则、学术话语与新的社会秩序。这也正是中美高校网络课程的发展如何调整心态，科学应对困境和挑战的未来改革方向。

一　知识共享的新型组织化图景：课程平台的多元化与包容性

如何实现中美高校网络课程发展所提倡的"知识共享"理念，搭建网络课程平台就显得尤为重要。当麻省理工学院宣布实施"公开线上课程"时，接二连三的行动就是分批次向开放课件项目的网站上陆续投放在线课程资源，用以实现"知识共享"的理念。中国精品课程项目实施初期，曾苦恼没有国家统一的课程资源网站，而影响了网络课程资源开放共享的效果，直到2007年国家精品课程资源中心批准成立，以国家精品课程资源网为平台，全面推进"校—省—国家"三级精品课程建设步伐，保障国家精品课程优质网络资源的传播与共享。然而，或是限于技术的局限，或是限于市场的因素，或是限于政策的引导，又或是限于资源的整合，网络课程平台的发展还比较单一。美国高校网络课程平台与中国高校网络课程平台相似，多是由各个大学自主搭建，若是出现如开放课件合作联盟运营的在线课程项目，则需要开发公共网络课程平台。但是，这种公共网络课程平台及其加盟的高校数量还比较有限，甚至有些公共网络课程平台还没有达到技术的兼容性，更多的是以链接方式转换到其他高校自主开发的网络课程平台界面上。近年来，网络课程平台的发展可谓日新月异，逐步将"知识共享"的理念推向世界各个角落。较之以往，中美高校网络课程平台发展的多元化特征明显，并且类型也越来越复杂，总体来说，呈现如下一些规律。

一是由国内平台走向国际平台。中美高校网络课程平台已经不再局限于将合作伙伴定位于国内的高等院校、研究院所和商业机构等，而是放眼全球，开展跨国别、跨机构和跨学科的战略合作联盟，发展国际化的网络课程平台。例如，美国 MOOC 三大平台 Coursera、edX 和 Udacity，中国 MOOC 平台学堂在线。二是网络课程发展由单一平台主导转向多元平台主导。例如，美国高校网络课程平台以开放课件项目"一驾马车"主导发展为由 MOOC 项目"三驾马车"并驾齐驱；中国高校网络课程也由唯一指定的官方平台向官方平台与商业平台"竞相争艳"的格局转变。三是网络课程平台研发相对独立，特色明显。例如，清华大学没有完全依赖美国 MOOC 平台技术支撑，而是独立创建学堂在线，体现"本土化"MOOC 平台特色；中美境内高校也是根据本校特色和特长，独自研发符合自己学校情况的网络课程平台，避免了"千校一面"的现象发生。四是新的网络课程平台的出现并没有直接淘汰原有的网络课程项目。例如，美国高校 MOOC 平台的发展并没有影响开放课件项目网络课程平台的存在；中国精品开放课程平台仍在坚持将原有国家精品课程改造升级为国家资源共享课程的努力。五是同一网络课程平台上也兼容呈现其他网络课程平台上的课程资源。如前所述，以前网络课程平台要想共享其他平台上的课程资源多是以链接方式转换，现在网络课程平台上只需点击导航栏上的其他网络课程平台，就可以直接共享网络课程资源，网络平台界面不会发生转换和改变。例如，中国网易公开课平台上可直接实现国际名校公开课、中国大学视频公开课和可汗学院公开课的课程资源共享。

那么，中美高校网络课程平台发展呈现如此多元化特征的影响因素有哪些呢？可想而知，如此多元化的发展平台首先折射出支持和参与网络课程发展的机构多元化。如前所述，无论是美国高校网络课程发展，还是中国高校网络课程发展，都涉及大学与政府、市场三方因素，三者要么以独立的身份开发网络课程平台，要么采取两方或三方联盟合作的方式开发网络课程平台，或是高校彼此间联合创建网络课程平台。正是这种新型组织化形态呈现多元化，从而导致网络课程平台发展呈现多元化特征。除此以外，新型组织化形态并非纯粹而固定，它会以一种暂时性组合方式集合各方团队力量，按照网络课程建设任务来开发课程平台，平台与平台之间也具有网络技术上的兼容性和课程资源上的包容性，它们相互支撑、相互补充，以绿色通道方式实现平台彼此间的资源开放和知识共享。以美国 MOOC 平台为例，截至 2016 年 7 月，Coursera 平台的合作伙伴共有 145 个，来自 28 个国家，提供在线课程 1971 门；edX 平台的合作伙伴共有 105 个，提供在线课程 3250 门。① 比较明显的是，对于各加盟机构和合作伙伴来说，其组织方式肯定是异质性和多元化的，并且其中部分加盟机构和合作伙伴彼此交叉重叠，或许还加入了如中国学堂在线等其他网络课程平台。

其次，中美高校网络课程平台发展的多元化还反映出知识的多样性。正如之前谈到的"西方知识霸权"和"本土知识"开发那样，美国继续采用"霸权主义"的知识标准和扩张策略，然而对于其他国家及地区已失去了之前的魔力，后现代主义者极力反对知识"客观性"、"普遍性"和"中立性"，提出任何知识都具有"境域性"、"文化性"和"价值性"，这种思想受到欠发达国家和发展中国家的一致认可，它们努力摆脱对"西方知识"中心主义的依附关系，不断发掘"本土知识"和"地方知识"，并寻求与"西方知识"同等的合法地位。这就是为什么网络课程平台发展中并没有像往常那样视美国高校网络课程平台为尊贵和中心地位，而是选择独立自主、自力更生的方式开发本土化的网络课程平台，并且通过网络课程平台的国际化和全球化，为反映"本土知识"和"地方知识"的网络课程资源提供与以美国为代表的"西方知识"的网络课程资源"同台竞技"、"竞相争艳"的机会，中国高校网络课程平台的发展亦是如此。上述过程的结果无形中推动了中美高校网络课程平台发展的多元化，同时打破了"西方知识"一统天下的局面，使与中国类似的发展中国家或欠发达国家的"本土知识"和"地方知识"正在获得与美国类似的西方发达国家的认同和接纳，"本土知识"和"地方知识"逐渐获得应有的合法身份和地位，为知识的多样性"增光添彩"。

二 知识市场化的矛盾化解：三重螺旋模式中的利益共谋

以发展高校网络课程为载体的知识市场化道路可以说是波澜起伏，麻省理工学院实施开放课件项目前后，几乎绝大部分美国境内高校都看到了网络课程巨大的市场前景，甚至于不假思索地投入网络课程的开发和运营之中，并努力去说服网络教育科技公司、基金会和风险投资人为网络课程的发展提供经费资助。然而，如此发展的结果令人担忧。先不说网络课程的在线学习者是否受益

① 参见 https：//www. coursera. org/。

匪浅，但毋庸置疑的是其并没有实现营利的目标。教育事业发展的长周期性特征，告诫人们从中受益受利岂是一朝一夕之事。操之过急，目光短浅的网络课程营利方式只会导致失败的厄运。中国高校网络课程的发展也并不是自始至终完全由政府控制，没有市场因素的介入。网络教育学院试点期间，50%的试点院校办学经费来自企业投资，通过所谓的"卖课程"、"卖服务"和"卖文凭"等教育项目来营利，此外还包括学生的学费。之后，湖南大学过度市场化的操作，导致了网络教育乱象的恶生。麻省理工学院最大的功绩就是提出反对知识市场化和商品化的网络课程发展战略，以"知识共享"的理念推行"公开线上课程"计划。直到今天，MOOC 的发展依然在坚守"免费"、"开放"和"共享"的原则。中国精品课程项目实施后，与"公开线上课程"倡导的"知识共享"理念不谋而合，政府主导的网络课程发展更具有公益性的色彩，从组织形态到资源开发丝毫看不到商业痕迹。不过，国家精品开放课程项目建设开始渗入了商业化的推广手段。至此，网络课程作为一种知识商品已是既定的事实。随着越来越多的市场要素介入其中，以"免费"、"开放"和"共享"来发展中美高校网络课程的乌托邦式的梦想正是逐一破灭，未来的重要任务在于如何化解大学与政府、市场三权之歧的矛盾。

如前所述，虽然加雷斯·威廉斯细化并充实了伯顿·克拉克提出的"三角协调模式"理论，但是"六种关系模式"理论并未从根本上对伯顿·克拉克的思想有所创新和突破。无论是伯顿·克拉克，还是加雷斯·威廉斯，他们在论及大学与政府、市场三者之间的关系时，都一致性地认为彼此之间既相互牵制，又互动发展。即是说，高等教育发展史上必然存在大学与政府、市场的基本矛盾，当三者之中某种权力占主导时，另外两种权力将会减弱并受其控制；由此而生发出某一特定时期或某一特定国家，高等教育发展的支配力量要么来自"政府控制"，要么来自"大学控制"，要么来自"市场控制"，而对于"三足鼎立"的理想态势，伯顿·克拉克和加雷斯·威廉斯同样认为是不可能实现的。与加雷斯·威廉斯同时期的雷德斯多夫和埃茨科维兹进一步地继承和发展了"三角协调模式"理论，特别是他们在理解和认识政府、高校与市场三者之间的关系时，并不十分关注三者之间存在的基本矛盾，而是强调三者之间的互动合作。

雷德斯多夫和埃茨科维兹指出，知识经济时代，组织不再具有牢固的边界，政府、高校与市场各有其优势，需要相互协调和加强合作，为此，他们提出了"三重螺旋模式"理论。他们认为，大学与政府、市场之间的关系可以表述为三种模式（见图5-6）。第一种是极权钳制模式（An Etatistic Model），政府居于主导地位，控制着大学与市场的发展，大学与市场相互独立，其创新空间极为有限；第二种是自由放任模式（A "Laissez-faire" Model），大学与政府、市场"三足鼎立"，缺乏相互沟通和合作机制，按照各自逻辑独立发展；第三种是三重螺旋模式（The Triple Helix Model），大学与政府、市场不仅两两互动，而且还存在三者之间共同的交集，孕育出三边网络和混合组织，构筑起三方合作战略同盟，依靠交互作用实现经济增长和产业升级。雷德斯多夫和埃茨科维兹特别指出，"三重螺旋模式"更能体现大学与政府、市场之间的互动关系，通过大学与政府、市场三者合力，加强"官、学、研"一体化发展，提高科技产业效能和市场核心竞争力，从而最终使三者共同获益。[1] "三重螺旋模式"理论对"三角协调模式"理论的发展之处在于：肯定了大学与政府、市场的"三元"主体地位及功能，将大学与政府、市场抽象地勾勒为创新活动中彼此相互缠绕的螺旋线，在密切合作与相互作用的组织形态中，加速资源和能量的循环流动，促进共同发展。

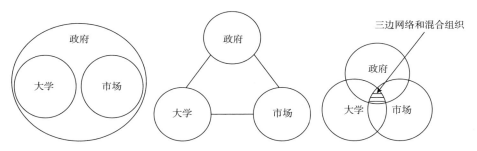

图5-6 雷德斯多夫和埃茨科维兹对"三角协调模式"的发展

雷德斯多夫和埃茨科维兹提出，在知识生产和转化过程中，大学与政府、市场"三重螺旋"关系的形成需要历经四个重要环节：第一环节是螺旋内部的协同进化。实际上，是指大学与政府、市场打破原有的组织边界，在每条螺旋线上的角色转换。例如，在三重螺旋模式中，政府转变为风险投资商，大学担负起知识应用的重任，企业构建战略联盟开展合作研发活动。第二环节是螺旋之间的相互影响。大学与政府、市场呈现"三位一体"式的螺旋状发展，

---

[1] H. Etzkowitz and L. Leydesdorff, "The Dynamics of Innovation: From National Systems and 'Mode2' to a Triple Helix of University-industry-government Relations," *Research Policy*, 2000, 29 (2): 109-123.

一方面表现为三者观念和态度上的互相转变，从而引发功能结构上的变化；另一方面，体现为三条螺旋线在信息交互、相互作用情境中缠绕生发。第三环节是新的三边网络覆盖及重叠组织的产生。在大学与政府、市场三螺旋相互作用下，根据三者共同的需求、利益和目标，产生新的三边网络和混合组织。例如，战略发展联盟、合作研究中心、产业孵化器等。第四环节是三重螺旋之间的递归影响。大学与政府、市场之间的递归影响是指螺旋体对各螺旋线的创新主体乃至更广泛的社会产生递归效应。例如，知识商品化不仅改变了大学教授对研究成果的认识，而且也改变了大学在与政府和企业关系中的角色。[①] 正是上述四个环节不断循环，由此促进三重螺旋的良性发展。

那么，中美高校网络课程在发展过程中如何运用"三重螺旋模式"理论来正确处理大学与政府、市场之间的关系呢？笔者认为，中美高校网络课程的发展首先需要摒弃大学与政府、市场"三足鼎立"、"各自为政"的孤立状态，同时也不能断然选择大学与政府、市场中任意一种主导力量或权力控制。明确大学与政府、市场不论规模大小，还是实力强弱，都是相对独立的"三元主体"，彼此间并不存在严格意义上的依附关系或支配关系，身份、地位及功能上的平等性是三者相互合作的前提条件。在中美高校网络课程发展过程中，大学与政府、市场以共同的利益需求为纽带，每一条螺旋内部都发生着角色功能的协同转变，正如生态体组织那样，它们相互依存，相互渗透，有机合成，融为一体，在相互角色功能转变中促进中美高校网络课程的健康可持续发展。具体而言，中美高校网络课程发展过程中大学与政府、市场可实现如下角色功能的转变。

第一，中美高校网络课程发展过程中大学角色功能的转变。雷德斯多夫和埃茨科维兹论及"三重螺旋模型"建构时，认为最重要的突破口是大学的转型。他们指出，"大学不仅是知识生产与转化的关键，而且还是知识空间、集聚空间和创新空间得以形成的关键"。那么，中美高校网络课程发展过程中"大学"的角色功能如何转变呢？其实，无论是齐曼，还是吉本斯等人，在"知识生产模式"转型理论中都已经为"三重螺旋模型"的"大学"角色功能转变提供了有力支撑。齐曼和吉本斯等人提出，"为知识而知识"的传统性大学封闭式的知识生产垄断地位已经发生了动摇，大学不再是知识生产的唯一场

---

① H. Etzkowitz, "Incubation of Incubators: Innovation as a Triple Helix of University – industry – government Networks," *Science and Public Policy*, 2002, 29（2）: 1 – 14.

所，知识生产场所变得越发复杂而多元，包括政府组织、大学、研究院所和公司企业等，这些机构或部门打破了一个"中心主体"管理或协调的组织格局，突破了学科限制和组织边界，随着一项知识创新活动的结束和另一项研究计划的开展，知识生产要素不断得到调整或组合到新的组织形态及生产转化机制中，这种短暂而易变的组织形态类似一个矩阵那样持续存在。同样地，中美高校网络课程发展过程中大学角色转变也需要遵循上述理论逻辑，不仅要主动寻求政府的支持与帮助，而且要根据市场供需变化规律，与公司企业建立良好的合作关系，打破单一学科的限制以及稳固化的组织形态，从认知语境的知识生产向应用情境的知识生产转换，从知识私有化形态向知识公有主义过渡，不断提升大学与政府、市场在中美高校网络课程发展中的协同创新合力。

第二，中美高校网络课程发展过程中政府角色功能的转变。中美高校网络课程发展过程中，政府以怎样的身份介入大学与市场的关系尤为重要。在"三重螺旋模式"理论中，埃茨科维兹认为"大学与市场的合作是不同系统的组合，它们彼此间在价值取向、任务目标以及运行机制等方面存在较大差异，甚至因为双方利益不同而导致客观矛盾的存在"。政府的重要角色表现为站在大学与市场各自利益的角度上，以宏观的战略思路来调和彼此的矛盾，引导和激励双方建立起互动的合作关系。为此，在"三重螺旋模型"中，首先，政府需要认识到构建大学与市场"平等、合作与共赢"关系的可能性；其次，政府需要审视自身的角色定位，是权力无限的政府，还是权力有限的政府；再次，政府需要思考如何去促成大学与市场关系的良性发展。对于中美高校网络课程发展而言，政府的角色功能应在有限范围内发挥作用，由权力的控制者、集权者向参与者、合作者转变，成为大学与市场平等交往的伙伴。即是说，政府在中美高校网络课程发展过程中扮演着第三方调和助推的角色，通过法律规章和制度安排为大学与市场的合作创建有利的外部环境。例如，政府以制定政策或法规的方式调和、保护大学与市场双方合法权益，明确大学与市场合作机制中的"权、责、利"关系；通过政策上的倾斜和优惠，以网络课程项目驱动的方式来推动大学与行业、企业的合作，建立学术界和产业界合作双赢的"共同利益区"；以宏观性的财政、金融调控政策为手段，引导资金流向大学与公司企业合作开发的网络课程建设项目或计划。

第三，中美高校网络课程发展过程中市场角色功能的转变。如果说大学是知识生产的主要阵地，那么市场则重在将知识纳入应用领域。长期以来，以行业、企业为代表的市场边界十分明确，很少与外部机构开展合作，从知识生产、转化到应用，行业、企业习惯于通过自身努力来实现。然而，一方面，随着知识生产规模的扩大和社会分工的日益细化，任何组织都不可能占据专业技术领域的绝对优势，打破组织边界，构建合作平台或战略联盟，发展新的组织形态成为可能。另一方面，知识经济的兴起让市场意识到知识资源的重要性，行业、企业的生存与发展更多地取决于知识与技术的创新能力。而要获得知识资源，建立技术创新机制，市场必然要寻求外部的研发力量。正是如此，市场与大学、政府因为共同的利益而建立合作关系，形成相互交叉、互为影响的"三重螺旋模型"。政府作为风险投资商的介入和大学在知识技术研发上的积极参与，不断促进"三重螺旋模型"中市场的发展。以行业、企业为代表的市场由供应商到顾客的纵向角色被重构，而来自政府和大学的政策、投资、知识、技术等横向要素在市场发展中的作用渐趋重要。为此，中美高校网络课程在发展过程中，市场需要主动去寻求与大学、政府的合作，将市场要素恰如其分地渗入网络课程的开发和运营中。例如，利用公司企业自身的技术平台优势合作开发网络课程，采取市场化的经费筹措融资手段支持和资助网络课程发展，介入市场化运营机制来宣传、推广和销售网络课程，同时还需要避免过度化的市场利润驱使，注重网络课程发展的公益性。

三　数字化大学教师：知识、能力与技术的合成者

中美高校网络课程的发展能否最终获得成功，关键在于大学教师的广泛支持和参与。但毋庸置疑的是，网络课程的发展首先带给大学传统型教师的不是机遇，而是具有革命意义的挑战。在桑诺基西斯项目实施时，为了满足在线教学活动的需要，习惯传统型教学方式的大学教授们不得不开始从如何创建网页学起，网络技术上的障碍影响了其正常教学活动的开展。国家精品课程建设对于教授们来说，也并不是轻而易举之事，要么需要自己消耗大量时间和精力潜心钻研如何利用网络技术来创建课程平台，要么需要聘请教育技术部门或技术专业人士帮助搭建网络课程平台，上传课程数据信息资料。在线教学工作异常烦琐，花去更多时间的不是具体的教学活动，而是困顿于如何来解决技术上的问题。不过，随着网络课程开发技术的不断成熟和完善，特别是开源软件的普及使用，视频摄录技术的日益先进，网络课程的创建变得越来越简单且易于操作。而且，无论是美国高校网络课程，还是中国高校网络课程，其中的入门课程或教师教育类课程中都有介绍如何创建网络课程的知识与技能，还包括网络

环境中具体化的教学流程，可以说是培训指导服务全面，个性化私人订制突出。所以，对于如今的大学教师而言，不管愿不愿意接受或参与网络课程，网络课程发展都已成为必然趋势，在线学习方式在学生群体中变得更为流行而时尚。也很难想象，未来的大学是实体课程占据主导地位，还是网络课程叱咤风云。为此，大学教师只有以积极的心态转变角色，主动学习和掌握好网络信息技术，才能促进网络课程的健康可持续发展，更何况中美两国教育技术政策已将利用技术开展教学列入教师专业发展规划。

2015 年 11 月，美国教育部颁布第五个《国家教育技术计划》（"National Education Technology Plan"，简称 NETP 2016）。NETP 2016 的目标是：在技术的支持下，调动和激发教师能够与他人、数据、资源、内容、专业知识和学习体验联结起来，为每一位学习者提供更加有效的教学服务。[①] 那么，教师的角色将会发生怎样的转变以及如何运用技术实施教学呢？NETP 2016 分别从六个方面描绘了这一图景：一是在技术支持下，教师之间的协作将冲破学校围墙的阻挡，与全球范围内的教师同仁和专家建立联系，为学习者提供更多的学习机会；二是教师根据学习者的兴趣与学习目标，通过对技术的选择和使用，设计参与度高的学习体验活动；三是教师运用新的学习技术来指导和实施评价；四是教师通过高速互联网获取信息，利用数字工具创建学习空间，成为学习者的激励者、指导者和促进者；五是教师借助学习技术工具，与学习者、学习者的伙伴构成共同学习者，开展教学相长的知识协同创造活动；六是教师利用技术为传统上不能平等获得高质量教育的人群提供新的学习体验机会，成为解决缺乏服务问题的催化剂。[②] 为了实现上述目标任务和美好图景，NETP 2016 提出了如下行动建议：①在技术的支持下，将专业化的学习体验提供给职前教师和在职教师，使他们能够增强信息素养，创造出有趣的教学活动，促进教与学、评估与教学实践活动的有效改善；②教师能够运用技术将在线获得有效教与学的机会提供给每一位处于网络环境中的学生，这也为他们提供了学习地点的多种选择性；③培养一支既可以熟练开展在线教学，又能够实施混合式教学的教师队伍；④建构一套教师技术能力基本标准框架，并按照预定目标培养培训教师教育专业学生或教师后备人员，使之具备运用技术实施教

[①] "Future Ready Learning：Reimagining the Role of Technology in Education," January 17, 2016，http：//tech. ed. gov/files/2015/12/NETP16. pdf.

[②] 赵建华、蒋银健、姚鹏南等：《为未来做准备的学习：重塑技术在教育中的角色——美国国家教育技术规划年 NETP 2016 期解读》，《现代远程教育研究》2016 年第 2 期。

学的能力。①

2016 年 2 月，教育部印发了《关于中央部门所属高校深化教育教学改革的指导意见》（教高〔2016〕2 号）。该意见明确提出"信息技术与教育教学深度融合"，"教师培训体系要实现制度化、专业化和网络化"，并将"教师建设和应用在线课程合理计入教学工作量"。同年 6 月，教育部颁布《关于印发〈教育信息化"十三五"规划〉的通知》（教技〔2016〕2 号）。《教育信息化"十三五"规划》中第三条明确提出，"鼓励教师利用信息技术创新教学模式，推动形成'课堂用'、'经常用'和'普遍用'的信息化教学新常态"；为了"深化信息技术与教育教学的融合"，促进信息技术从服务"教育教学"向服务"育人全过程"拓展，第六条明确提出：①要建立健全教师信息技术应用能力标准；②师范生培养课程体系中要增加信息化教学能力的培养；③将信息化教学能力的培养作为高校办学水平评估和校长考评的指标；④教师培训必修学时（学分）应包括教师信息技术应用能力培训内容；⑤对教师有针对性地开展课例和教学法的培训需以深度融合信息技术为特点，能力提升培训与学科教学培训密切结合；⑥培养教师运用信息技术进行"学情分析"与"个性化教学"的能力；⑦增强教师在信息化环境中对教育教学活动的创新能力；⑧实现信息化教学真正成为教师教育教学活动的常态。由此可见，中美两国对培养教师运用技术实施教学的工作能力都极为重视，指导思想也由"教学中心"转向"学习中心"，并将教师信息技术应用能力的培养贯穿教师职前教育和教师职后教育一体化过程中，特别是对未来的大学教师来说，运用信息技术开展教学的能力必不可少。

那么，中美高校网络课程发展过程中大学教师如何发生专业角色功能的转变呢？中美两国教育技术政策只是提出了未来发展的宏观方向和要求，并没有具体化的内容框架和标准。现今的网络课程学习也罢，社会生活方式也罢，无时无刻不在使用信息技术进行交流和互动。由"0"和"1"组成的数字化时代正扑面而来，大学教师只有使自己"数字化"，才能不被数字化时代所抛弃。为此，数字化时代必然造就数字化的大学教师。何谓"数字化大学教师"？就是指处于数字化时代的大环境中，通过接触和了解新的信息技术，不断更新教育教学观念，促进教师专业发展，并能够融合新技术、新理念和

---

① 王萍：《为未来而准备的学习——美国 2016 教育技术计划内容及启示》，《中小学信息技术教育》2016 年第 2 期。

新方法，用以提高教育教学活动效率和效果的"开拓型"、"创新型"大学教师。① 第一，就教学活动层面而言，"数字化大学教师"不仅仅传授知识，还要开展如下教学创新工作：一是开发数字化学习资源和在线教学评估评价工具；二是根据不同学习者的能力发展，创设多样性的数字化学习环境；三是在数字化环境中设计多样化的教学过程。第二，就学生培养层面而言，"数字化大学教师"应该在学习方法上给予学习者更多的指导，例如：鼓励学习者使用数字化学习工具，开展以"自主"、"探究"、"合作"为主的解决问题的学习活动，注重不同学习者信息化学习能力和创新思维能力的全面发展。第三，就专业发展层面而言，"数字化大学教师"应当具备信息化的教学法知识、学科教学法知识和教学信息技术知识，以及数字化学习与工作、信息化协作教学的能力，并能够将新技术和新知识迁移到新的教育教学情境。②

综上所述，"数字化大学教师"应是知识、能力与技术的合成者。首先，"数字化大学教师"的基本知识结构应符合 Misha P. 和 Koehler M. 提出的"TPCK"框架中的知识标准，即是说，要掌握以技术知识（Technology Knowledge，简称 TK）、教学法知识（Pedagogy Knowledge，简称 PK）和学科内容知识（Content Knowledge，简称 CK）为核心元素相互整合的知识内容，包括教学内容知识（Pedagogical Content Knowledge，简称 PCK）、技术内容知识（Technological Content Knowledge，简称 TCK）、技术教学知识（Technological Pedagogy Knowledge，简称 TPK）和技术教学内容知识（Technological Pedagogical and Content Knowledge，简称 TPCK）。③ "数字化大学教师"要实现运用技术进行有效教学，就必须使核心元素在互动中表现出张力和动态平衡，不断整合形成高于三个核心元素的知识（见图 5-7）。④

其次，"数字化大学教师"需要具备数字化教育能力。2008 年 6 月，美国

① 吴焕庆、崔京菁、马宁：《面向数字教师的〈ICT - CFT〉框架与 TPACK 框架的比较分析》，《电化教育研究》2014 年第 9 期。
② 王卫军：《信息化教学能力：挑战信息化社会的教师》，《现代远距离教育》2012 年第 2 期。
③ Punya Mishra and Matthew J. Koehler, "Technological Pedagogical Content Knowledge (TPCK): Confronting the Wicked Problems of Teaching with Technology," in C. Crawford et al. (eds.), *Proceedings of Society for Information Technology and Teacher Education International Conference* (2007), pp. 2214 - 2226.
④ 李美凤、李艺：《TPCK：整合技术的教师专业知识新框架》，《黑龙江高教研究》2008 年第 4 期。

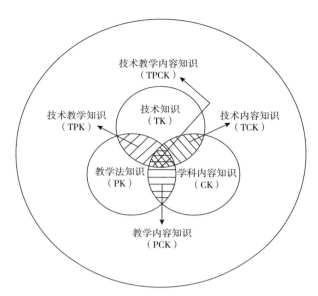

图 5 – 7　TPCK 知识框架中的教师专业知识结构

国际教育技术协会（International Society for Technology in Education，简称 ISTE）发布了《国家教师教育技术标准》（National Educational Technology Standards for Teachers，简称 NETS – T），明确提出教师要重视数字技术和工具的使用，提高数字化教育能力。[1] 对于"数字化大学教师"来说，这种数字化教育能力主要包括：数字化迁移、数字化整合、数字化交往、数字化评价、数字化协作以及促进学生数字化等六个方面的能力。[2]

最后，"数字化大学教师"需要掌握哪些方面的技术和工具呢？Ray Clifford 认为，"科技不能取代教师，但是使用科技的教师却能取代不使用科技的教师"。[3] 在技术和工具方面，"数字化大学教师"需要掌握信息检索、表达展示、实践反思、探究教学、教学评价、思维汇聚、网络教学和资源管理等八个方面的技术，熟悉创建音视频、演示文稿、社交网站、制作动态图与动画、任务管理、在线笔记和数字档案袋等在线工具的使用。

---

① "The ISTE National Educational Technology Standards（NETS·T）and Performance Indicators for Teachers," September 10, 2008, http://www.iste.org/Content/NavigationMenu/NETS/ForTeachers/2008Standards.

② 秦炜炜：《面向教师的美国国家教育技术标准新旧版对比研究》，《开放教育研究》2009年第 3 期。

③ 杨满福、郑小军、冼伟铨等：《整合—融合—契合——〈数字化教学设计与操作〉精品课程建设刍议》，《现代教育技术》2008 年第 10 期。

四 MOOC 发展中对 SPOC 的探索：为提升质量的一种尝试

中美高校网络课程从 20 世纪末发展至今，历经开放课件到 MOOC 两个重要阶段。虽然同是体现了开放教育资源运动的成就，但是网络课程的类型却发生了翻天覆地的变化。如前所述，网络课程平台的多元化反映出参与机构的多元化和知识的多样性，然而正是这种参与机构的多元化和知识的多样性又表现为各个课程平台发展网络课程的性质和类型的多元化。课程性质和类型的多元化让网络课程的定义变得越发复杂。现在，很难用一个标准化或较为统一性的概念来解释网络课程的内涵和外延。因为，就课程的性质和类型而言，网络课程包括了视频公开课程、资源共享课程、MOOC、国际名校公开课、职业教育课程、网络教育课程、教师教育课程、TED（演讲）、讲座等，如果纯粹用完整的课程概念来考察网络课程的建设状况，那么显而易见的是，上述课程类型大多不符合标准的课程形态。只能说，它们实现了大规模知识开放和共享的目标，并且处于网络支撑的环境之中。不过，这也恰好说明当今时代的包容性更加强大。网络课程发展类型的异彩纷呈，使其内容包罗万象，服务对象也可谓千差万别。除了政府支持的开放课程以外，中美高校网络课程的发展思路主要以 MOOC 为基本价值导向，坚持知识"大规模"、"免费"、"开放"和"共享"的理念。令人欣喜的是，部分 MOOC 赢得了成千上万的在线学习者的认可和好评，但绝大多数 MOOC 的课程结业率偏低，学习效果令人担忧。网络课程注册人数规模的过于庞大，学习者背景经历的千差万别，以及随时随地不受时空限制的自由性等客观状况是导致上述结果的原因所在。如何提升 MOOC 的教育质量，赢得社会声誉，中美高校网络课程未来的发展任重而道远。

2013 年，美国加利福尼亚大学伯克利分校计算机科学教授阿曼多·福克斯（Armando Fox）提出"小规模私人在线课程"（Small Private Online Course，简称 SPOC）的概念，其中"Small"是指学生人数规模较小，一般在线注册学生从数十人到上百人之间；"Private"是指对学生在线注册申请具有准入条件的限制，SPOC 只接收符合设置条件的学生注册。① 因此，SPOC 具有一定的私人性和私密性。中国华东师范大学教授祝智庭将 SPOC 译

---

① A. Fox, D. A. Patterson and R. Ilson et al., Software Engineering Curriculum Technology Transfer: Lessons Learned from MOOCs and SPOCs（UC Berkeley Technical Report, 2014）.

为"私播课"。① 阿曼多·福克斯之所以提出 SPOC 的设想，就是为了可以更好地发挥 MOOC 内在的潜能，让 MOOC 资源能够在单所学校甚至像班级那样小规模的学生群中体现重要的价值和意义。SPOC 最初的目标就是利用 MOOC 功能辅助大学课堂教学，实现"线上教学"与"线下教学"的有机融合。从 2012 年春季开始，阿曼多·福克斯和戴维·帕特森（David Patterson）创建的在线课程"云计算与软件工程"利用 MOOC 与 SPOC 相融合的教学模式，在加利福尼亚大学伯克利分校开展试点，结果这种 SPOC 混合式教学使课程学生注册容量由 31 人增长到 161 人，同时教师评估和课程评价获得了近 20 年来的最高分。2013 年秋季，清华大学也引入"云计算与软件工程"课程，首次利用该门课程进行 SPOC 混合教学模式的试点探索。清华大学"云计算与软件工程"课程实验班（又称"姚班"）的注册人数控制在 30 人，为了方便学生分组和自由讨论，特别为该门课程设置翻转课堂教室，课程作业与"云计算与软件工程"课程一致。SPOC 实验教学完成后，清华大学参与该门课程学习的学生的平均成绩基本上与美国加利福尼亚大学伯克利分校的学生成绩持平，注册学生近 70% 表示对该课程及教学团队的认可和好评。②

2012 年秋季，圣何塞州立大学的葛迪利（Ghadiri）教授团队开始采用 SPOC 混合教学。这项改革的背景源自该校专业入门课程"电路分析"（Circuit Analysis）的教学效果不太理想，学生将其视为最不喜欢的课程之一，成绩只能达到 C 或更低的学生人数占到了 40%。为此，圣何塞州立大学决定引入麻省理工学院阿纳特·阿加瓦尔（Anant Agarwal）教授在 edX 平台上开设的"电路与电子学"（Circuits and Electronics）课程，通过 MOOC 与 SPOC 相结合的方式改造校内传统课程"电路分析"，以提高学生课程通过率并保障他们顺利完成学业。在 SPOC 试点过程中，教学团队很好地利用了"电路与电子学"在线视频高质量的教学内容以及交互测试和自动评分系统，并结合了线下课堂上协作学习资料的开发与现场教学的组织、辅助和指导。结果显示：采用 SPOC 混合教学后，较之以前的教学测试，学生考试平均成绩高出 10 分左右，更加令人惊喜的是课程通过率达到 91%。③ 2013 年秋季，麻省大学波士顿分校的布莱

---

① 祝智庭：《"后慕课"时期的在线学习新样式》，《中国教育报》2014 年 5 月 21 日。

② 徐葳、贾永政、阿曼多·福克斯、戴维·帕特森：《从 MOOC 到 SPOC——基于加州大学伯克利分校和清华大学 MOOC 实践的学术对话》，《现代远程教育研究》2014 年第 4 期。

③ 罗九同、孙梦、顾小清：《混合学习视角下 MOOC 的创新研究：SPOC 案例分析》，《现代教育技术》2014 年第 7 期。

恩·怀特（Brian White）教授也将 edX 平台上的"生物学导论"（Introduction to Biology）课程与自己开设的校内入门课程"基础生物学 I"相融合，开始试点 SPOC 授课模式。① 布莱恩·怀特重新设计了课程的教学目标和每周的教学流程，对"生物学导论"进行了调整，采用"线上练习"与"线下测验"相结合的模式。最终学生测验平均成绩由 68 分提高到 81 分。② 上述四个案例表明：在 SPOC 教学环境中，课程结构得到了优化调整，课堂教学秩序井然，线上课程与线下课程互补优劣，学习和练习反馈及时有效，不仅可以促进教师更有针对性地引导学生深入讨论，而且能够激励更多的学生参与讨论，与单纯的在线课程或实体课程相比，学生的出勤率、参与度、自信心以及满意度等方面都有了较大改善，在一定程度上提高了学习质量和教学效果。

从 SPOC 的发展进度来看，其主要面向两类学习者：一类是"围墙"内的大学生。其是指实体大学在校学生使用改良后的 MOOC 平台在线课程 SPOC。Hoffmann 将 SPOC 视为实体教室中的 MOOC。③ 诸如加利福尼亚大学伯克利分校和清华大学试行的在线课程"云计算与软件工程"、圣何塞州立大学使用的在线课程"电路与电子学"，以及麻省大学波士顿分校试点的在线课程"生物学导论"。另一类是"围墙"外的在线学习者。其是指从 MOOC 平台遴选全球范围内的限额在线学生，一般注册人数限制在上百人，对固定的在线学习者实施的 SPOC 教学。④ 例如 MOOC 平台上部分需要认证付费的在线课程。那么，SPOC 到底与 MOOC 是一种怎样的关系呢？ SPOC 是对 MOOC 的否定、改进还是发展呢？大部分学者认为，SPOC 并没有离开 MOOC 平台的运用，反而是对 MOOC 平台内在潜能的深度挖掘。以 edX 实验平台的 SPOC 为例，SPOC 与 MOOC 的不同之处在于：SPOC 平台的设计不支持大规模注册，对外不完全开放，具有入学条件的限制；SPOC 平台上的在线课程并不是由一门完整的课程组成，而更多的是由一个或多个模块构成。⑤ 为此，SPOC 充分吸收和传承了

---

① B. White, "An edX SPOC as the Online Backbone of a Flipped College Course," https：//www.edx.org/blog/edx–spoc–online–backbone–flipped–college.

② B. White, "An edX SPOC as the Online Backbone of a Flipped College Course, Part 2," https：//www.edx.org/blog/edx–spoc–online–backbone–flipped–college–0.

③ R. Hoffmann, "MOOCs – Best Practices and Worst Challenges," June 10, 2014, http：//www.aca–secretariat.be/fileadmin/aca_ docs/images/members/Rolf_ Hoffmann.pdf.

④ ICEF Monitor, "Are We Really Enter into Post – Mooc Era?" September 10, 2014, http：//monitor.icef.com/2013/11/are–we–already–entering–a–post–moocera/.

⑤ "MOOC Lab. Creating a SPOC on edX Edge," August 10, 2014, http：//mooclab.berkeley.edu/cal/spoc.

MOOC 的先进理念和行为方式，以限制性准入条件对在线学习者注册资格进行区分和筛选，按照基础层次与不同专业归类在线学习者，不但易于分层教学和纪律约束，而且有助于实现一对一的师生交流与辅导答疑①，能够从根本上解决 MOOC 制作成本较高、学习纪律松散、自主学习动机不强②、同伴互评只"教"不"育"、缺少浸润式学习体验和教学质量认证不规范③等问题。可以说，SPOC 是对 MOOC 的继承、发展、完善与超越，也是中美高校网络课程未来的发展方向。

---

① 曾明星、李桂平、周清平等：《从 MOOC 到 SPOC：一种深度学习模式建构》，《中国电化教育》2015 年第 11 期。

② M. Hussain, "Online Leaning: MOOC Challenges and Success Factors," May 10, 2014, http://www.onlineeconomy.org/online-learning-moocchallenges-and-success-factors.

③ "ELI. 7 Things You Should Know About MOOCs," June 10, 2014, http://www.educause.edu/library/resources/7-things-you-should-know-aboutmoocs.

第六章　中美高校网络课程发展比较研究及展望

　　中美高校网络课程发展的研究不胜枚举，早期的研究大多偏向技术层面，或是程序设计，或是模型建构；中后期的研究逐步介入理论层面，或是以理论为指导，或是用理论来解释；当然其中也包含了实证研究，如对高校网络课程实施中的效果、问题、原因、质量及评价等方面展开了调查研究。但无论哪一种研究视角或技术路线都未能揭示高校网络课程发展背后的深层本质与规律。为此，知识转型理论的出现，增强了对教育改革的指导和解释力。虽然先前的研究主要将知识转型运用于基础教育课程改革领域，但近年来的研究已涉及高等教育领域，甚至是对网络课程发展的宏观指引。不过，深度分析知识转型与中美高校网络课程发展内在关系的研究尚少。全面考察普赖斯、齐曼和吉本斯等人提出的知识生产模式转型理论和石中英提出的第三次知识型转变理论，就不难发现中美高校网络课程的发展正处于新旧"知识生产模式"的转型时期，也处于"现代知识型"（科学知识型）向"后现代知识型"（文化知识型）的转变时期，这为用知识转型的理论，乃至知识转型理论衍生的制度逻辑来指导和解释中美高校网络课程发展提供了可能。如何来探寻知识转型与中美高校网络课程发展之间的关系，以及在上述两者关系之中又怎样来考察中美高校网络课程发展的趋同性和差异性，研究的难度不言而喻，稍有不慎就会走向形式主义的旋涡，只有深度剖析知识转型与教育改革相辅相成、相互促进的内在逻辑，并对中美高校网络课程发展中明显反映出的知识转型特征的要素进行高度概括和提炼，才能为解决上述实质性难题奠定坚实的基础。正因如此，本研究创新点不多，研究不足之处在所难免。

　　以知识转型的研究视角对中美高校网络课程发展进行比较研究，按照研究理路应该解决如下问题。首先是中美高校网络课程发展具有怎样的演变历程，彼此之间是相互独立还是存有联系，又或是相互作用明显，这在一定程度上决定了对其进行比较研究的可能性和可操作性。其次是如何寻求研究中美高校网络课程发展的理论支撑。习惯上的认知模式通常将网络课程的发展带入技术逻辑的研究范畴，但是本研究的立足点在知识转型理论上，为此必须较为全面辩证地考察"技术革命与知识转型"两者哪种力量最能解释并指导中美高校网络课程的发展，最终寻求到知识转型理论支撑的充足证据。再次是怎样运用知识转型衍生的制度逻辑来分析比较中美两国高校网络课程发展存在的趋同性和差异性。这不仅需要将知识转型理论转化为知识转型制度，而且要用内在制度和外在制度的运行原理来深度考察内在制度构成了其趋同性的影响因素，而外在制度却成了其差异性的主要原因。最后是中美高校网络课程发展面临哪些挑战，并如何应对这些挑战，这同样需要从知识转型的视角来进行分析。围绕上述研究思路上必然呈现的主要问题，本研究通过对知识转型视域下中美高校网络课程发展的比较研究，得到了以下一些主要的发现。

一　中美高校网络课程发展的演变在知识转型中走向融合

中美高校网络课程的发展具有各自不同的特色，有其独立性的一面，但是受高等教育全球化和国际化的影响，它们彼此之间又存在较为紧密的联系。从中美高校网络课程发展的演变历程来看，美国高校网络课程发展和中国高校网络课程发展虽然经历了先前各自不同目的、不同内容、不同途径和不同模式的探索实践，在不断总结经验和教训中适时调整高校网络课程发展的思路与方向，以美国麻省理工学院"公开线上课程"为伊始，拉开了国际开放教育资源运动的序幕。中美高校网络课程发展同时经历了开放课件运动发展阶段和 MOOC 开放课程发展阶段的演变历程，在发展高校网络课程的道路上中美开始走向融合，实现着双方在这一领域的交流、合作以及竞争。美国高校网络课程作为"领路人"或"领跑者"的角色明显，在一定程度上带动了中国在线教育事业的发展。并且，中国高校网络课程的发展也在不断通过这种相互作用关系，充分借鉴和吸收了美国高校网络课程发展中先进的经验和技术。

中美高校网络课程发展的演变在走向融合的道路上除了受到高等教育全球化和国际化的影响之外，更为重要的还在于身处知识转型的社会背景。无论是提出"公开线上课程"，还是 MOOC 热潮席卷全球，最基本的出发点是"知识的开放与共享"，其中包括大学不再处于知识生产的垄断地位，高深知识不再是某些精英化群体独享的特权，现代知识型确立的知识性质的"普遍性"、"客观性"和"价值中立性"正在被打破，知识商品化、市场化趋势明显，以跨学科、跨机构和跨地域合作生产知识变得普遍，知识生产、传播和应用途径或方式已经发生改变，知识存在的形态以及知识类型更加多元化，对本土知识开发的重视以及将其推向世界显得意义非凡。上述景况决定了按照知识转型的逻辑进一步研究中美高校网络课程发展的必要性和可能性。当然，其中还必须辩证地判断在"技术逻辑"和"知识逻辑"中哪个更具理论的解释意义和指导作用。以"技术逻辑"视角对中美高校网络课程发展进行考察后，发现中美高校网络课程发展确实离不开技术的支持和推动，但是技术本身并不能作为理论基础，并且技术又属于知识转型的内容之一，知识转型包含了技术这一重要因素。为此，基于知识转型与教育改革和课程形态转变内在的逻辑关系，知识转型可以提供思想理论的基础和分析框架的支持。

若是以知识转型理论为基础或理论分析框架，那么现有的中西方知识转型理论还较为分散，没有统一的观点或系统的理论，倒是包含有后现代主义哲学家和思想家的"百家争鸣"以及各自见长的思想理论观点。为此，笔者在对整个知识转型理论进行梳理与分析时，发现两大线索。一是以中国学者为代表的知识转型理论学说，该学说由石中英提出并加以系统化归纳概括，其思想根源来自西方学者对"知识范式"或"知识型"转变的观点，由此而形成的所谓的"知识转型"是指"知识型"转变的概念，这个概念由石中英衍生为人类历史上三次知识转型，即："原始知识型"向"古代知识型"转型，"古代知识型"向"现代知识型"转型，"现代知识型"向"后现代知识型"转型。而当前社会发展正处于"现代知识型"向"后现代知识型"转型的第三次知识转型时期。二是以西方学者为代表的"知识生产模式"转型学说，该学说主要由普赖斯、齐曼和吉本斯等人提出，他们虽然在表述上略有差异，但是"小科学"向"大科学"、"学院科学"向"后学院科学"以及"模式1"向"模式2"的转变，其本质上反映的正是"知识生产模式"的转变。并且，无论是"知识型"的转变，还是"知识生产模式"的转变，在时间节点上几乎同时发生在20世纪五六十年代。这便为整合和升华中西方知识转型理论奠定了前提条件和思想基础。融合后的知识转型理论既包括了"知识型"的转变理论，又包括了"知识生产模式"的转变理论。正是这种知识转型理论的融合为分析和比较中美高校网络课程的发展提供了全视域的研究理论支撑，将中美高校网络课程发展的演变置于知识转型理论及场域中，兼顾中美各自不同的特点来理解和认识各自高校网络课程发展中的"趋同存异"现象。

二　知识转型衍生的制度逻辑构成趋同性与差异性的存在

中美高校网络课程发展的诸多现象确实反映了知识转型的基本特征和明显趋势，但是仅限于知识转型理论的考察还难以说明知识转型对中美高校网络课程发展深度的影响和作用，更难以解释中美高校网络课程发展之间"趋同存异"现象的内在原因。为此，本研究发现知识转型还衍生出内在制度和外在制度，这种内外在制度是对知识转型理论的实践推进，并且对中美高校网络课程发展的影响也更为深刻和具体。利用因素分析法和案例研究法揭示出中美高校网络课程发展呈现如下方面的趋同性特征：以虚拟的知识形态存在、以知识协议为重要原则、以后现代知识观为基础和以"无形学院"为合作平台。上述这些趋同性特征正是知识转型确立的新的"知识型"或"知识生产模式"的本质反映，是对新的"科学规范"或"知识规范"内化的规则系统原则的遵循，为此中美高校网络课程发展受到了知识转型衍生的内在制度指引，适应了知识转型的内在要求。

与此同时，部分内在制度的有益经验又会相继纳入外在制度的规则系统，使内在制度与外在制度相得益彰、相互完善，提高运行效率。只是一般而言，外在制度由类似于政府等官方的权威机构来设计、实施、监督和强制执行，这就为知识转型的外在制度增添了几分政治色彩，虽然在内在制度的指引下中美高校网络课程发展存在诸多相似之处，但是又因为外在制度必然涉及中美两国不同的体制机制，从而势必造成中美高校网络课程发展中的差异性特征。这些差异特征主要表现为：政治导向上的微观动机与宏观行为、基本路径上的局部探索与全面实施、运行机制上的市场调节与政府主导以及价值立场上的知识霸权与本土开发。从某种意义上来看，中美高校网络课程发展外在制度上的差异性与内在制度上的趋同性，也正反映出中美高校网络课程发展为迎合知识转型，在制度上所折射出的"殊途同归"的本质与规律。

三　知识转型引发的冲突制约着中美高校网络课程的发展

中美高校网络课程的发展方兴未艾，但其中存在的问题也是十分突出。研究发现，中美高校网络课程发展面临着共同的挑战，主要表现为：令人担忧的课程完成率和通过率反映出在线学习效果不佳；当课程成为一种商品时，便出现了知识市场化引发的学术危机；对于大学教师来说，网络课程的发展一半是机遇，另一半是挑战，到底是成为积极的参与者还是懈怠的旁观者，大学教师难以抉择；学分互认和质量评价虽然尝试着某些改革探索，但仍然还亟待改革和完善，这将是一个较为漫长的过程。上述问题及挑战与新旧"知识型"或"知识生产模式"在知识转型时期的"共存现象"和"相互作用"关系密切。因为"知识型"的转变或"知识生产模式"的转变需要一个过程，这也是知识转型时期存在的原因。正是由于有此转型过程，让新旧"知识型"或"知识生产模式"共存于同一时期，不仅在科学规范或知识规范上难以协调和一致，而且原有的"知识型"或"知识生产模式"又会对新的"知识型"或"知识生产模式"进行抵制和反抗，试图重新夺回其对知识世界的领导权。这种知识转型引发的冲突必然引发中美高校网络课程发展中的矛盾，成为其面临共同挑战不可回避的根源所在。为了更加适应或迎合知识转型的内在规律，充分发挥知识转型与教育改革相辅相成、相互促进的作用，中美高校网络课程发展需要继续在课程平台的多元化与兼容性，知识市场化中大学与政府、市场矛盾的化解，大学教师角色功能的转变以及不断完善网络课程形态等方面进行实践探索。

四 知识转型与中美高校网络课程比较研究领域的拓展

（一）知识转型视域下中美高校网络课程比较研究的创新

第一，拓宽了中美高校网络课程发展研究的视角。以往，国内外研究者多是从网络课程"本体论"出发，分别以"网络"和"课程"为研究主题，在"网络"层面寻求技术的支撑和改进，用以促进网络平台发展和网络环境构建；在"课程"层面探讨或研发网络课程模型，揭示网络课程发展现状及存在的主要问题，力图使网络课程更具完整意义上的课程结构和课程形态。为了避免"只见树木，不见森林"的研究局限，本研究超越网络课程原有的研究视域，将研究重点由对网络课程内部问题的分析转向对外部影响因素的考察，以知识转型为研究视角，来比较中美高校网络课程的发展状况。一方面，通过对中美高校网络课程发展进行文献综述、历史回顾以及知识转型的理论分析，为中美高校网络课程发展的比较研究寻求知识转型理论的支撑；另一方面，通过对中美高校网络课程发展的"趋同存异"特征、面临的共同挑战的分析以及对未来变革方向的展望来反映知识转型理论的实践推进。因此，拓宽了国内外研究者对中美高校网络课程发展的研究视角。

第二，突破了中美高校网络课程发展研究的范围。中美高校网络课程发展研究虽然涉及领域较广，研究类型多元化，但要么是基于两国高校各自网络课程项目的简介研究、比较研究或启示研究，要么是网络课程设计研究、评价研究和合作研究，要么是理论研究、实践研究和理论与实践相结合的研究，而高度综合化和融合性的比较研究寥寥无几。本研究不仅运用历史分析法对中美高校网络课程的演变过程进行了纵向比较研究，而且还运用因素分析法从横向层面比较了中美高校网络课程发展的"趋同存异"现象。这种横纵交叉式的研究方法，将中美高校网络课程发展置于一幅立体化的历史画卷中，能够更加具体和直观地描述网络课程发展演变的"来龙去脉"，并且可以比较清楚地认识和理解中美高校网络课程彼此发展中的相互依存、相互促进，甚至"竞相争艳"的关系，以及借助中美高校网络课程发展的对照来呈现知识转型的生动景象。因此，突破了对中美高校网络课程发展的研究范围。

　　第三，增强了对比较教育研究方法综合使用的效能。本研究综合运用定量和定性研究方法，对知识转型视域下的中美高校网络课程发展进行跨学科的比较研究，增强了对比较教育研究方法综合使用的效能。其中，用历史分析法对中美高校网络课程发展演变的历史沿革、阶段划分以及动因等进行了考察比较；用因素分析法揭示了中美高校网络课程发展中的"趋同存异"现象；用统计分析法对网络课程建设数据、在线注册人数、反馈信息和评价建设进行了图表式的归类处理；用案例研究法深入挖掘和细致描述了中美高校网络课程项目或计划的背景与过程，全面分析和解释了其中的本质特征及共同规律，验证、改进和完善了知识转型理论，并对未来的发展方向做出了科学的预测；用文献研究法不仅获得了丰富的研究资料和有价值的研究素材，吸取了已有研究的理论成果和实践经验，而且更为重要的是通过对经典文献资料的阅读、品味与反思，将原本较为零散的知识转型理论进行整理与融合，为本研究提炼和升华出了聚合中西方学者共同思想观点的新的知识转型理论分析框架。

（二）知识转型视域下中美高校网络课程比较研究的缺憾

　　本研究在题目的选择上较为宏观，甚至学科跨度范围较大，不仅涉及中美高校网络课程的发展，而且还对知识转型理论进行了较为系统的论述。可以说，这种跨学科、跨国别和跨文化的研究必然会出现难以求全责备的问题。

　　首先，从中美高校网络课程发展的特点来看，如今网络课程实施项目、平台建设、参与机构和课程类型呈现多元化，因此很难用一个较为统一的体系和标准对中美高校所有网络课程进行概述、归纳和总结，只能选取各个发展阶段具有一定代表性和典型性的网络课程项目或计划加以考察与分析。为此，在案例选取上难以求全责备，并可能会失之偏颇，没能兼顾和融合中美高校全部网络课程发展的共同特征，在以后的研究中将逐步完善对中美高校各个网络课程项目或计划的发展研究。

其次，因为缺乏对美国高校网络课程发展身临其境的感性认识和第一手资料，所以在理解、考察和分析美国高校网络课程的发展概况时只能依靠现有的间接性文献资料，难免会出现对部分内容及观点评述时的失真性问题。即便在研究过程中通过向在美国留学和访问的朋友、同学进行咨询与访谈了解，以及亲身注册申请体验网络课程学习，尽力搜集和寻求更多资料的支撑和佐证，但受制于时间和精力，在一些资料的整理和提升方面难以做到全面精细、逻辑严密，以后还需要争取机会到美国高校学习以验证自己的研究内容和结论观点。

最后，由于知识转型理论是一个庞大的研究系统，甚至在这个研究系统中也存在较大分歧，所以无论是对"知识生产模式"转型理论进行梳理和融合，还是对"知识型"转变理论进行归纳和概括时，都仅仅选取了部分中西方学者的研究著作及主要观点，将其提炼和升华为新的知识转型理论分析框架，因此用其对中美高校网络课程发展进行比较研究可能会出现一些纰漏或不够妥当之处，还需要在后续研究中加以系统化的理论学习和对本质规律进行探寻，以进一步修正和完善本研究的不足之处。

参考文献

一　中文文献

［1］〔美〕埃莉诺·奥斯特罗姆：《公共事物的治理之道》，余逊达译，上海三联书店，2000。

［2］〔英〕安东尼·史密斯、弗兰克·韦伯斯特主编《后现代大学来临》，侯定凯、赵叶珠译，北京大学出版社，2010。

［3］包正委、杨宁：《浅谈网络条件下的主动学习策略——美国北亚利桑那大学教育学院网络课程的个案研究》，《中国教育技术装备》2008年第1期。

［4］〔美〕Beverly Abbey主编《网络教育——教学与认知发展新视角》，丁兴富等译，中国轻工业出版社，2003。

［5］〔美〕伯顿·R.克拉克：《高等教育系统——学术组织的跨国研究》，王承绪等译，杭州大学出版社，1994。

［6］蔡曙山：《论虚拟化》，《浙江社会科学》2006年第4期。

［7］蔡宗模：《全球化挑战与高等教育范式转型》，《中国高等教育评论》2012年第3期。

［8］曹梅：《美国网络课程质量标准及其研究》，《现代远程教育研究》2001年第4期。

［9］常秦、赵硕：《博洛尼亚进程中的瑞典大学网络学习发展模式及启示》，《中国远程教育》2011年第11期。

［10］陈福万：《知识转型与远程教育》，《开放教育研究》2002年第6期。

［11］陈国强：《也谈网络游戏于网络教育中的作用》，《电化教育研究》2004年第10期。

［12］陈品德：《基于Web的适应性学习支持系统研究》，博士学位论文，华南师范大学，2003。

［13］陈巧云、李艺：《中国教育技术学三十年研究热点与趋势——基于共词

分析和文献计量方法》,《开放教育研究》2013 年第 5 期。

[14] 陈时见:《论比较教育的学科体系及其建设》,《比较教育研究》2005 年第 3 期。

[15] 陈廷柱、齐明明:《开放教育资源运动:高等教育的变革与挑战》,《清华大学教育研究》2014 年第 5 期。

[16] 陈克现、王世忠:《一种后现代的逻辑:知识观与大学课程》,《现代教育科学·高教研究》2009 年第 6 期。

[17] 陈肖庚、王顶明:《MOOC 的发展历程与主要特征分析》,《现代教育技术》2013 年第 11 期。

[18] 陈耀华、陈琳:《中外视频公开课对比分析与优化发展研究》,《中国电化教育》2013 年第 7 期。

[19] 程晋宽:《西方教育管理理论新视野——一种批判的后现代视角》,教育科学出版社,2012。

[20] 程晋宽:《论知识经济时代从学校经营到学校领导的角色转变》,《外国教育研究》2014 年第 1 期。

[21] 〔美〕大卫·科伯:《高等教育市场化的底线》,晓征译,北京大学出版社,2008。

[22] 〔美〕戴维·温伯格:《知识的边界》,胡泳、高美译,山西人民出版社,2014。

[23] 〔美〕黛安娜·克兰:《无形学院——知识在科学共同体的扩散》,刘珺珺、顾昕、王德禄译,华夏出版社,1988。

[24] 〔美〕道格拉斯·C.诺斯:《制度、制度变迁与经济绩效》,杭行译,上海三联书店、上海人民出版社,1994。

[25] 邓康桥、阙澄宇:《MIT"开放课件"项目与网易公开课运营模式比较研究》,《现代教育技术》2013 年第 9 期。

[26] 邓幸涛:《保证质量稳步发展——中国人民大学网络教育学院院长助理周双访谈》,《中国远程教育》2001 年第 5 期。

[27] 〔美〕D.J.普赖斯:《小科学,大科学》,宋剑根等译,世界知识出版社,1982。

[28] 董守生:《后现代知识观与教学理念重建》,《教育导刊》2003 年第 12 期。

[29] 董晓静、洪明:《美国 Edx 平台的运作方式、特点和面临的问题》,《中国远程教育》2015 年第 7 期。

[30] 董子峰:《信息化战争形态论》,解放军出版社,2004。

［31］ 杜晓利：《富有生命力的文献研究法》，《上海教育科研》2013 年第 10 期。

［32］ 杜运周、尤树洋：《制度逻辑与制度多元性研究前沿探析与未来研究展望》，《外国经济与管理》2013 年第 12 期。

［33］ 段国祥、彭静飞：《建构主义视角下大学网络课程的建设》，《高教探索》2012 年第 3 期。

［34］ 段洪涛、于朝阳：《国外名校网络公开课的辩证分析》，《思想理论教育》2013 年第 2 期。

［35］〔美〕凡勃伦：《有闲阶级论》，蔡受百译，商务印书馆，1964。

［36］ 樊文强、刘晓镜、Richard J. Magjuka：《中美高等网络教育宏观结构的比较与分析》，《开放教育研究》2009 年第 4 期。

［37］ 樊文强、刘庆慧：《中美顶尖高校 E-learning、网络教育及 OER 开展比较及启示——基于高校应对时代发展挑战的视角》，《现代教育技术》2013 年第 2 期。

［38］ 范太华、叶洪波：《Web 2.0 环境下网络教育虚拟社区的建设》，《现代远距离教育》2008 年第 5 期。

［39］ 范小鹤：《美国网络高等教育质量保障发展的历史特点》，《河北大学学报》（哲学社会科学版）2012 年第 2 期。

［40］ 范小鹤、陈明阳：《美国网络高等教育认证与评估体系研究》，《江苏高教》2011 年第 4 期。

［41］ 范小鹤、陈明阳：《美国高校网络教育发展支持服务各层次分析》，《湖北大学学报》（哲学社会科学版）2012 年第 4 期。

［42］ 方圆媛：《翻转课堂在线支持环境研究——以可汗学院在线平台为例》，《远程教育杂志》2014 年第 6 期。

［43］〔美〕菲利普·G. 阿尔特巴赫：《比较高等教育：知识、大学与发展》，人民教育出版社教育室译，人民教育出版社，2001。

［44］〔瑞士〕费尔迪南·德·索绪尔：《普通语言学教程》，高名凯译，商务印书馆，1985。

［45］ 冯典：《大学模式变迁研究：知识生产的视角》，博士学位论文，厦门大学，2009。

［46］ 冯增俊：《比较教育的研究方法及其应用》，《海南师院学报》1998 年第 2 期。

［47］ 冯增俊、陈时见、项贤明：《当代比较教育学》，人民教育出版社，2010。

[48] 冯珍珍：《教育数字化发展的新趋势及其反思》，《教育发展研究》2012年第 15 期。

[49] 〔美〕弗兰克·纽曼、莱拉·科特瑞亚、杰米·斯葛瑞：《高等教育的未来——浮言、现实与市场风险》，李沁译，北京大学出版社，2012。

[50] 〔美〕弗雷斯特·W. 帕克、格伦·哈斯：《课程规划——当代之取向》，谢登斌等译，浙江教育出版社，2004。

[51] 耿德英：《美国网络大学迅速发展对我国的启示》，《西南民族大学学报》（人文社科版）2007 年第 9 期。

[52] 顾勤：《本体视域下的网络课程的知识管理研究》，《中国电化教育》2012 年第 4 期。

[53] 归樱：《从 SLN 看网络课程中互动对学习效果的影响》，《外语电化教学》2004 年第 2 期。

[54] 郭炯、黄荣怀、张进宝：《美国凤凰城大学与我国网络学院比较研究》，《现代远程教育研究》2009 年第 6 期。

[55] 郭文革：《中国网络教育政策变迁——从现代远程教育试点到 MOOC》，北京大学出版社，2014。

[56] 郭朝明：《我国网络教育的发展与存在问题探析》，《电化教育研究》2009 年第 2 期。

[57] 韩保来：《学校民主管理制度研究》，河北工业出版社，2007。

[58] 韩庆年、李艺：《网络游戏在网络教育中的角色探讨》，《中国远程教育》2003 年第 9 期。

[59] 郝连科、王以宁、王永锋：《中英高等网络教育质量保证体系比较与启示》，《中国教育信息化》2008 年第 1 期。

[60] 郝兴伟：《基于知识本体的 E-learning 系统研究》，博士学位论文，山东大学，2007。

[61] 侯若石：《当金钱不再至上——知识生产革命与经济发展方式转变》，中国经济出版社，2011。

[62] 胡炳仙、秦秋田：《后现代知识观与大学理想重构》，《高等教育研究》2002 年第 3 期。

[63] 胡芳：《知识观转型与课程改革》，《课程·教材·教法》2003 年第 5 期。

[64] 胡勇：《在线学习过程中的社会临场感与不同网络学习效果之间的关系初探》，《电化教育研究》2013 年第 2 期。

[65]〔美〕华勒斯坦等：《学科·知识·权力》，刘健芝等编译，三联书店，1999。

[66] 黄甫全、曾文婕、孙福海等：《高校混合式学习网络课程的创新与开发——以〈小学教育学〉网络课程建设为例》，《中国电化教育》2013 年第 2 期。

[67] 黄霖：《远程教育管理概论》，天地出版社，2008。

[68] 黄明、梁旭、谷晓琳：《大型开放式网络课程 MOOC 概论》，电子工业出版社，2015。

[69] 惠兆阳、梁玉、李淑娟：《学生进行网络在线学习的障碍：因子分析研究》，《中国电化教育》2013 年第 3 期。

[70] 贾雪梅：《网络课程研究述评》，《内蒙古师范大学学报》（教育科学版）2007 年第 9 期。

[71] 贾义敏：《国际高等教育开放课程的现状、问题与趋势》，《现代远距离教育》2008 年第 1 期。

[72]〔日〕江山野编译《简明国际教育百科全书·课程》，教育科学出版社，1991。

[73] 姜淑慧：《MOOCs 与 SPOCs：在线课程发展的不同路径与共同问题》，《远程教育杂志》2014 年第 4 期。

[74] 姜永玲、宋文红、陈凯泉等：《我国高校 MOOCs 发展的影响因素及发展路径》，《中国成人教育》2014 年第 11 期。

[75] 蒋春洋：《近年美国高校网络教育迅速发展的原因及存在的问题》，《辽宁教育研究》2007 年第 8 期。

[76] 蒋平：《精品课程三级梯度建设及其网络资源不均衡化发展探析》，《职业技术教育》2010 年第 16 期。

[77] 蒋平：《网络资源不均衡发展：公平论视域下精品课程建设之难题》，《中国成人教育》2010 年第 21 期。

[78]〔英〕杰勒德·德兰迪：《知识社会中的大学》，黄建如译，北京大学出版社，2010。

[79] 瞿旭晟：《互联网平台上的知识生产——以社会化媒体为例的考察》，博士学位论文，复旦大学，2010。

[80]〔英〕卡尔·波普尔：《客观知识：一个进化论的研究》，舒炜光译，上海译文出版社，1987。

[81] 康凯：《美国高等网络教育发展现状透视与启示》，《中国教育信息化》2012 年第 15 期。

[82]〔美〕康芒斯：《制度经济学》（上册），于树生译，商务印书馆，1962。

［83］康晓伟、林波：《基于高校的网络学习资源评价研究》，《电化教育研究》2013 年第 6 期。

［84］〔美〕柯蒂·J. 邦克：《世界是开放的：网络技术如何变革教育》，焦建利主译，华东师范大学出版社，2011。

［85］〔德〕柯武刚、史漫飞：《制度经济学：社会秩序与公共政策》，韩朝华译，商务印书馆，2000。

［86］黎军：《网络教育学的理论与实践》，中国人民大学出版社，2006。

［87］李美凤、李艺：《TPCK：整合技术的教师专业知识新框架》，《黑龙江高教研究》2008 年第 4 期。

［88］李海峰：《中美在线开放课程的对比与分析——基于教与学的视角》，《电化教育研究》2014 年第 1 期。

［89］李明华：《MOOCs 革命：独立课程市场形成和高等教育世界市场新格局》，《开放教育研究》2013 年第 3 期。

［90］李健民：《全球技术预见大趋势》，上海科学技术出版社，2002。

［91］李静、王美、任支群：《解放知识，给力心智——访美国麻省理工学院开放课件对外关系部主任史蒂芬·卡尔森》，《开放教育研究》2011 年第 4 期。

［92］李俊乐：《知识转型与课程观的嬗变》，《当代教育论坛》2007 年第 12 期。

［93］李俊乐：《当前我国消费需求的制约因素与对策分析》，《经济视角》2011 年第 8 期。

［94］李联明、陈晓清、王运来：《技术的冲击与高等教育的伟大实验——MIT 校长拉斐尔·莱夫的大学发展观解读》，《清华大学教育研究》2013 年第 2 期。

［95］李曼丽、张羽：《解码 MOOC——大规模在线开放课程的教育学考察》，清华大学出版社，2013。

［96］李向荣、李蔚、陈刚：《开放共享提高——MIT 开放式课程的运行机制、特色及启示》，《清华大学教育研究》2007 年第 3 期。

［97］李克东、谢幼如：《高校网络课程建设与应用的质性研究》，《开放教育研究》2011 年第 1 期。

［98］李艳、Kim E. Dooley、James R. Lindner：《美国优质网络课程的案例介绍》，《远程教育杂志》2011 年第 1 期。

［99］李艳、张慕华：《国内外代表性 MOOCs 项目比较研究》，《开放教育研

究》2014 年第 3 期。

[100] 李远航、秦丹:《利用 Web2.0 技术实现网络课程资源再生研究》,《中国电化教育》2011 年第 4 期。

[101] 宋丽萍:《网络合作——电子无形学院的延伸》,《图书馆工作与研究》2011 年第 7 期。

[102] 林蕙青:《从战略高度认识互联网催生的高等教育深刻变革》,《中国高校科技》2013 年第 6 期。

[103] 林林:《知识和教育为世界共有资产的理念与推广——大连"2008 开放教育国际会议"的热门话题思考》,《现代远程教育研究》2008 年第 3 期。

[104] 林娜:《浅析我国网络教育的现状与问题》,《西南民族大学学报》(人文社科版)2008 年第 4 期。

[105] 刘臣、王跃:《国际网络教育研究的前沿视域——〈网络教育质量指南〉中英文版同步发布》,《中国远程教育》2013 年第 8 期。

[106] 刘钢:《他们如何成为学术精英——"无形学院"简介》,《世界教育信息》1998 年第 8 期。

[107] 刘冠华、胡树红:《从 MIT OCW 评估结果报告看优质教育资源共享》,《中国电化教育》2010 年第 10 期。

[108] 刘家和、陈新:《历史比较初论:比较研究的一般逻辑》,《北京师范大学学报》(社会科学版)2005 年第 5 期。

[109] 刘珺珺:《关于"无形学院"》,《自然辩证法通讯》1987 年第 2 期。

[110] 刘莉:《开放教育资源运动:焦点与轨迹——2008 开放教育国际会议的几点启示》,《中国远程教育》2008 年第 6 期。

[111] 刘力、刘莹昕:《中外网络教育发展的比较》,《现代教育技术》2003 年第 6 期。

[112] 刘名卓:《网络课程的可用性研究》,博士学位论文,华东师范大学,2010。

[113] 刘清堂、王忠华等主编《网络教育资源设计与开发》,北京大学出版社,2009。

[114] 刘文洋:《大科学时代科学家的行为模式浅析》,《科学学研究》1987 年第 3 期。

[115] 刘玉梅、孙传远:《网络课程学习的生态失衡及其解决对策》,《开放教育研究》2012 年第 4 期。

［116］刘远东：《Web1.0 与 Web2.0 网络课程比较研究》，《中国电化教育》2009 年第 7 期。

［117］刘悦、刘明军、张远等：《计算机网络课程教学改革的探索》，《中国教育信息化》2012 年第 19 期。

［118］刘悦、孙润元、荆山：《中美高校的计算机网络课程教学对比》，《计算机教育》2013 年第 9 期。

［119］刘志文：《后现代主义知识观与网络课程改革》，《高教探索》2007 年第 4 期。

［120］卢晓梅：《对当代知识观转型与课程变革的审视》，《课程·教材·教法》2006 年第 9 期。

［121］卢晓中：《比较教育学》，人民教育出版社，2005。

［122］罗伯特·A. 罗兹、张伟：《高等教育开放课程运动：赤裸裸的权力及对其民主潜能的质疑》，《中国人民大学教育学刊》2014 年第 1 期。

［123］罗九同、孙梦、顾小清：《混合学习视角下 MOOC 的创新研究：SPOC 案例分析》，《现代教育技术》2014 年第 7 期。

［124］马红亮：《网络课程的概念及特征》，《四川师范学院学报》（哲学社会科学版）2001 年第 11 期。

［125］马宏佳、李新璐：《化学与社会类课程网络教学资源体系建设比较研究》，《课程·教材·教法》2011 年第 6 期。

［126］马来平：《科学的社会性和自主性：以默顿科学社会学为中心》，北京大学出版社，2012。

［127］马治国：《网络教育本质论》，博士学位论文，东北师范大学，2003。

［128］〔英〕麦克·F. D. 扬：《知识与控制：教育社会学新探》，谢维和等译，华东师范大学出版社，2002。

［129］〔英〕迈克尔·吉本斯、卡米耶·利摩日、黑尔佳·诺沃提尼等：《知识生产的新模式——当代社会科学与研究的动力学》，陈洪捷、沈文钦等译，北京大学出版社，2011。

［130］〔美〕迈克尔·W. 阿普尔：《教育与权力》，曲囡囡等译，华东师范大学出版社，2008。

［131］毛丽娟：《人本主义——构建网络教育的哲学基础》，《电化教育研究》2004 年第 1 期。

［132］毛寿龙：《西方公共行政学名著提要》，江西人民出版社，2006。

[133] 〔美〕梅雷迪斯·D. 高尔、沃尔特·R. 博格、乔伊斯·P. 高尔:《教育研究方法导论》，许庆豫等译，江苏教育出版社，2002。

[134] 〔美〕尼瓦尔·布什等:《科学——没有止境的前沿》，范岱年等译，商务印书馆，2004。

[135] 乜勇、胡军卫:《学习者视角下网络课程有效利用策略研究》,《中国远程教育》2011 年第 7 期。

[136] 潘洪建:《教学知识论》，甘肃教育出版社，2004。

[137] 潘苏东、白芸:《作为"质的研究"方法之一的个案研究法的发展》,《全球教育展望》2002 年第 8 期。

[138] 彭松林:《知识转型背景下的教师教育课程改革探索》,《高教论坛》2012 年第 12 期。

[139] 彭莹:《基于知识体系的多媒体网络课程及工具研究》，博士学位论文，武汉大学，2010。

[140] 钱刚:《从数字化、网络化看图书馆虚拟化过程》,《图书情报工作》1998 年第 7 期。

[141] 钱玲、张小叶:《美国高校在线教育面临的机遇与挑战——来自斯隆联盟的系列调查评估报告》,《比较教育研究》2011 年第 2 期。

[142] 秦炜炜:《面向教师的美国国家教育技术标准新旧版对比研究》,《开放教育研究》2009 年第 3 期。

[143] 〔日〕青木昌彦:《比较制度分析》，周黎安译，上海远东出版社，2001。

[144] 裘伟廷:《网络教育中的虚拟学习共同体》,《现代远距离教育》2005 年第 5 期。

[145] 任友群、徐世猛:《开放课程的探索与思考——从学习者、决策者到建设者》,《现代远程教育研究》2013 年第 5 期。

[146] 荣利颖:《大科学时代与美国研究型大学的形成》,《中国成人教育》2010 年第 15 期。

[147] 〔美〕萨尔曼·可汗（Salman Khan）:《翻转课堂的可汗学院——互联时代的教育革命》，刘婧译，浙江人民出版社，2014。

[148] 〔德〕舍勒:《知识的形式与教育》，刘小枫译，上海三联书店，1999。

[149] 申丹娜:《大科学与小科学的争论评述》,《科学技术与辩证法》2009 年第 1 期。

[150] 沈二:《从麻省理工学院的"开放课件"项目看国外网上开放课程发

展》，《中国远程教育》2002 年第 9 期。

［151］石中英：《教育学的文化性格》，山西教育出版社，1999。

［152］石中英：《知识转型与教育改革》，教育科学出版社，2001。

［153］石子：《英国 12 所知名大学将联合推出"未来学习"免费在线课程平台》，《中国远程教育》2013 年第 1 期。

［154］〔美〕史达·罗森纳·希茨：《虚拟课堂》，阿伯莱克斯出版公司，1994。

［155］苏芃、罗燕：《技术神话还是教育革命——MOOCs 对高等教育的冲击》，《清华大学教育研究》2013 年第 4 期。

［156］孙海法、朱莹楚：《案例研究法的理论与应用》，《科学管理研究》2004 年第 1 期。

［157］谭文华：《从 CUDOS 到 PLACE——论学院科学向后学院科学的转变》，《科学学研究》2006 年第 5 期。

［158］唐安奎：《知识转型与高校基础课程评价变革》，《理工高教研究》2006 年第 4 期。

［159］陶荣湘：《台湾地区高校开放式课程发展状况及启示》，《电化教育研究》2014 年第 4 期。

［160］〔日〕天野郁夫：《高等教育的日本模式》，陈武元译，教育科学出版社，2006。

［161］田联进：《现代高等教育内生性制度逻辑比较研究》，《江苏高教》2012 年第 6 期。

［162］涂子沛：《大数据》，广西师范大学出版社，2013。

［163］〔美〕托马斯·C. 谢林：《微观动机与宏观行为》，谢静等译，中国人民大学出版社，2005。

［164］汪基德、冯莹莹、汪滢：《MOOC 热背后的冷思考》，《教育研究》2014 年第 9 期。

［165］汪丽梅：《知识观视域中的教学方法改革研究》，博士学位论文，华东师范大学，2011。

［166］汪令国、孟红娟：《透视美国网络高等教育现状的一个窗口——斯隆联盟 2007 年网络高等教育报告解读》，《开放教育研究》2008 年第 5 期。

［167］汪琼、王爱华：《认识知识共享许可协议》，《电化教育研究》2012 年第 7 期。

［168］王媛媛、何高大：《美国〈国家教育技术计划〉的创新及其启示——基

于五轮（1996—2016）教育技术发展规划的比较与分析》，《远程教育杂志》2016 年第 2 期。

[169] 王克迪：《信息化视野中的"三个世界理论"》，博士学位论文，北京大学，2006。

[170] 王峰、涂宝军、张仲谋：《共建、共享与共盈：北美高校教学资源库建设及其启示》，《中国大学教学》2011 年第 8 期。

[171] 王华英：《高校网络课程建设的理论基础》，《中国成人教育》2013 年第 13 期。

[172] 王慧芳、杨嵘等编《网络教育技术基础》，国防工业出版社，2003。

[173] 王建华：《知识社会视野中的大学》，《教育发展研究》2012 年第 3 期。

[174] 王健、李晓庆、汪琼：《技术改造课程，技术改善学习——全国高校教育技术协作工作委员会暨学术交流会年 CETA7 期综述》，《远程教育杂志》2011 年第 6 期。

[175] 王金红：《案例研究法及其相关学术规范》，《同济大学学报》（社会科学版）2007 年第 3 期。

[176] 王丽华：《美国"慕课"的新发展及对中国的启示——基于对斯隆联盟系列调查评估报告的解读》，《高校教育管理》2014 年第 5 期。

[177] 王玲：《美国知识观转型与大学本科教学模式变革之关系研究》，博士学位论文，东北师范大学，2007。

[178] 王龙、丁兴富：《开放课件运动的国际拓展》，《学术论坛》2006 年第 8 期。

[179] 王龙：《回顾与展望：开放教育资源的七年之痒》，《开放教育研究》2009 年第 2 期。

[180] 王陆：《虚拟学习社区的社会网络结构研究》，博士学位论文，西北师范大学，2009。

[181] 王晋：《略论比较自觉——关于比较教育方法论的一项省思》，《教育理论与实践》2012 年第 12 期。

[182] 王萍：《大规模在线开放课程的新发展与应用：从 cMOOC 到 xMOOC》，《现代远程教育研究》2013 年第 3 期。

[183] 王萍：《为未来而准备的学习——美国 2016 教育技术计划内容及启示》，《中小学信息技术教育》2016 年第 2 期。

[184] 王庭槐：《MOOC——席卷全球教育的大规模开放在线课程》，人民卫生

出版社，2014。

［185］王卫军：《信息化教学能力：挑战信息化社会的教师》，《现代远距离教育》2012 年第 2 期。

［186］王兴辉、陈向东：《网络教育环境下的知识共享：工具、文化与评价》，广西教育出版社，2006。

［187］王一军：《从"高深学问"到"个人知识"——当代大学课程的秩序转型》，博士学位论文，南京大学，2012。

［188］王一军：《当代知识语境中的大学课程变革》，《教育发展研究》2013 年第 7 期。

［189］王颖、张金磊、张宝辉：《大规模网络开放课程（MOOC）典型项目特征分析及启示》，《远程教育杂志》2013 年第 4 期。

［190］王永固、张庆：《MOOC：特征与学习机制》，《教育研究》2014 年第 9 期。

［191］王佑镁：《MVU 优质在线课程标准及其评价体系探析》，《现代远距离教育》2007 年第 1 期。

［192］〔美〕威廉·F.派纳等：《理解课程——历史与当代课程话语研究导论》（上册），张华等译，教育科学出版社，2003。

［193］魏戈、盛群力：《走向任务中心的大学教学设计——兼评美国杨百翰大学〈生物学 100〉网络课程》，《浙江外国语学院学报》2012 年第 6 期。

［194］魏殊：《政策中的制度逻辑：美国高等教育政策的制度基础》，南京大学出版社，2007。

［195］魏顺平：《在线学习行为特点及其影响因素分析研究》，《开放教育研究》2012 年第 4 期。

［196］吴焕庆、崔京菁、马宁：《面向数字教师的〈ICT－CFT〉框架与 TPACK 框架的比较分析》，《电化教育研究》2014 年第 9 期。

［197］吴琪：《欧洲"大规模开放在线课程"分析》，《理论探索》2013 年第 12 期。

［198］吴言忠：《网络教育中促进情感交互的要素设计》，《现代远距离教育》2008 年第 4 期。

［199］吴支奎：《知识观转型视野下课程知识意义的重建》，《湖南师范大学教育科学学报》2008 年第 4 期。

［200］武法提：《论网络课程及其开发》，《开放教育研究》2005 年第 2 期。

[201] 武学超：《知识生产方式转型对大学与产业联系的影响》，《教育发展研究》2008 年第 21 期。

[202] 〔美〕小威廉姆·E. 多尔：《后现代课程观》，王红宇译，教育科学出版社，2000。

[203] 谢登斌：《现代知识性质的解构与后现代课程知识的抉择》，《学术论坛》2003 年第 2 期。

[204] 熊华军、褚旭：《等级改变：2013—2014 年美国网络高等教育发展的显著特征》，《现代教育技术》2015 年第 6 期。

[205] 熊华军、丁艳：《当前美国网络高等教育发展的机构类型差异——解读2010 年斯隆联盟调查报告》，《中国高教研究》2011 年第 5 期。

[206] 熊华军、刘兴华：《穿越距离：美国在线高等教育的评价与启示——基于 2011 年斯隆联盟报告的分析》，《比较教育研究》2013 年第 1 期。

[207] 熊华军、刘兴华、屈满学：《变革：2002—2012 年美国网络高等教育发展之路》，《现代教育技术》2014 年第 2 期。

[208] 熊华军、闵璐：《解读美国网络教育质量国家标准》，《中国电化教育》2012 年第 12 期。

[209] 熊志军：《试论小科学与大科学的关系》，《科学学研究》2004 年第 12 期。

[210] 胥旭、徐恩芹、张桂娟：《国内精品课程与 MIT OCW 网络教学资源的对比分析》，《中国教育信息化》2012 年第 5 期。

[211] 徐辉富、魏志慧、顾凤佳：《直面变革：中国式 MOOCs 的实践探索》，《开放教育研究》2013 年第 6 期。

[212] 徐朝军：《网络课程效能自动评价研究》，博士学位论文，南京师范大学，2012。

[213] 徐爽：《美国高校网络课程发展迅速》，《比较教育研究》2006 年第 3 期。

[214] 徐葳、贾永政、阿曼多·福克斯、戴维·帕特森：《从 MOOC 到 SPOC——基于加州大学伯克利分校和清华大学 MOOC 实践的学术对话》，《现代远程教育研究》2014 年第 4 期。

[215] 徐展：《基于心理学的网络教学模型与实验研究》，博士学位论文，西南师范大学，2003。

[216] 许雪梅、陈珍国：《美国哈佛 TFU 网络课程的研究及启示》，《中国电化教育》2007 年第 3 期。

[217] 〔美〕亚瑟·M. 科恩、卡丽·B. 基斯克:《美国高等教育的历程》,梁燕玲译,教育科学出版社,2012。

[218] 闫广芬、王红雨:《走出大学人文教育之困——知识转型视角下MOOC模式的兴起》,《四川师范大学学报》(社会科学版)2014年第2期。

[219] 晏磊:《国内外开放教育资源的分布及特点分析》,《图书与情报》2012年第1期。

[220] 杨丹:《网络时代的社会科学知识生产》,社会科学文献出版社,2009。

[221] 杨志宏:《弥合知识鸿沟的制度尝试——关于知识共享协议积极意义的思考》,《中国出版》2013年第6期。

[222] 姚媛:《数字化、电子化、网络化和虚拟化名词的本质概念及应用》,《大学图书馆学报》2009年第5期。

[223] 姚奇富、朱震、马华林:《网络环境下基于情境学习理论的教学实践与创新》,《中国高教研究》2014年第2期。

[224] 姚巧云、王健、李玉斌等:《大学生网络学习情况调查研究》,《电化教育研究》2010年第7期。

[225] 姚群峰、熊艳红:《中国网络教育市场:现状、问题与趋势》,《开放教育研究》2006年第1期。

[226] 叶宝生、曹温庆:《从网络课程、网络教学和网络项目的三个标准看美国网络教育》,《电化教育研究》2010年第9期。

[227] 叶托:《中国地方政府行为选择研究——基于制度逻辑的分析框架》,博士学位论文,浙江大学,2012。

[228] 易娜、李海霞、吴庚生:《美国一流大学开展网络远程教育的特点及反思》,《比较教育研究》2004年第11期。

[229] 易庆平、李淑玲、罗倩等:《基于网络教学互动平台的精品课程建设应用性研究》,《中国教育信息化》2011年第23期。

[230] 殷正坤:《波普尔的世界3和虚拟世界——兼与张之沧先生商榷》,《华中科技大学学报》(人文社会科学版)2002年第2期。

[231] 于建华、曹顺仙:《国内网络教育的发展困境分析及对策研究》,《成人教育》2013年第11期。

[232] 于小川:《技术逻辑与制度逻辑——数字技术与媒介产业发展》,《武汉大学学报》(人文科学版)2007年第6期。

[233] 余红:《网络课程的特点、构成及开发》,《中国远程教育》2001年第

4 期。

［234］余亮、黄荣怀、杨俊锋：《开放课程发展路径研究》，《开放教育研究》2013 年第 6 期。

［235］余胜泉：《国际国内网络教学质量认证》，《中国远程教育》2003 年第 1 期。

［236］俞树煜、朱欢乐：《从开放课件到视频公开课：开放教育资源的发展及研究综述》，《电化教育研究》2013 年第 5 期。

［237］袁松鹤、刘选：《中国大学 MOOC 实践现状及共有问题——来自中国大学 MOOC 实践报告》，《现代远程教育研究》2014 年第 4 期。

［238］〔英〕约翰·齐曼：《真科学——它是什么，它指什么》，曾国屏、匡辉、张成岗译，上海科技教育出版社，2002。

［239］〔英〕约翰·丹尼尔：《让 MOOCs 更有意义：在谎言、悖论和可能性的迷宫中沉思》，《现代远程教育研究》2013 年第 3 期。

［240］岳秋、闫寒冰、任友群：《MIT 开放课程与我国精品课程的学习支持对比分析》，《远程教育杂志》2013 年第 1 期。

［241］曾华：《美国名校开放课研究》，《中国大学教学》2012 年第 7 期。

［242］曾晓洁：《从学分到学位：MOOC 与大学的融合》，《比较教育研究》2015 年第 8 期。

［243］曾明星、李桂平、周清平等：《从 MOOC 到 SPOC：一种深度学习模式建构》，《中国电化教育》2015 年第 11 期。

［244］詹青龙：《网络教育学》，江西教育出版社，2007。

［245］詹泽慧、李晓华：《混合学习：定义、策略、现状与发展趋势——与美国印第安纳大学柯蒂斯·邦克教授的对话》，《中国电化教育》2009 年第 12 期。

［246］詹泽慧、梅虎、詹涵舒等：《中、英、美开放课程资源质量现状比较研究》，《比较教育研究》2010 年第 1 期。

［247］张超：《美国网络高等教育"极化"现象解读——基于斯隆联盟 2013 年度报告的分析》，《开放教育研究》2014 年第 3 期。

［248］张家华：《网络学习的信息加工模型及其应用研究》，博士学位论文，西南大学，2010。

［249］张家华：《美国网络高等教育十年发展报告：现状、问题与启示》，《现代教育技术》2013 年第 10 期。

[250] 张婕：《大学知识生产方式景观变化及其思考》，《教育研究》2013 年第 7 期。

[251] 张九洲、房慧：《知识观转变与课程改革——从现代到后现代》，《大理学院学报》2008 年第 7 期。

[252] 张举范、李娟、程正勇：《网络学习时代网络课程的反思与重构》，《电化教育研究》2010 年第 12 期。

[253] 张美兰：《美国"信息系统的界面"网络课程教学模式分析》，《中国远程教育》2002 年第 10 期。

[254] 张立新、米高磊：《高校网络课程中生成性学习资源的开发和利用》，《教育发展研究》2013 年第 19 期。

[255] 张满才、丁新：《在线教育：从机遇增长，到融入主流、稳步发展——美国在线高等教育系列调查评估对我国网络教育发展的启示》，《开放教育研究》2006 年第 2 期。

[256] 张鹏程、蒋平：《从精品课程梯度建设现状透析网络资源不均衡化》，《现代远距离教育》2010 年第 5 期。

[257] 张之沧：《从世界 1 到世界 4》，《自然辩证法研究》2001 年第 12 期。

[258] 章玳、胡梅：《在线课程的文化选择》，《江苏高教》2013 年第 4 期。

[259] 赵国栋、黄永中、张捷：《西方大学"开放教育资源运动"研究》，《比较教育研究》2007 年第 9 期。

[260] 赵慧臣、张舒予：《冲突与融合：网络教育中的文化解析》，《辽宁教育研究》2008 年第 5 期。

[261] 赵建华、蒋银健、姚鹏阁、李百惠：《为未来做准备的学习：重塑技术在教育中的角色——美国国家教育技术规划（NETP 2016）解读》，《现代远程教育研究》2016 年第 2 期。

[262] 赵剑：《教育技术学逻辑起点再探》，《电化教育研究》2006 年第 6 期。

[263] 赵剑：《网络课程研究》，博士学位论文，西南大学，2007。

[264] 赵涛：《网络时代知识生产方式转型研究》，博士学位论文，南京大学，2013。

[265] 赵涛：《电子网络与知识生产——基于波普尔"三个世界"理论视角的考察》，《学术界》2013 年第 10 期。

[266] 赵洋、孙祯祥、张家年：《美国开放课程资源与我国国家精品课程网上资源无障碍评估比较》，《现代远距离教育》2009 年第 3 期。

［267］郑丽君：《美国网络课程评价的理论与实践》，《教育评论》2012 年第3 期。

［268］郑利霞：《论知识观转型与课程改革》，《教育理论与实践》2008 年第10 期。

［269］钟晓鸣：《精品课程网站的建设与设计——耶鲁开放课程的启示》，《职教论坛》2012 年第 8 期。

［270］周红：《MOOCs 之发展脉络》，《煤炭高等教育》2014 年第 2 期。

［271］周联兵：《网络课程建设要把握的五个重要方面》，《成人教育》2013年第 3 期。

［272］周雪光、艾云：《多重逻辑下的制度变迁：一个分析框架》，《中国社会科学》2010 年第 2 期。

［273］朱珂、刘清堂、叶阳梅：《基于主题图的网络课程知识组织研究》，《电化教育研究》2014 年第 1 期。

［274］祝小兵：《网络课程概念与设计中应注意的问题》，《开放教育研究》2004 年第 5 期。

二　英文文献

［1］Alcorn, Brandon, Tensen, Gayle Chris and Emanuel, Ezekiel J., "Who Takes MOOCs? For Online Higher Education, The Devil May Be In The Data," *New Republic*, December 30, 2013 – January 6, 2014.

［2］Alin, Pauli, Taylor, John E. and Smeds, Riitta, "Knowledge Transformation in Project Networks: A Speech Act Level Cross-boundary Analysis," *Project Management Journal*, 2011, 42 (4).

［3］Allen, Elaine and Seaman, Jeff, *Sizing the Opportunity: The Quality and Extent of Online Education in the United States* (Babson Survey Research Group, 2003).

［4］Allen, Elaine and Seaman, Jeff, *Grade Change: Tracking Online Education in the United States* (Babson Survey Research Group and Quahog Research Group, LLC, 2014).

［5］Allen, I. E., Seaman, J. and Garrett, R., *Blending In: The Extent and Promise of Blended Education in the United States* (Babson Survey Research Group, 2007).

［6］Arocena, Rodrigo and Sutz, Judith, "Changing Knowledge Production and

Latin American Universities," *Research Policy*, 2001, 30 (8).

[7] Aurilio, Suzanne, "Lurking and Its Implications for Multicultural Interactivity in Online Courses," *Open Education Research*, 2008, 14 (3).

[8] Baggaley, Jon, "Online Learning: a New Testament," *Distance Education*, 2014, 35 (1).

[9] Bambara, Cynthia S., Harbour, Clifford P. and Davies, Timothy Gray, "The Lived Experience of Community College Students Enrolled in High-Risk Online Courses," *Community College Review*, 2009, 36 (3).

[10] Betz, M., "Curriculum, Instruction, and the Internet," *Educational Technology & Society*, 2002, 3 (2).

[11] Boettcher, J., "Another Look at the Tower of WWWebble," *Syllabus*, 1999, 43 (3).

[12] Bonk, Curtis J., *The World Is Open: How Web Technology Is Revolutionizing Education* (Jossey-Bass, 2009).

[13] Bradley, Paul, "Here Today, Gone Tomorrow," *Community College Week*, 2011, 23 (20).

[14] Caldas, A., "Are News Groups Extending 'Invisible Colleges' into the Digital Infrastructure of Science?" *Economics of Innovation and New Technology*, 2006, 12 (1).

[15] Carnevale, Dan, "Online," *Chronicle of Higher Education*, 2007, 53 (18).

[16] Cavanaugh, Catherine, *Development and Management of Virtual Schools: Issues and Trends* (Information Science Pub, 2004).

[17] Chen, Angela, "Open Courses From America Find Eager Audiences in China," *Chronicle of Higher Education*, 2012, 59 (6).

[18] Chubin, Daryl E., *Sociology of Sciences: An Annotated Bibliography on Invisible Colleges* (Garland, 1983).

[19] Claffey, George F., Jr., *MOOC Learning and Impact on Public Higher Education* (Northeastern University, School of Education, 2015).

[20] Clark, Kim, "E-Learning Clicks with Students," *U. S. News & World Report*, 2009, 146 (4).

[21] Clawson, Stacey L., *Does Quality Matter? Measuring Whether Online Course Quality Standards are Predictive of Student Satisfaction in Higher Education*

（Capella University, 2007）.

［22］ Clothey, R. , Austin-Li, S. and Weidman, J. C. , *Post-Secondary Educa-tion and Technology* （Macmillan Publishers Limited, 2012）.

［23］ Crane, Diana, *Invisible Colleges* （University of Chicago Press, 1972）.

［24］ Cristian Sandoval Yáñez, "Proposal to Implement a Knowledge Management System to Support the Design of an Online Course," *Ingeniare-Revista Chilena de Ingeniería*, 2013, 21 （3）.

［25］ Dah, Judy, "Who Owns the Rights to Online Courses?" *Distance Education Report*, 2005, 9 （22）.

［26］ Daniel, John, "Making Sense of MOOCs: Musings in a Maze of Myth, Para-dox and Possibility," *Modern Distance Education Research*, 2013, 123 （3）.

［27］ Dobbs, Rhonada R. , Waid, Courtney A. , Carmen, Alejandro del, "Students' Perceptions of Online Courses: The Effect of Online Course Experience," *The Quarterly Review of Distance Education*, 2009 （10）.

［28］ Dubusky, T. Stephen, II, *Copyright Law and Distance Education: Who Owns the Copyright to the Online Course?* （Regent University, 2002）.

［29］ Etzkowitz, H. and Leydesdorff, L. , "The Dynamics of Innovation: From Na-tional Systems and 'Mode2' to a Triple Helix of University-industry-govern-ment Relations," *Research Policy*, 2000, 29 （2）.

［30］ Evans, Brent J. Baker, Rachel, B. Dee and Thomas, S. , "Persistence Patterns in Massive Open Online Courses （MOOCs）," *Journal of Higher Edu-cation*, 2016, 87 （2）.

［31］ Fischer, Karin, "Saudi Restrictions on Online Courses Leave U. S. Colleges Guessing," *Chronicle of Higher Education*, 2013, 60 （13）.

［32］ Fox, A. , Patterson, D. A. and Ilson, R. et al. , *Software Engineering Curriculum Technology Transfer: Lessons Learned from MOOCs and SPOCs* （UC Berkeley Technical Report, 2014）.

［33］ Friendland, R. and Alford, R. R. , "Bringing Society Back in: Symbols, Practices, and Institutional Contradictions," in Powell, W. W. and Maggio, P. J. Di （eds. ）, *The New Institutionalism in Organizational Analysis* （Uni-versity of Chicago Press, 1991）.

［34］ Fu, Cuixiao and Qian, Xingsan, "Study on Mass Customization for Knowledge

Production and its Operation Mode," *Business*, 2009, 1 (1).

[35] Gibbons, Michael et al., *The New Production of Knowledge: The Dynamics of Science and Research in Contemporary Societies* (Sage Publications, 1994).

[36] Gibbons, Michael, "Transfer Sciences: Management of Distributed Knowledge Production," *Empirica*, 1994, 21 (3).

[37] Godin, Benoit and Gingras, Yves, "The Place of Universities in the System of Knowledge Production," *Research Policy*, 2000, 29 (2).

[38] Guthrie, Doug, "Jump off the Coursera Bandwagon," *Chronicle of Higher Education*, 2012, 59 (17).

[39] Hachey, Alyse C., Wladis, Claire W. and Conway, Katherine M., "Do Prior Online Course Outcomes Provide More Information than G. P. A. Alone in Predicting Subsequent Online Course Grades and Retention? An Observational Study at an Urban Community College," *Computers & Education*, 2014 (72).

[40] Hans, Nicholas, "The Historical Approach to Comparative Education," *International Review of Education*, 1959 (5).

[41] Harasim, Linda M., *Learning Networks: A Field Guide to Teaching and Learning Online* (MIT Press, 1995).

[42] Heimeriks, Gaston, Besselaar, Peter van den and Frenken, Koen, "Digital Disciplinary Differences: An Analysis of Computer-mediated Science and 'Mode 2' Knowledge Production," *Research Policy*, 2008, 37 (9).

[43] Hess, Gerald F., "Blended Courses in Law School: The Best of Online and Face – to – Face Learning?" *McGeorge Law Review*, 2013, 45 (1).

[44] Hixon, Emily, *Collaborative Online Course Development: The Faculty Experience* (Indiana University, 2005).

[45] Hurt, Ransom Todd, *A Decade of Change: Motivating and Discouraging Factors Affecting Faculty Participation in Online Business Education Courses* (Mercer University, 2014).

[46] Irwin, Enid J., *A Model for a Web-based Class Delivery System* (San Jose State University, 1998).

[47] Johnson, Larry et al., *NMC Horizon Report* (The New Media Consortium, 2013).

[48] Jong, Jing Ping, "The Effect of a Blended Collaborative Learning Environment in a Small Private Online Course (SPOC): A Comparison With a Lecture Course," *Journal of Baltic Science Education*, 2016, 15 (2).

[49] Junaidu, S. and Al-ghamdi, J. , "Tips for Developing Media-rich Online Courses," *Turkish Online Journal of Distance Education*, 2002, 3 (4).

[50] Kassabian, Dikran, *Massive Open Online Courses (MOOCs) at Elite, Early-adopter Universities: Goals, Progress, and Value Proposition* (University of Pennsylvania, Higher Education Management, 2014).

[51] Kim, Ji-Won, *Scientific Knowledge Production and Technology Development, 1973 – 1986: A Cross-national Comparative Study* (University of Pittsburgh, 1990).

[52] Kuhn, T. S. , *The Structure of Scientific Revolution* (University of Chicago Press, 1962).

[53] Li, Xiaoqing, Roberts, Joanne, Yan, Yanni and Tan, Hui, "Knowledge Sharing in China-UK Higher Education Alliances," *International Business Review*, 2014, 23 (2).

[54] Liu, Simon Y. , *Community College Online Course Retention and Grade Predictors* (The George Washington University, 2007).

[55] Lukose, Susan, *Ontology Learning for Online Course Creation Using NLP Techniques and Graph Theory* (The University of Mississippi, 2008).

[56] Lyotard, J. F. , *The Postmodern Condition: A Report on Knowledge* (Manchester University Press, 1984), translated by G. Bennington and B. Massumi.

[57] Mannheim, K. , *Ideology and Utopia: An Introduction to the Sociology of Knowledge* (Routledge and Kegan Paul, 1936).

[58] Mannheim, K. , *Essays on the Sociology of Knowledge* (Routledge and Kegan Paul, 1952).

[59] McAuley, Alexander et al. , *The MOOC Model for Digital Practice* (University of Prince Edward Island, 2010).

[60] Moallem, Mahnaz, "An Interactive Online Course: A Collaborative Design Model," *Educational Technology Research and Development*, 2003, 51 (4).

[61] Monolescu, Dominique, Schifter, Catherine and Greenwood, Linda, *The*

Distance Education Evolution: *Issues and Case Studies* (Information Science Pub, 2004).

[62] Moore, M. G. and Kearsley, G., *Distance Education*: *A Systems View of Online Learning* (Wadsworth Cengage Learning, 2011).

[63] Moravec, John W., *A New Paradigm of Knowledge Production in Minnesota Higher Education*: *A Delphi Study* (University of Minnesota, 2007).

[64] Mullins, Nicholas C., *Theories and Theory Groups in Contemporary American Sociology* (Harper and Row, 1973).

[65] Novell, S. E., *Widening Participation and "Elite" Online Education*: *The Case of the University of California* (Macmillan Publishers Limited, 2012).

[66] Oatey, H. S., *E-learning Initiatives in China*: *Pedagogy*, *Policy and Culture* (Hong Kong University Press, 2007).

[67] OECD, *Giving Knowledge for Free*: *The Emergence of Open Educational Resource* (OECD Center for Educational Research and Innovation, 2007).

[68] Olsen, Jack Ryan, *Comparative Analysis of a MOOC and a Residential Community Using Introductory College Physics*: *Documenting How Learning Environments Are Created*, *Lessons Learned in the Process*, *and Measurable Outcomes* (University of Colorado at Boulder, Physics, 2014).

[69] Osuna, Velazquez and Gerardo, Martin, *Information Technology as Intellectual Capital? Instructional Production at the Technologic de Monterrey* (The University of Arizona, 2008).

[70] Parker, Preston Paul, *Explaining the Paradox*: *Perceived Instructor Benefits and Costs of Contributing to Massachusetts Institute of Technology Open Course Ware* (Utah State University, Instructional Technology, 2011).

[71] Parra, Haydeé Rincón de and Briceño, Magally, "Knowledge Production and Management at the Universidad de los Andes, Venezuela," *Revista de Universidady Sociedad del Conocimiento*, 2008, 5 (1).

[72] Popper, K., *The Logic of Scientific Discovery* (Hutchinson, 1959).

[73] Qureshi, Elena, *Investigation of Factors Affecting Students' Satisfaction with Online Course Components* (University of Windsor, Canada, 2004).

[74] Ransdell, Sarah et al., "Digital Immigrants Fare Better than Digital Natives due to Social Reliance," *British Journal of Educational Technology*, 2011,

42 (6).

[75] Reininga, Inge H. F. Brouwer et al. , "Measuring Illness Beliefs in Patients with Lower Extremity Injuries: Reliability and Validity of the Dutch Version of the Somatic Pre-Occupation and Coping questionnaire (SPOC-NL)," 2015, 46 (2).

[76] Robinson, Marc R. , *A Case Study Examining the Relationship between Online Course Design Quality and Course Effectiveness at a Community College* (Capella University, 2009).

[77] Schiano, William T. , *Technology in Business Education* (Macmillan Publishers Limited, 2013).

[78] Schneider, Friedrich, "The Immanent Evolution of Education: A Neglected Aspect of Comparative Education," *Comparative Education Review*, 1961, 4 (3) .

[79] Scott, W. R. , *Institutions and Organizations* (Sage Publications, 2001) .

[80] Seaman, Grace Elizabeth, *Massive Open Online Courses: Adaptation and Integration Measures for Higher Education* (Mercer University, 2014).

[81] Seaman, Jeff, *Grade Level: Tracking Online Education in the United States* (Babson Survey Research Group and Quahog Research Group, LLC, 2015).

[82] Seatton, Daniel T. et al. , "Who Does What in a Massive Open Online Course?" *Communications of the ACM*, 2014, 57 (4).

[83] Selander, Staffan, "Designs of Learning and the Formation and Transformation of Knowledge in an Era of Globalization," *Studies in Philosophy & Education*, 2008, 27 (4).

[84] Shapiro, Peter J. , *Impacts of Faculty Professional Development on Online Course Design in Community Colleges in Three Northeastern States* (Capella University, 2007).

[85] Simonson, Michael, "Growing by Degrees-Latest Report From the Sloan Consortium," *Quarterly Review of Distance Education*, 2006, 7 (2).

[86] Sutton, Lourdes M. , *Factors Affecting Quality Discourse and Knowledge Construction in an Online University Course* (Northcentral University, 2012).

[87] Team of PKU MOOC Teaching Research, *2013 First MOOCs of Peking University: People, Crowd and Network Course Investigation and Analysis Report*

(Peking University, 2014).

[88] Tompkins, Abreena W. , *Brain-Based Learning Theory: An Online Course Design Model* (Liberty University, 2007).

[89] Walji, Sukaina, Deacon, Andrew, Small, Janet and Czerniewicz, Laura, "Learning through Engagement: MOOCs as an Emergent form of Provision," *Distance Education*, 2016, 37 (2).

[90] Wang, Chih-Hsuan, Shannon, David M. and Ross, Margaret E. , "Students' Characteristics, Self-regulated Learning, Technology Self-efficacy, and Course Outcomes in Online Learning," *Distance Education*, 2013, 34 (3).

[91] Winberg, Christine, "Undisciplining Knowledge Production: Development Driven Higher Education in South Africa," *Higher Education*, 2006, 51 (2).

[92] Yang, Yan, Cho, Yoon Jung, Mathew, Susan and Worth, Sheri, "College Student Effort Expenditure in Online Versus Face-to-Face Courses: The Role of Gender, Team Learning Orientation, and Sense of Classroom 45 Community," *Journal of Advanced Academics*, 2011, 22 (4).

[93] Yang, Yi, *An Investigation on Students' Perceptions of Online Course Quality and Contributing Factors for Those Perceptions* (Mississippi State University, 2006).

[94] Yin, R. K. , *Case Study Research: Design and Method* (Sage Publications, 1994).

[95] Yoshimura, Miki, "Educators in American Online Universities: Understanding the Corporate Influence on Higher Education," *Journal of Education for Teaching*, 2008, 34 (4).

[96] Young, Jeffrey R. , "MOOC's Take a Major Step Toward Qualifying for College Credit," *Chronicle of Higher Education*, 2012, 59 (13).

[97] Yuste, Rocío, Alonso, Laura and Blázquez, Florentino, "La E-evaluación de Aprendizajes en Educación Superior a Través de Aulas Virtuales Síncronas (Synchronous Virtual Environments for e–Assessment in Higher Education)," *Comunicar*, 2012, 20 (39).

后　记

本书即将付梓，心中的那块石头终于落地。曾有好几次幻想自己如今的场景，但又困扰和焦急于梦中那份未完成的真实答卷。一路走来，说不上艰辛，虽然在文稿最后一个月的撰写中由于身体原因只能卧床完成，但是满载的收获却呈现无穷的力量。自博士生涯开启，其中就有太多的感动、收获和幸福。最大的感动莫过于在南京师范大学求学的经历，学校生活犹如一块魔镜，能够照射出万千世界的美好与不足，而我所求学的校园环境及氛围营造的诸多美好总是让人恋恋不舍。还清晰记得在开学典礼上，学院领导在讲话中谈到学校和我们最宝贵的财富是拥有伟大的教师。学生时代的我每每遇到或间接听闻其中任意一位老师的事迹，总能从老师们身上感受到无穷的魅力和影响力，不限于学术，更重在品质。正如南京师范大学随园图书馆门前那个座右铭表达的蕴意：教育贵于熏习，风气赖于浸染。

在诸位教师的熏染下，我接受着学术与思想的洗礼，克服了过去的浮躁，将心沉静下来，皈依于知识与精神的世界；往返于图书馆，认真阅读并深入理解经典名著理论，全身心投入每位老师的课堂并接受他们思想的指引，在学术钻研中开始尝试借用理论分析框架的支撑，培养自己一定的跨学科视野。微小的收获是在老师们的启迪下完成了几篇课程论文并且得到发表，完成了几项课题的申报与研究，以及树立了本研究坚持理论支撑与原理分析的信念。

求学之路，苦乐参半，并渗透着浓浓的感恩之情。学术生涯中最感动的事情莫过于我如此幸运地遇到了魅力十足的人生导师。首先，要感谢我的导师程晋宽教授。考博求学至今，老师在我心里最不自觉的呈现状态就是：微笑和没关系。但凡一有机会跟老师见面学习和交流，总能感受到老师那种真实淳朴和善解人意的微笑。面试时，针对部分问题探讨的不畅，老师说："没关系，以后我们会继续接触这个问题"；考博失利时，老师电话里说："没关系，已经很好了，下次再努力一下"；申请回原单位工作时，老师说："没关系，保持联系"；汇报论文进展情况时，老师说："没关系，要注意身体，在规定的年限完成就好"。特别是地震时的惦记问候，平日里生活中的关心，总能让作为学生的我感受到家人般的温暖和感动。从博士学位论文的选题、开题、撰写到完稿，老师倾注了太多的时间和精力用于细心阅读、耐心指导和提出宝贵的修改建议。本书的出版更是离不开老师不辞辛劳地为我联系出版社，为本书最后定稿，完善思路、框架体系和撰写序言。在老师身上我学到的不仅是一种虔诚的学术精神，更为重要的是老师的人性品格，为人为师，老师都是学生终身受益和不断学习的榜样。

感谢张乐天教授。我家夫人先于我求学于南京师范大学，并拜师于张老师门下。为此，来来往往的岁月中给老师增添了不少麻烦，并且受恩于老师太多的帮助。夫人求学怀有身孕期间，部分学业上的事务要我代为向老师汇报和交流，这样的时间和机会无形中让我也成为老师的学生。当然，不久后老师担任了学生主修专业课的教学工作，为这份师恩增色不少。生活中的老师平易近人，十分谦和，对学生犹如自己的儿女，总能从他身上获得那份温暖的关爱。这种关爱时常在耳语之间传递，老师常常通过直接或间接的方式问候家庭情况、生活情况、学业情况和工作情况。每当困扰于生活、学习和工作中的烦恼时，老师总会向我们这个小家庭伸出援助之手，为我们提供良好的建议和指导。老师在学生博士学位论文开题和撰写过程中也倾注了不少精力，带给学生对客观存在的某些问题以无限的启迪和反思。人生中最幸运和最幸福的事情莫过于此，唯有将这份恩情继承和传递才会带来"涌泉"效应。

感谢孙彩平教授。在南京师范大学求学期间有幸认识孙老师，也恰逢孙老师刚从美国访学归来。专业上的弱势及迷茫，使我很难树立比较教育学研究的自信和踏出对该领域开展研究的坚定步伐。在此期间，承蒙孙老师指点迷津，为学生打开了一扇知识之窗。依然记得老师为学生讲述的美国高等教育领域发生的逸闻趣事，以及美国社会的真实情况。感谢王建华教授、程晓樵教授和张蓉教授在学生开题报告答辩中提出的系列宝贵意见。受益于王建华老师的影响不是在求学之后，而是在求学之前学生工作于教务处期间，老师刊发在各类权威刊物上有关大学转型和学科建设等高等教育方面的文章给予学生很多的启发和指引，老师的学术造诣令学生望尘莫及，思想与精神的追随永无止境；程晓樵老师的耐心谦和、循循善诱也让学生受益匪浅；张蓉老师对学术的严谨，以及对学生细心的指导也让学生无限感动。求学期间，还受到邵泽斌教授、李玲老师和魏善春老师的种种关心和帮助，让学生心存感慨和感激。还要感谢吴康宁教授、傅宏教授和冯建军教授给予学生的悉心指导和至诚教诲。同时要感谢我硕士生导师阳德华教授、杜学元教授和李化树教授对学生成长发展的无比关爱，他们像家人一样给予了学生大量的支持和帮助。

感谢同行同伴的各位学友。感谢我的师兄孙军，我的师姐方蒸蒸、曹珊，我的师妹高佳、李莎、马嵘，"程门一家亲"，这几年来不论我们身在何处，彼此的牵挂、问候和陪伴总让人生不存遗憾，充满美丽的风景线。感谢我的好友郝路军、高健、陈德胜、曹坤明、曹晖、李拉、叶文明、程从柱、张天明、王涛、胡晋宾、徐金雷、赵丽、陈巧云、韩益凤、刘晓静、刘甜芳、陶金玲、杜丽姣、欧阳新梅、夏英、刘霞、段戴平、傅金兰等。我们一起并肩风雨路，欢歌笑语声。怀念闲暇时聚餐把酒言欢的情景，豪放于歌声中，漫步于足球场上，外出郊游摘草莓，踏足梅花山和中山陵，环游玄武湖，闲逛新街口，驻足先锋书店。还有挚友 屠锦洪 ，愿你在他乡一切安好。正如高健说的那样，虽然我们不再青春，但我们仍有着青春般的年华，过着青春般的生活，念着青春般的友谊。

感谢我的家人。我的夫人王正惠女士为我的博士学业付出了很多，不论是陪伴我一起考博，还是为了我博士学位论文的完成，她都倾注了太多的情感和精力，并且给了我无限的支持。除了忙于家务，分担课业以外，她还要忍受十月怀胎的辛苦以及独自孕育乐儿的辛苦，初为人母的她身体状况也大不如以前。夫妻相伴，相濡以沫，更庆幸与她同为南京师范大学的学生，她做表率激励我坚定前行。感谢我们双方的父母，对儿女工作和学业的无私支持，特别是克服了重重困难，帮助我们轮流照顾乐儿，分担了太多的压力与责任。感谢我们可爱活泼的儿子——蒋子轩（乐儿），你的诞生孕育着希望，同时也催促着父亲要行为示范，努力学习做好榜样。很感动在论文撰写时你安静地在一旁玩着自己的车车和塑料电脑，还高兴地对我说："爸爸、妈妈在工作，我也在工作。"正是这种陪伴，让紧张的学业充满了温馨和美好。

感谢我所在的工作单位的领导和同事。本书的出版离不开绵阳师范学院学术出版基金的资助，学校为我们搭建了良好的学术平台、提供了不少发展机会，在此一并感谢学校领导和同事对科研工作的支持和帮助；感谢学科团队这些年来的鼓励和培养，特别感谢团队中的陈寒教授、张继华教授和任俊教授为团队建设的倾心付出。

感谢社会科学文献出版社的许春山老师和刘荣老师，每次与两位老师沟通与交流都受益匪浅。审稿期间给刘荣老师增添了不少麻烦，刘老师对工作的耐心和细心让我深为感动，非常感谢刘老师在校稿期间付出时间和精力，才最终使得本书得以正式出版。

求学路上受恩于诸多老师、同学和朋友，在此不能一一列举，只有将你们珍藏于心，默默地感谢。

最后，谨以此书献给我们共同热爱的高等教育事业，献给那些正为高等教育事业默默奉献的伟大教师！

蒋　平

2018 年 12 月 2 日晚于芙蓉溪畔公寓